How-nual Shuwasystem Industry Trend Guide Book

図解入門
業界研究

最新

クレジット/ローン業界の動向とカラクリがよ～くわかる本

業界人、就職、転職に役立つ情報満載

［第5版］

平木 恭一 著

秀和システム

はじめに

クレジットカードは現在、わが国で二億六〇〇〇万枚が発行されています。国民消費支出手段の六分の一を占めており、私たちの生活には欠かせない必需品です。ここまで浸透したのは、原則として預金や不動産など担保のある人に融資する金融機関に対し、クレジット会社は無担保で商品やサービス、お金を提供してくれるからです。クレジット業者は利用者との間に「信用」という名の担保を作って金融を営んでいます。

クレジットカードがなかったら、ほしいもの、受けたいサービスは、その対価である料金が貯まるまで待たなくてはなりません。モノやお金を先に入手し、費用はあとで返す。計画的に利用すれば、懐具合や家計を助ける決済手段は、クレジット機能のほかにありません。「先にモノ(お金)を手に入れてあとで支払う」のがクレジットカードの一番のメリットなのです。

クレジットカードが誕生して半世紀以上が経ちました。クレジット・ローン業界は貸金業法、割賦販売法改正など法令の激変や、いわゆる「過払い金請求」で業績不振が続き、経営破たんした大手もあります。メガバンクとの資本・業務提携で再編・合併が相次ぎ、業界そのものが収縮する中、事業再構築を実行しています。

本書は、クレジットカード、信販、消費者金融の三業態をクレジット/ローン業界としてひと括りにして取り上げ、業界関係者のナマの声も盛り込みながら、それぞれが抱える課題と将来動向について詳説しています。そして今回は、第五版を迎えて電子マネーの普及、スマホ決済など、クレジットの新しい世界について追加しました。関係業界および利用者、クレジット/ローン業界への就職を目指す人の道しるべになれば幸いです。

二〇一八年七月　著者

How-nual 図解入門 業界研究

最新クレジット／ローン業界の動向とカラクリがよ～くわかる本［第5版］

●目次

第2章 クレジット／ローン業界の仕組みと仕事

第3章 クレジットカード業界の現状と問題点

第4章 信販業界の現状と問題点

第5章 消費者金融業界の現状と問題点

第1章

クレジット／ローン業界の現状

クレジットカードは国民消費支出手段の6分の1を握る、最も身近で簡便な金融手段です。カード1枚でショッピングができ、物入りの際のキャッシングにも便利なクレジットカード。第1章ではその現状を解き明かします。

How-nual
図解入門
業界研究

1 収益源を模索するノンバンク業界

ノンバンク業界は、ドル箱だったキャッシング（個人向け無担保ローン）が貸金業法の施行で収益が低下したため、他の事業で収益を上げることに力を注いでいます。

貸金業法でキャッシング収益が減少したのは、消費者金融専業だけではありません。メガバンクグループ傘下のクレジットカード大手や信販会社なども、キャッシングの収益が減少しています。ノンバンクはメガバンクなどの大手金融機関から融資を受け、それを原資に個人に金を貸していますので、銀行に比べて金利が高くなるのは避けられません。お金を借りるときの「仕入れ値」を金利に乗せなければ利益は上がらないからです。

金利収益はコストを抑えて確実に儲けを上げられるため、各社とも競って個人に融資していました。二〇〇六年のグレーゾーン金利否定判決*以降、ノンバンク大手は過払い金請求で虫の息になり、いまでも債務整理による過払い金請求は続いています。

クレジット業界は今後、何を軸に収益を上げていけるでしょうか？

業界幹部は口を揃えて「原点回帰」を口にします。カードの稼働率を上げる、無料にしている年会費を有料にするため、年会費を取れるだけのサービスを展開する。分割払い（個品業務）を注力して、**リボルビング***につなげ金利収入に結び付ける。ノンバンク草創期では、こうした当たり前だった経営戦略を思い出すかのように実行しているようです。

切り札となるビジネス部門は何か

ノンバンクビジネスは薄利多売です。カード会員が二〇〇〇万人いるとしても、最低、年に一回カード決済している人が五〇％以上あれば、優秀なカードと評価されます。これはカード稼働率が半分以上なら利益は上がる

用語解説

＊**グレーゾーン金利否定判決**　06年1月、最高裁は利息制限法の上限を超える出資法の金利分は無効とする判断を示した。グレーゾーンとは、利息制限法で定めた上限金利（年利20％）と貸金業者が融資する際の上限金利（29.2％）の間にある金利帯をさす。

ことを意味しています。

裏を返せば、半分の会員はカードを使っておらず、睡眠会員になっているということです。そこでカード会社は会員の日をカードに引き付けるため、ポイント制度を設けて利用回数を増やす戦略をとるようになりました。集客を高めるため、大手のインターネットショッピングモールと提携し、顧客を誘導しています。

金融機関と提携して銀行が取り扱う個人ローンの保証業務にも注力しています。これは個人ローン業務を実質代行しているもので、審査から督促、回収までノンバンクが業務に携わっています。

信販では個品割賦が売り物ですが、マンスリークリア(翌月一回払い)がカードショッピングの主流になりつつあることから、自動車、リフォームなどに限定されています。クルマ離れや太陽光発電の助成金廃止などで個品分野も伸び悩んでおり、カード会社を含めて盛んになっている、大学と提携して実施する教育ローンがマイカーローンなどの売り上げ減少を補完しているのが現状です。

キャッシングに代わる高収益ビジネスがない？

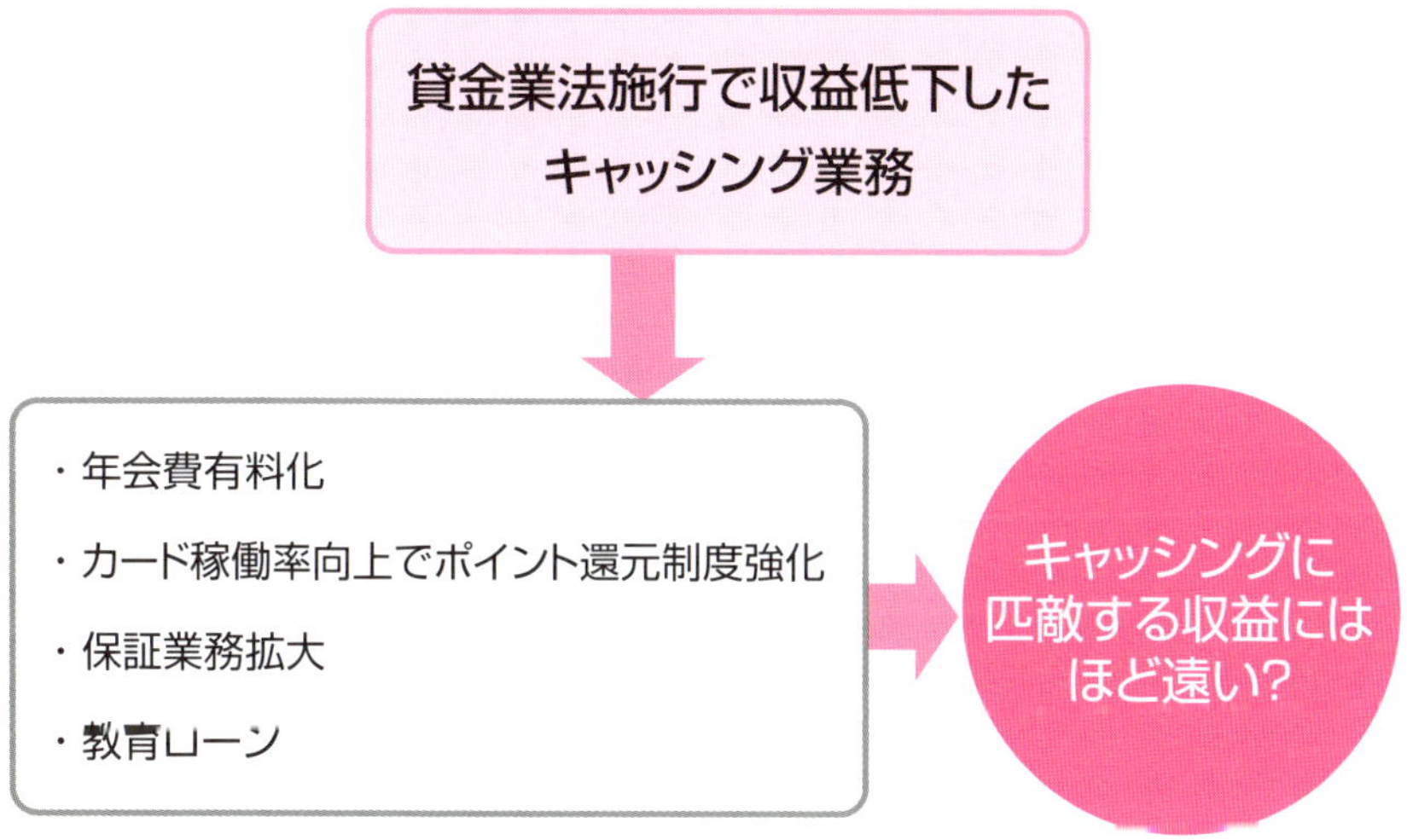
貸金業法施行で収益低下した
キャッシング業務
・年会費有料化
・カード稼働率向上でポイント還元制度強化
・保証業務拡大
・教育ローン
キャッシングに
匹敵する収益には
ほど遠い?

用語解説

＊**リボルビング**　毎月一定金額を支払って返済する方式。月々の返済負担を軽減できるメリットがあるが、分割払いのため金利かかさみ、返済回数を決めないので借りている総額が把握しにくくなるリスクがある。

2 個人消費手段の六分の一を占めるクレジット

クレジットカードは代金後払いの性格から、元来不況に強い業種といえます。この十数年間、国民消費支出の六分の一を占めており、個人消費の大きな担い手として活躍しています。

クレジットカードは、商品やお金を先に購入(借り入れ)して、あとで(代金)返済するのが基本機能です。返済方法も「**割賦**」と呼ばれる小口の分割返済があるので、長期不況のために賃金抑制が続いたこの十数年間においても、その利用率は変わることなく推移しています。日本クレジット協会の統計によると、二〇一六年の**信用供与額***は民間最終消費支出二九九兆円の約六分の一に相当する五三兆円(住宅ローン除く)にのぼり、クレジット(消費者信用)産業が国民生活の中で重要な消費手段として広く支持されていることがわかります。

クレジットカード発行枚数は二〇一六年三月末で二億六六〇〇万枚。成人一人当たり三枚近くを所有している計算になります。金融庁に業務報告書を提出している貸金業者数としてみると、クレジットカード会社は最大で約一〇〇〇社近くにのぼると思われます。

信頼感と利便性で成長

クレジットカードがここまで成長したのは、発行母体が銀行や大手流通系企業、あるいは上場企業など社会的な信用力がある会社であるという信頼感と、小額返済による代金後払いの特性、利用できる多数の加盟店の存在などが背景にあります。元来「借金」を忌み嫌っていた感のある国民性も、住宅ローンが本格的に普及し始めた七〇年代後半から、こうした考え方は影を潜めました。

最近では、ある程度の年収を得ている利用者でもショッピングやキャッシングのためにカードを利用する人が増えてきました。これは翌月一括返済なら金利や手

用語解説

* **信用供与額**　年度または年間の一定期間内にクレジットカード会社が利用者に与える利用限度額の範囲で、ショッピングやキャッシングの利用枠。信用供与とは、利用者の返済能力に応じて業者が利用枠を与えること。

数料がかからないことや、カードを示すだけでその場での支払いが済む利便性が受け入れられたからといえるでしょう。

しかし、簡単にショッピングやキャッシングができるようになったため、一部の利用者の間では返済困難に陥る傾向も出てくるようになりました。その原因は、ここ最近普及した利用形態である「リボルビング」にあります。例えば、毎月五〇〇〇円を返済し続ければ、限度額内で何回もカードが利用できるため、返済総額を把握できなくなるからです。あまりにも気軽にショッピングやキャッシングができることから、計画返済を忘れているのです。これが**多重債務**、さらには**自己破産**という最悪の事態を迎えることになりました。

クレジットカードは国民消費の六分の一を占める重要な決済の担い手です。ITの進展により、さらに利用拡大が見込まれます。しかし、利用者本人の責任において適切に使わなければリスクは高く、業界にとっても発展の阻害要因になります。

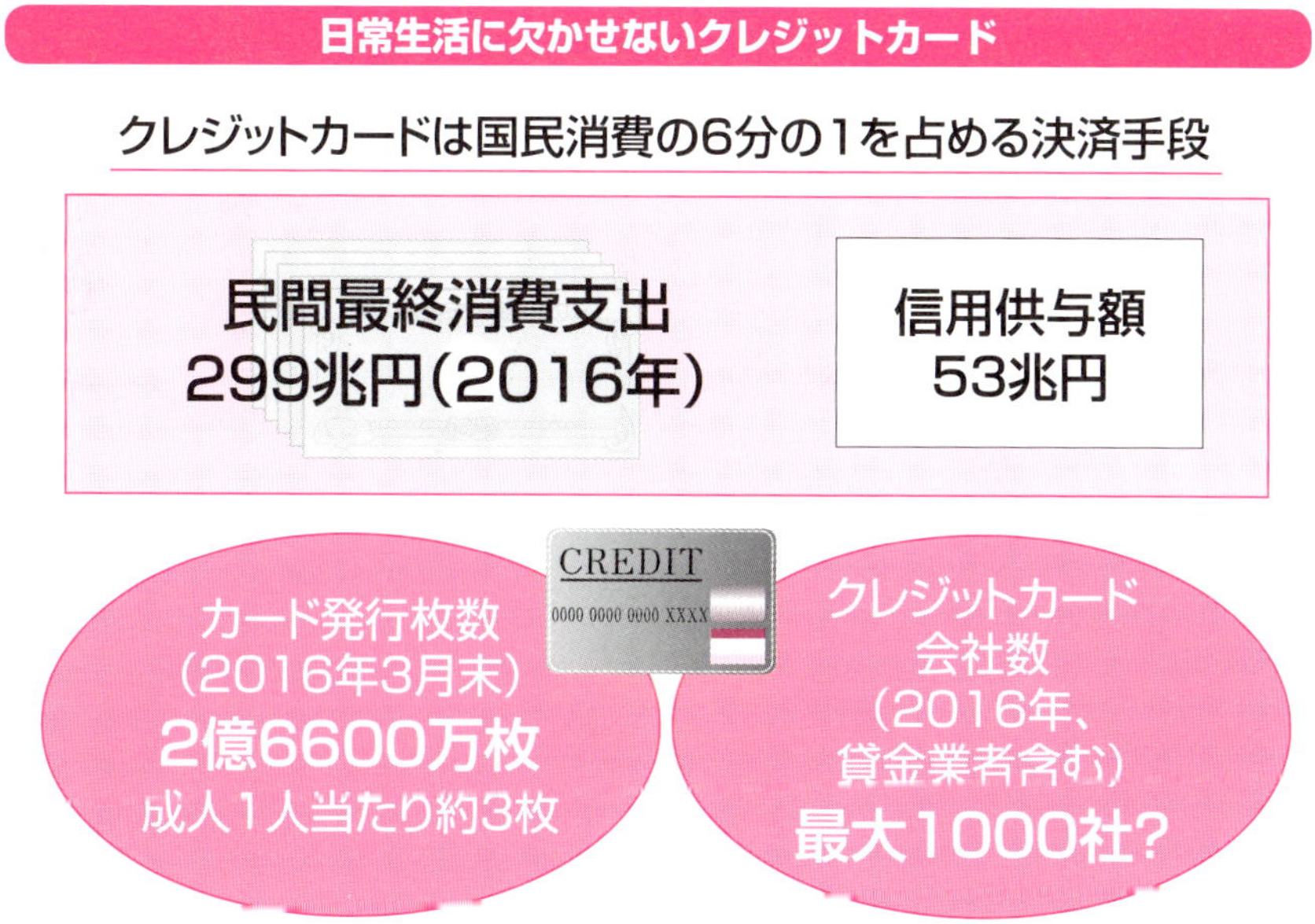

ワンポイントコラム

【多重債務と自己破産】　借入先が複数にのぼり、返済困難な状況に陥ることを多重債務といい、返済不能となって裁判所に債務放棄を申請することを自己破産申請といいます。16年に6万4637件となり、13年ぶりに増加(前年比1.2%)しました。

3

脱キャッシングの事業再構築

貸金業法、割賦販売法改正により、信販・カード・消費者金融は事業再構築を迫られました。本業回帰と新事業開発。いずれにしてもいばらの道が続きます。

主力商品がキャッシング（個人向け無担保ローン）である消費者金融はいうまでもなく、信販やクレジットカード各社も、一九九〇年代後半から売り上げの多くをキャッシングに頼っていました。金利も消費者金融とほぼ同じで、信販は分割払いよる金利収入よりも多く、カード会社はショッピング枠とキャッシング枠を設定したカードを発行していました。

カード会社は二〇〇三年にリボルビング方式の返済方法が認められましたが、利用者の大部分がマンスリークリア（一回払い）のため金利が発生せず、金利収入が望めるキャッシングに力を入れていました。

しかし、〇六年一月の最高裁判断によって「グレーゾーン金利」が否定されて過払い金請求が急増し、さらに過払い金請求の準備金（利息返還損失引当金）を計上することになったため財務体質が悪化。負の遺産はいまだに続いています。

過払い金請求は民法上の時効は一〇年ですが、裁判で争えば時効に関係なく過去に遡って請求されるリスクがあり、リボルビングによる返済の場合、どこが返済終了に該当するのか判断が分かれているため、過払い金請求は過去の金利で融資した貸付債権がなくならない限り、半ば永遠に続く泥沼になってしまいました。

保証業務とリボ推進で経営体質改善へ

過払い金請求は利息返還損失引当金を準備しながら、今後も貸付債権の洗い替えを進めていくほかに手はありません。またクレジット会社は割賦販売法改正で加盟店に対する厳格な与信管理を求められました。

しかし法改正による経営不振ばかりに拘泥していては、業績は上向きません。

事業構造の改革が必要です。消費者金融大手は総量規制と上限金利引き下げで、営業貸付金残高は最盛期の三分の一の水準まで落ち込んでいます。そこでキャッシングの残高減少を織り込んで、銀行の個人ローンにおける**保証業務***を主力業務に据えています。保証業務は、返済の延滞などがなければキャッシングと同程度の手数料が見込めるからです。

信販は加盟店の不始末に共同責任を負うことになったため、違法な販売行為をしている加盟店や不採算加盟店と絶縁し、稼働率の悪い提携カードを廃止して学費ローンなどに注力しています。信販を含めたクレジットカードは、脱キャッシングの観点から年会費獲得に力を入れるため、二〇〇〇円台のゴールドカードを発行。「使ってもらえるカード」を目指しています。

また、ショッピングでリボ払いを推進し、金利収入を積み上げることに懸命です。

ノンバンクはいま、手軽に儲かるキャッシング頼みの安易な経営体質からの脱却を目指しているのです。

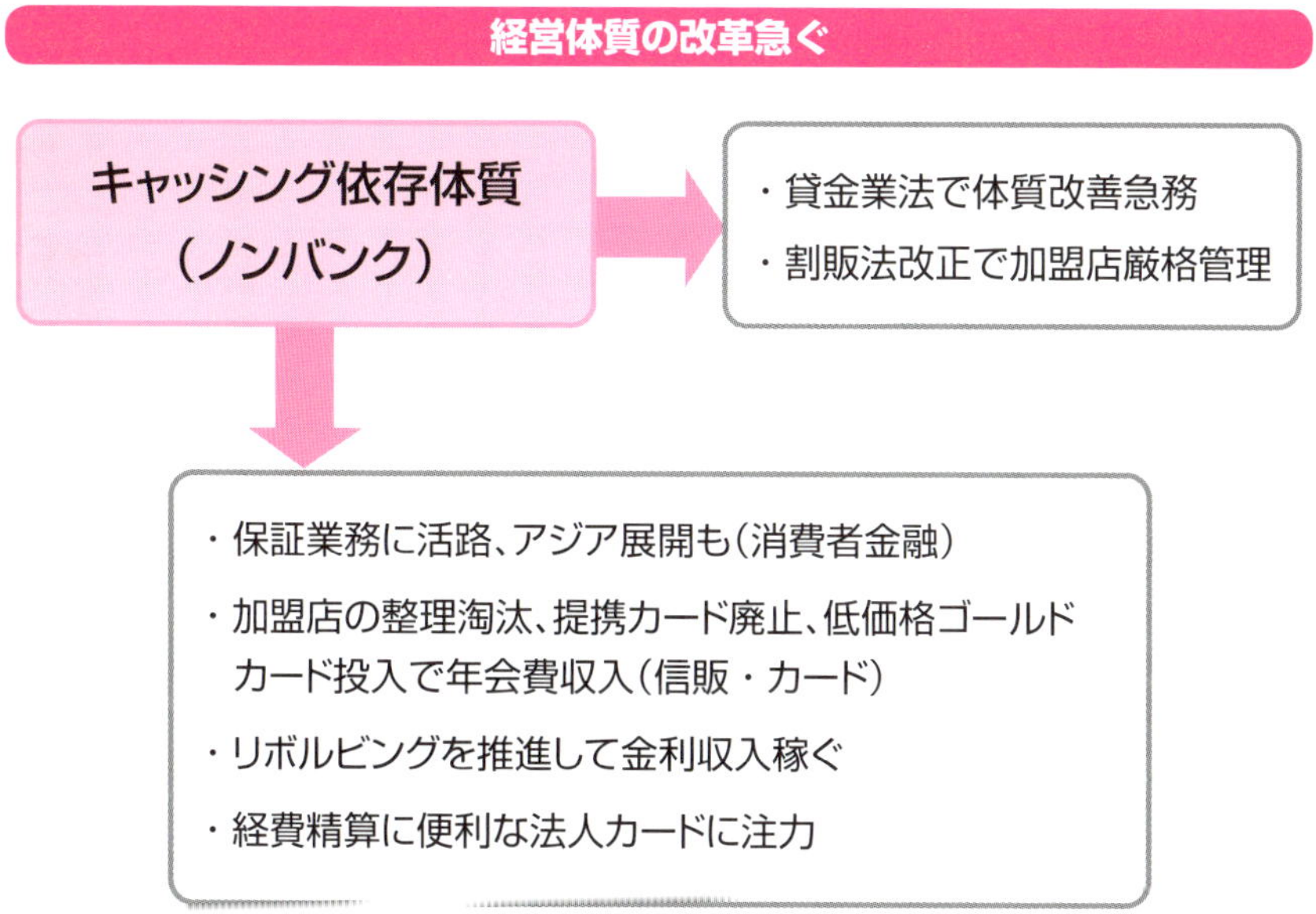
経営体質の改革急ぐ
キャッシング依存体質
（ノンバンク）
・貸金業法で体質改善急務
・割販法改正で加盟店厳格管理
・保証業務に活路、アジア展開も（消費者金融）
・加盟店の整理淘汰、提携カード廃止、低価格ゴールドカード投入で年会費収入（信販・カード）
・リボルビングを推進して金利収入稼ぐ
・経費精算に便利な法人カードに注力

用語解説

＊**保証業務**　銀行が取り扱う教育ローンなどの審査や回収、督促を代行する。利用者が返済不能に陥った場合は銀行に弁済するが、正常に返済されればローン金利の5%から8%程度を保証料として手にすることができる。

4

二〇二〇年五輪に向けたクレジット国策

経産省は二〇一四年七月、二〇年の東京五輪開催で訪日客の利便性を高めるため、クレジットカード決済における提言をまとめました。

経済産業省の「クレジットカード決済の健全な発展に向けた研究会」は、世界で最もクレジットカードが使いやすい安心・安全な国にするため、カード決済の健全な発展を目指して、課題の整理や具体的な対応策を検討するため、一四年四月に設置されました。同省がカード決済の研究会を立ち上げたのは初めてです。

政府が一四年六月に公表した「成長戦略」では、二〇年の東京オリンピックおよびパラリンピックの開催を踏まえて、キャッシュレス決済の普及による決済の利便性・効率性の向上を図るため、日本を訪れる外国人の増加を見据えた国際ブランドカードを使いやすくし、安全に利用できる環境の整備と公的分野での電子納付の普及など、電子決済の利用が今後拡大していくよう、明記されました。

大規模な国際イベントの開催を六年後に控え、国としてもクレジット決済の課題を解決することが急務と判断し、研究会の設置につながったものといえます。

研究会の論点は四つ

研究会が抽出したクレジット決済の論点は大きく分けて四つあります。

「二〇二〇年に向けたクレジットカードの利用環境の整備」は、外国人旅行者向けにカード利用における環境を整備すること。一一年に観光庁が実施した訪日外国人調査によると、日本国内を旅行中に不便を感じたことの第四位に、「両替・クレジットカード利用」が十分でないという点が指摘されています。また、訪日外国人にとって、日本は国際ブランドのカードで現金引き出しができない国と認識されている、という指摘もあります。例えば、日本国内に設置されたＡＴＭ（現金自動預け払い機）約一八万台の中で、海外発行のクレジットカードで現金引き出しができるのは約四万台と、全体の二四％となっていることが、その一例と考えられています。

「行政・公共分野での利用拡大」は、地方税のクレジットカードでの納税の拡大を指します。軽自動車税など、一部の自治体で実施されているところもありますが、カードを保有していない利用者は実質割引になるポイントサービスの恩典がつかないので、不公平感があるなどの理由から、公共分野でのカード利用はなかなか進んでいないのが現状です。

「安心・安全への取り組み」は、最も重要かつ深刻な問題でしょう。ＩＣ化や情報漏えい対策、成りすまし防止、加盟店審査の強化など、セキュリティ対策は犯罪者との〝いたちごっこ〟が避けられません。

「データの活用、システムの統合」は、コスト削減や新たな施策に向けた取り組みの一環。システム統合は、信販、カード、消費者金融の大手が、ほぼ全社メガバンクグループの傘下に入ったことで検討されています。

世界で最もカードを安心して使える国目指す

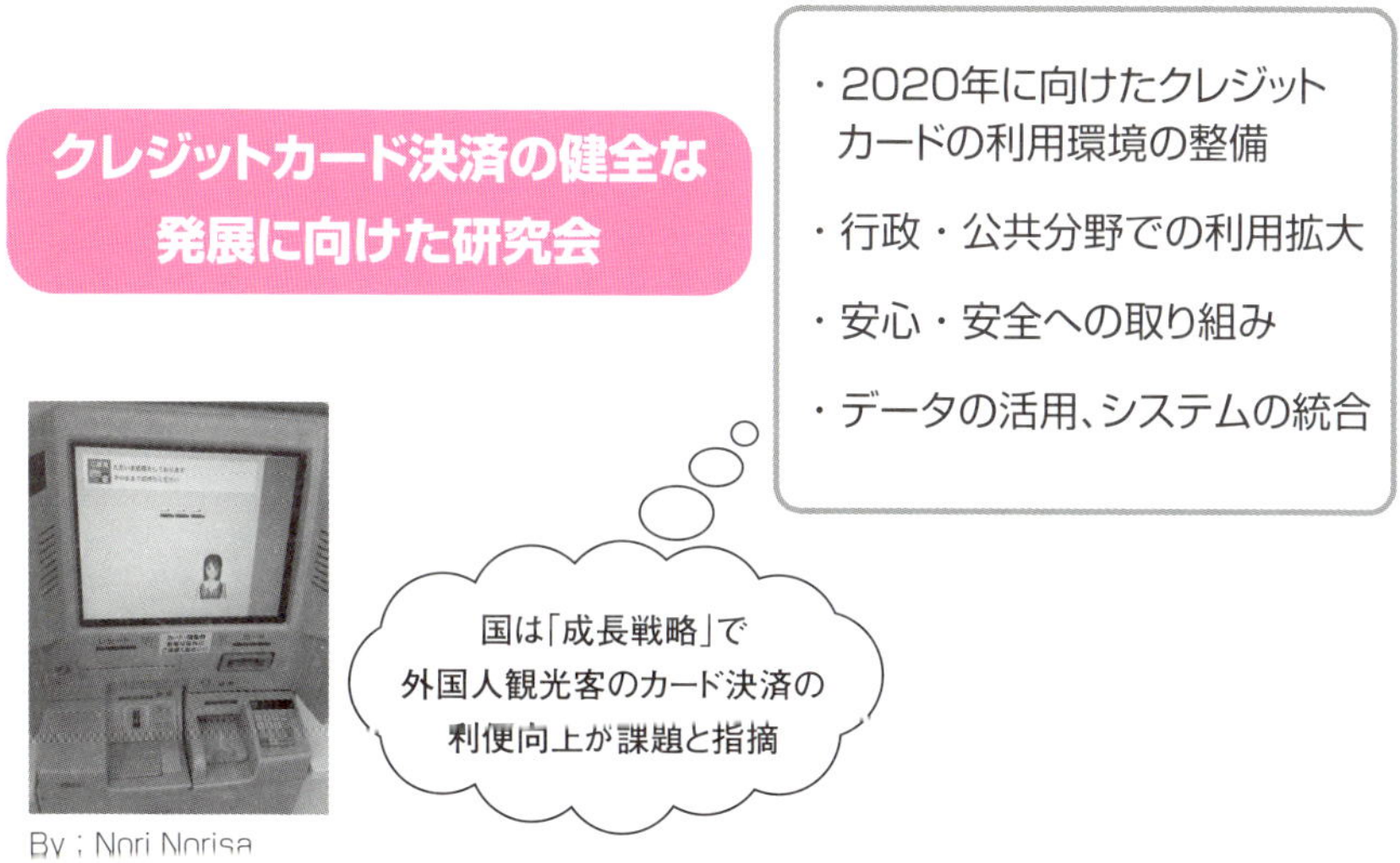
クレジットカード決済の健全な発展に向けた研究会
・2020年に向けたクレジットカードの利用環境の整備
・行政・公共分野での利用拡大
・安心・安全への取り組み
・データの活用、システムの統合
国は「成長戦略」で外国人観光客のカード決済の利便向上が課題と指摘
By ; Nori Norisa

5

再燃したリボ問題

クレジットカードのショッピングで、リボルビング払いに関する相談が増えています。ポイント付与などの優遇措置に目を奪われ請求時に苦慮する利用者が増えているからです。

クレジット業界関係者によれば、ここ数年、各地の消費生活センターに寄せられるリボの相談は、ポイント付与に目を奪われてリボ払いであることに気づかず入会したり、リボ専用カードであることを請求時に初めて知り、対応に苦慮するケースなどが増えています。

リボルビングは買物代金を毎月一定額で支払う返済方法です。手数料は取られますが、一回当たりの返済額を抑えられるメリットがある反面、負担額が小さいためにショッピングの頻度が増して借入残高が増えるリスクがあります。

クレジット業界では二〇一六年の貸金業法施行で「グレーゾーン金利」が廃止され、キャッシング収益が激減。新たな金利収入として、年率一五％程度の金利が見込めるショッピングリボに注力しています。

流通系クレジットカード大手・クレディセゾンの一六年度におけるショッピングリボ残高は、三八〇八億円と前年比一一％増。年々残高を伸ばし、横ばいのキャッシング残高（二二四億円、一・一％減）を大きく上回っています。ポケットカードもショッピングリボ残高は一三五七億円。リボ専用カードの主力であるファミマTカードが六割を稼いで好調です。

楽天カードもリボ手数料が一三五億円と、カードショッピング収益の五七％を占めるなど、リボルビングはカード会社の稼ぎ頭になっています。

背景には消費スタイルの変化も

カード会社のリボ推進は、消費スタイルが変化したことも背景にあります。スマートフォンなど携帯端末が普

ワンポイントコラム

【ポイント還元】 利用額などに応じて、次回購入の際に商品価格から差し引かれる制度。航空会社の「マイレージ」で火が点いた感がありますが、家電量販店のポイント還元も利用者の間では支持が高く、特にパソコン関連商品ではネットショップとの価格競争が激しくなっています。

及してネット文化が定着する一方、ポイント還元制度が広範な支持を得ています。リボ専用カードの入会やリボ払いへの変更はスマホで簡単にでき、優遇キャンペーンでもらうポイントはネットショッピングですぐに使えます。こうした手軽さが若者世代に受けてリボ払いが広まりましたが、それと知らずに入会した人も少なくありません。優遇措置に目を奪われてリボであることを見落としているのです。

　ただ、リボ専用カードにはこんな側面もある、と大手カード会社の部長は声を潜めます。

「スーパーなどのレジで、『一回払いか、分割か』などと聞かれるのが嫌な人がいる。分割と答えると所得が少ないとみられるのが嫌だからだ。最初からリボ設定にしておけば聞かれないし、便利という利用者も少なくない」

　使い方によっては便利で生活弱者の利便にも資するリボルビングですが、ポイント還元などの優遇措置に躍らされる顧客の気持を利用して過剰に誘引するのは限度の問題。サービスを提供する側には、一定の説明責任があります。

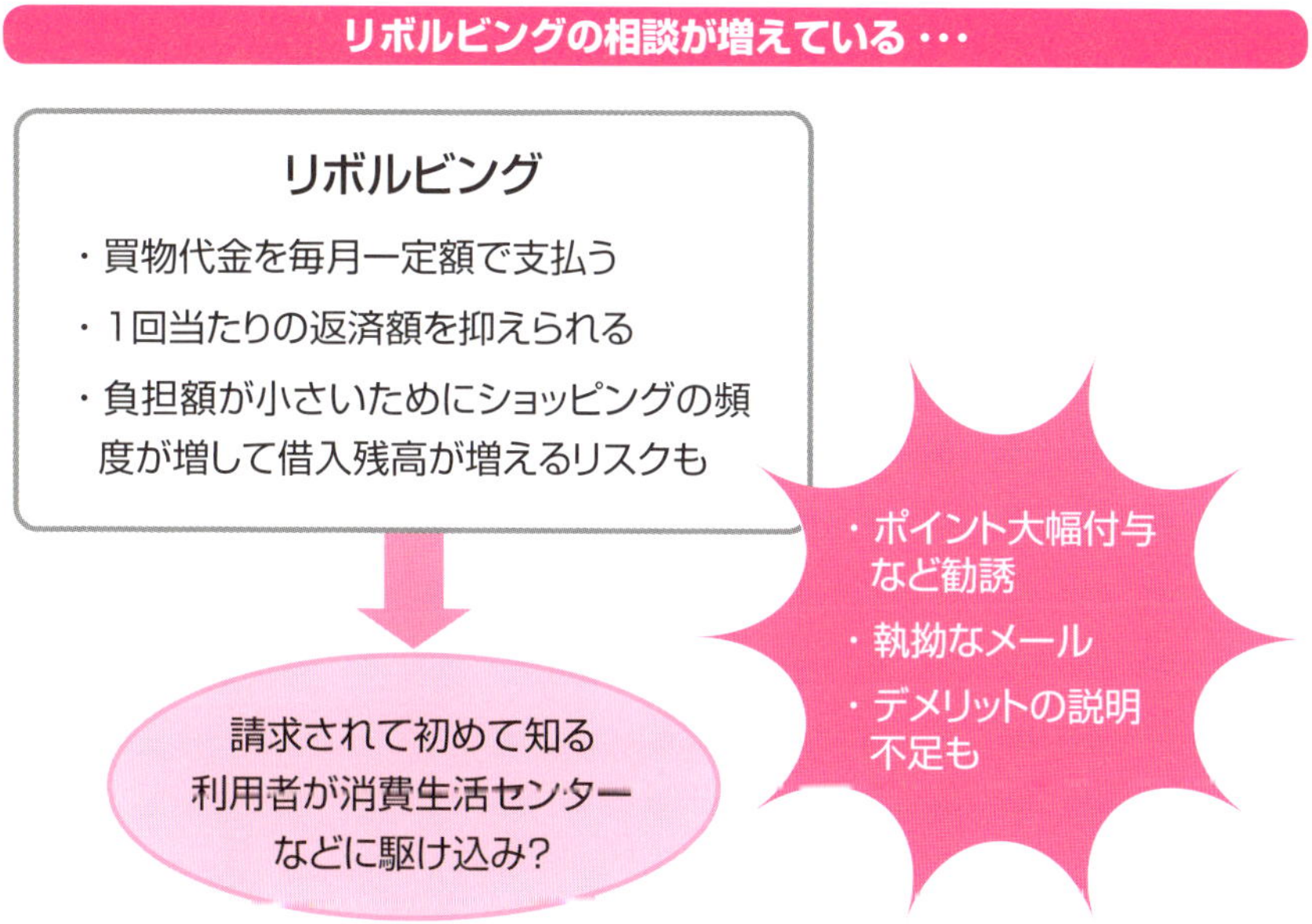
リボルビングの相談が増えている・・・
リボルビング
・買物代金を毎月一定額で支払う
・1回当たりの返済額を抑えられる
・負担額が小さいためにショッピングの頻度が増して借入残高が増えるリスクも
・ポイント大幅付与など勧誘
・執拗なメール
・デメリットの説明不足も
請求されて初めて知る利用者が消費生活センターなどに駆け込み？

6 銀行カードローンへの批判

銀行のカードローンに対して議論が起きました。二〇一六年九月に日本弁護士連合会が金融庁や銀行業界に向けて過剰融資の防止を求める意見書を出したことが発端です。

日弁連は「銀行等による過剰貸付の防止を求める意見書」（以下、「意見書」）を公表し、全国銀行協会に対して過剰融資をしないよう求めました。

日弁連は、銀行が過剰融資をしていると判断した背景には、自己破産件数の下げ止まり傾向がある、減り方が鈍っている現実があると主張しました。一五年は前年比九七％、一六年五月現在では、前年比一〇一％と減少傾向に陰りが見えており、今後は自己破産件数が増加する可能性を示唆しているのです。日弁連はこの下げ止まり原因を、増加している銀行のカードローンのせいではないかと判断。独自調査の結果を明らかにしました。

「二〇一四年破産事件及び個人再生事件記録調査」によれば、自己破産した人がどこから借りているかを調べると、二〇〇八年と二〇一四年を比較した場合、貸金業者は減っているのに、民間金融機関や保証会社は増加していると主張します。

〇六年施行の貸金業法は、年収の三分の一以上の融資を原則禁じる総量規制を盛り込みました。しかし規制は貸金業者限定のもので、銀行や信用金庫など民間金融機関は適用対象外。銀行はそれをいいことに総量規制を守らず過剰に融資している、と指摘しました。

意見書では、「総量規制の対象外」「所得（年収）証明が不要」「専業主婦でもＯＫ」など、銀行カードローンの過大な広告などが利用者に過剰な借り入れをもたらしているのではないかと懸念を表明しました。

裏でノンバンクが支える銀行ローン

銀行カードローンは、消費者金融などのノンバンクが

用語解説

＊**全国銀行協会**　1945年に設立された金融業界で最も規模の大きい団体。都市銀行から第二地方銀行、外国銀行を含めて国内に本店や支店を置く「銀行」が正会員として加盟している。歴代の会長は都市銀行上位行の頭取が１年任期で就任する。

信用保証しています。ノンバンクが審査し、返済困難になった場合は、ノンバンクがこれを弁償する仕組みになっています。銀行カードローンはノンバンクが裏側で支えているのです。

全国銀行協会*は日弁連に答える形で一七年三月、銀行カードローンにおける広告の適正化と審査体制の整備の二点について加盟銀行に通達を流しました。

銀行カードローンが貸金業法による総量規制の対象外であることや、高額の借り入れでも年収証明書が不要であることを強調して、過剰な借り入れや配慮に欠けた表示を行わないよう業界に呼びかけました。また、貸付審査は、自行以外での借り入れ状況も勘案して返済能力等を確認するように促しました。

これに対して日弁連は、「申し合わせの内容は抽象的だ」として批判。年収三分の一超の貸付を原則として禁止している貸金業法の趣旨を踏まえ、銀行も貸金業者の保証が付いた銀行カードローンについて総量規制に沿った審査態勢を構築すべきだ、と主張しました。

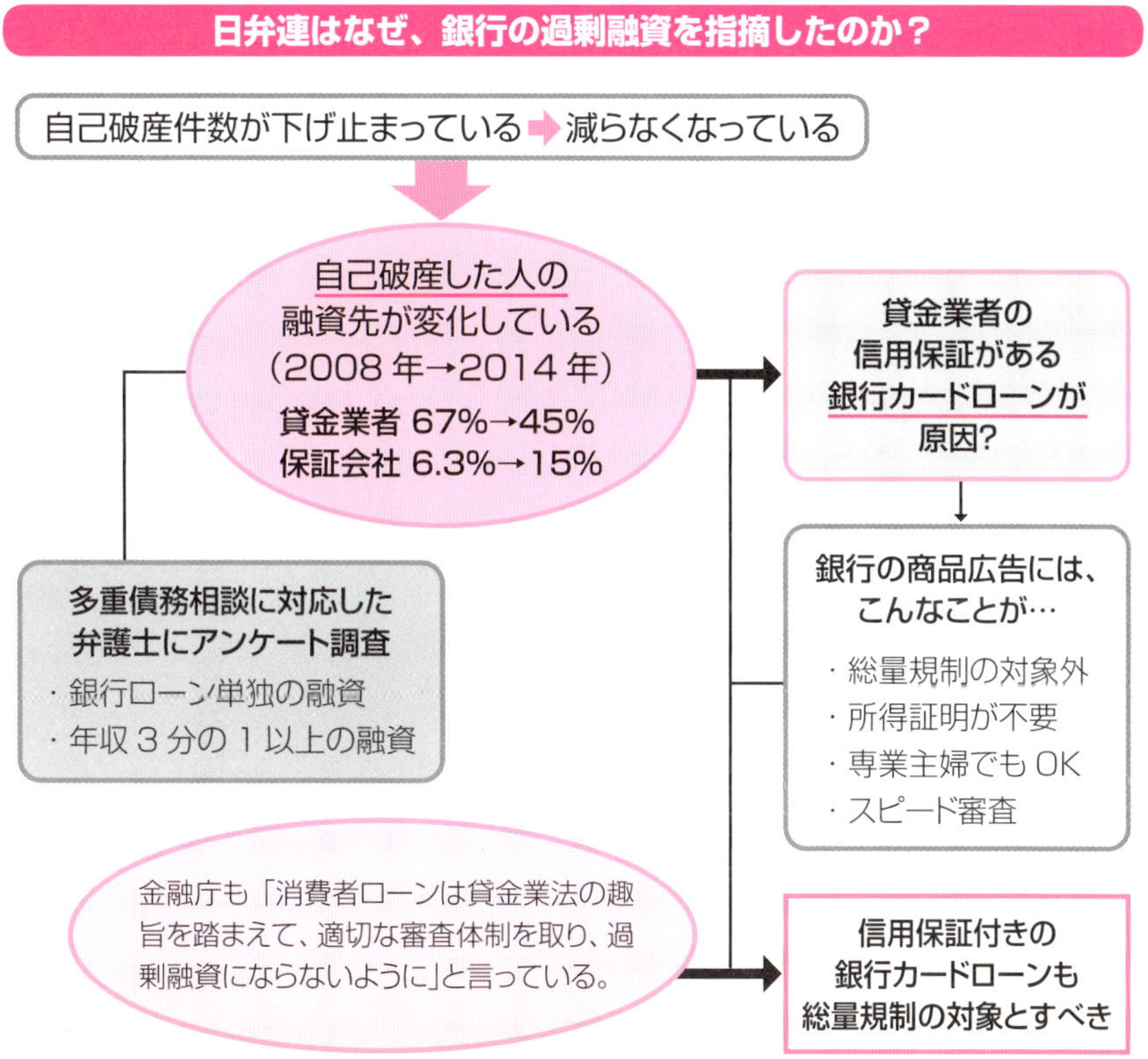
日弁連はなぜ、銀行の過剰融資を指摘したのか？
自己破産件数が下げ止まっている➡減らなくなっている
自己破産した人の融資先が変化している（2008年→2014年）
貸金業者 67%→45%
保証会社 6.3%→15%
多重債務相談に対応した弁護士にアンケート調査
・銀行ローン単独の融資
・年収3分の1以上の融資
金融庁も「消費者ローンは貸金業法の趣旨を踏まえて、適切な審査体制を取り、過剰融資にならないように」と言っている。
貸金業者の信用保証がある銀行カードローンが原因?
銀行の商品広告には、こんなことが…
・総量規制の対象外
・所得証明が不要
・専業主婦でもOK
・スピード審査
信用保証付きの銀行カードローンも総量規制の対象とすべき

7 クレジットカードのIC化急務

国は二〇二〇年までにすべてのクレジットカードをIC化する目標を掲げました。東京五輪で海外観光客の利便を高めるのが狙いです。

経済産業省は二〇一四年、二〇二〇年までに国内で流通するすべてのクレジットカードにICチップを付ける目標を立てました。東京五輪開催で世界中から多くの外国人観光客が訪れることを想定し、国内で安心してクレジットカードが使えるようインフラ整備する狙いがあります。

カードのIC化は、金融機関が発行するキャッシュカードと共に、カード犯罪防止の観点から一九九〇年に議論が始まっていました。クレジットカードやキャッシュカードは、券面の裏に施されている磁気ストライプに暗証番号や個人情報が記録されていますが、これを読み取る**スキミング**＊装置は市販されていて、盗難に遭った場合、その情報が簡単に読み取られてしまうと不安視されていました。

磁気ストライプに代わってICチップを搭載すると、記録容量が格段に増えるだけでなく、IC化によって情報漏えいが困難になるのでセキュリティが向上します。そのため、カードの読み取りが頻繁にあるクレジットカード業界は、金融業界に比べてカードのIC化に当初から積極的でした。

カギは加盟店の端末対応

金融業界がカードのIC化に消極的だったのは、コストの問題があるからです。クレジットカードのIC化が進んだおかげで、ICチップの単価は、一説には五〇〇円程度にまで安くなったといわれていますが、それでもこのコストを誰が負担するのか、ことは簡単ではありません。カード発行会社は自ら負担しますが、銀行は「キャッシュカードは、銀行が利用者に貸しているかたちだから、

用語解説

＊**スキミング**　クレジットカードやキャッシュカードの磁気ストライプに記録されている情報を不正に読み取ってコピーし勝手に使うこと。店に設置している信用端末に細工し店員が情報を抜き取る場合が多いとされる。カードは無事なので被害に気付かないため、捜査が難しいといわれる。

ＩＣ化で銀行が新たな経費を負担するのはおかしい」（銀行関係者）との声があります。

クレジットカード業界が金融業界に対してカードのＩＣ化で共同歩調をとろうとしてきたのは、一枚でも多くのカードがＩＣを搭載すれば、それだけ単価が下がるからとの背景もありました。しかし、最近ではキャッシュカードもクレジットカードとの一枚化が進み、ＩＣチップも標準搭載されてきましたので、金融業界と平仄を合わせる必要性は低くなっています。

カードにＩＣチップを載せるコストは、磁気ストライプに比べれば割高なのは事実。しかし、カギは読取装置（信用端末）を設置している加盟店の負担をどうするかでしょう。

カードを加盟店で使う場合、カード裏の磁気ストライプを読み取る方法と、ＩＣチップを専用の機器にかざして使う方法があります。しかし、現在使われているカード読み取り装置の四割がＩＣチップを読み取れないといわれています。

カードのＩＣ化は達成しても、読み取る側の加盟店端末が対応できなければ意味がありません。

カードＩＣ化は加盟店対応がカギ

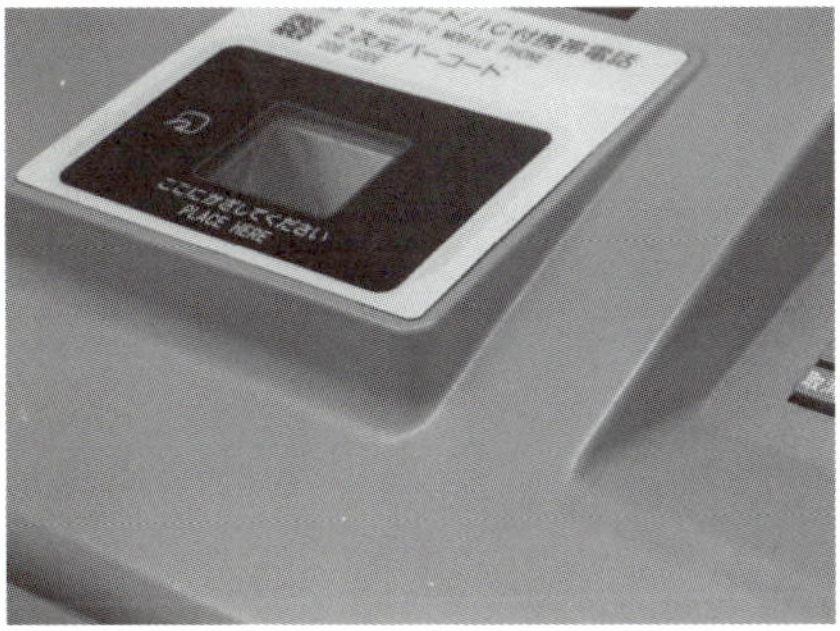

・セキュリティ対策
・2020年達成目標（東京五輪）

クレジットカードのIC化

課題
加盟店端末のIC対応

8 電子マネー機能付加で生き残り

カード各社は、利用者が増加している電子マネーを使える機能を付けています。続々と登場する決済手段と共存し、会員獲得を推進しているのです。

電子マネーが登場した二〇〇〇年代前半は、チャージ機に現金を入れて使えるようにしていました。しかし、クレジットカードで電子マネーが購入できるようになりました。クレジットカードのライバルと見られていた電子マネーを取り込むことによって、カード各社は若者を中心に利用頻度が高まる新たな決済手段を会員獲得のツールにすることができたのです。

電子マネーは、持っていれば電車やバスに乗れたり、コンビニエンスストアやスーパーでの支払いにも使えるなど、利用範囲が広がっています。

クレジットカードは、利用できる加盟店を増やしていくことでカードの稼働率を上げて収益を上げていくのが、長い間のビジネスモデルでした。

電子マネーが登場したころは、クレジットカードカードの関係者の多くが「今後、カード利用者は急速に減少するのではないか」との懸念を抱いていました。

ところが、電子マネーと紐付けになったことで交通機関での利用が新たに加わりました。交通各社もクレジットカードによる支払いが生まれたことで利用者が増え、自動改札機や精算機などの業務効率化を一層進めることができました。

クレジットカードと電子マネーの共存は、社会インフラの整備にも一役買った、といえるのではないでしょうか。

ゴールドカード安売り作戦は失敗

クレジットカード業界では、〇六年に施行された貸金業法で上限金利が引き下げられ、キャッシング収益が激減しました。このため、年会費獲得という原点回帰の現象が起き、年会費の高いゴールドカードを二〇〇〇円程度まで下げる低価格化を推進しました。

こうしたVIPカードはダイナースやアメックスなどが得意分野で、富裕層を対象にした高級志向のカードの利用者層もある程度は存在していました。

しかし、価格が下がっても新規会員は思ったほど伸びず、この目論見は失敗に終わりました。

ゴールドカードの特典は**空港ラウンジ***の利用や海外旅行保険の付帯などで、昔に比べて安いとはいっても二〇〇〇円の価値がある特典ではありません。

現在もカード各社はゴールドカードのメリットを、空港ラウンジの無料サービスやグルメ優待サービスにあると強調していますが、消費者のカード志向を把握し切れていないのではないでしょうか。海外旅行する人は年々増加していますが、空港でVIPルームに入室できることが入会の決め手にはならないでしょう。

電子マネーのような相乗効果が見込める相手との共存は、裏を返せばクレジットカードの魅力が年々劣化していることを示しているのかもしれません。

電子マネーと共存の道生まれる

▲羽田空港ラウンジ

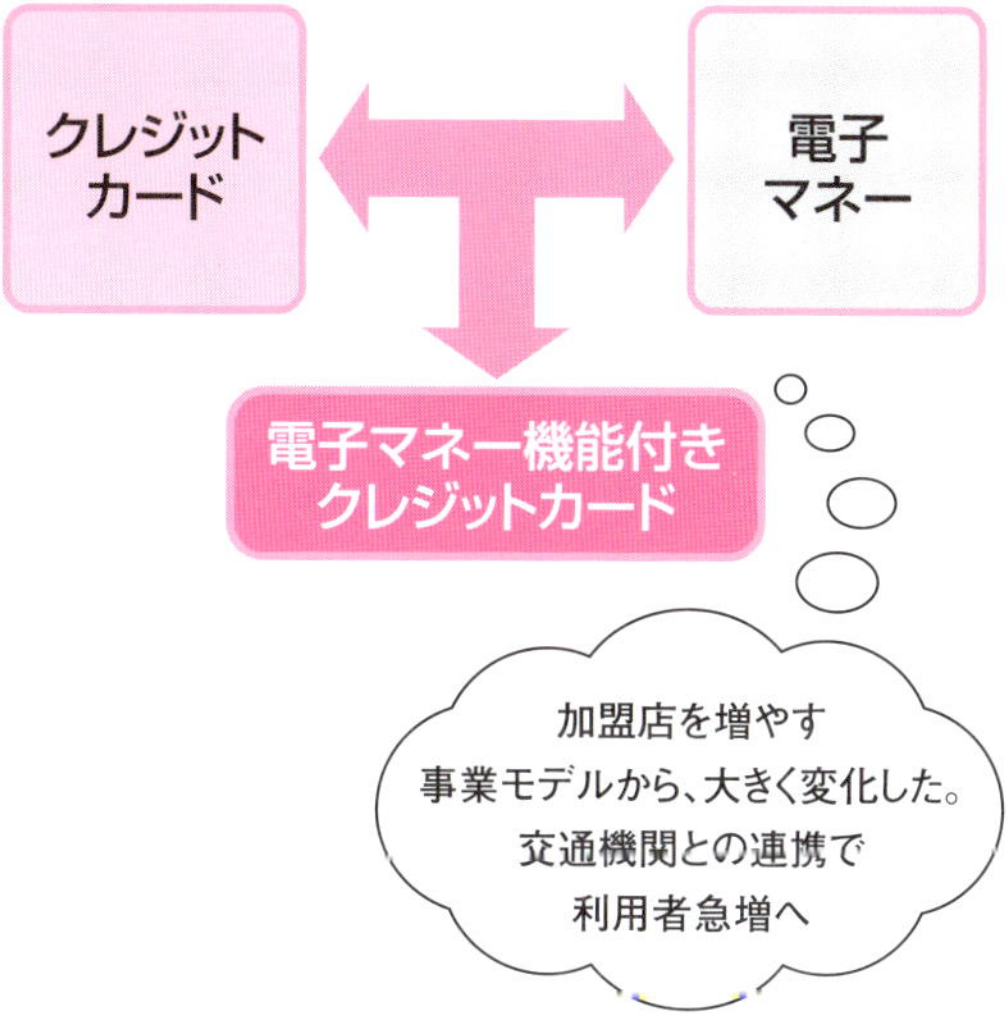
クレジットカード
電子マネー
電子マネー機能付きクレジットカード
加盟店を増やす事業モデルから、大きく変化した。交通機関との連携で利用者急増へ

用語解説

＊**空港ラウンジ**　空港で飛行機の出発を待つ際に利用する特別な待合室のこと。特別に許可を得た人だけが利用できる。カードラウンジともいう。

激化するポイント還元競争

9

現在、会員獲得の最も有力なツールはポイント還元です。インターネットショッピングが普及し、ポイントの利用範囲が広がったことも、その背景にあります。

国内のポイント還元は、一九九〇年代後半に日本の航空会社が米国エアラインにならってマイレージサービスを始めたことで、クレジットカード業界が敏感に反応したところから始まりました。そして、〇二年にクレディセゾンが「永久不滅ポイント」を始めました。

ポイント還元制度がクレジット業界で広まったのは、インターネットショッピングの隆盛が大いに影響していると思われます。ネットショッピングは当初、品揃えも少なく、手に取ることができないため、利用する人は予想外に増加しませんでした。しかし、楽天市場やアマゾンなどの大型ショッピングモールサイトが登場して店舗と商品が充実するにつれ、集客力が格段に向上していきました。

各モールは、購買動向など利用者の情報が把握できるよう、ポイントを付けて顧客を管理するようになりました。利用者にとって、「一〇〇円につき一ポイント」は一％の値引きと同じ。ネットショッピングとポイント、そして自社のクレジットカードを合わせることで、万全な顧客の囲い込みができる土壌ができたのです。

大手ネットモールと提携 特定加盟店とのポイント増強も

最近は、ポイント還元の魅力を高めるため、大手ショッピングサイトのポイントと自社カードのポイントを合算する「ポイントの二重化」が主流になりつつあります。カード決済比率を向上させたいネットショッピングの運営企業と、クレジットカードの稼働率を改善したいカード会社の思惑が一致したからです。

さらに、携帯電話会社やインターネット接続のプロバイダなど特定の加盟店との間でポイントを二倍、三倍など優遇するケースも出てきています。

これは、携帯電話やプロバイダ会社が家電量販店と組んで販売増強をする戦略と同じです。「エアコン購入と同時に携帯電話を契約すれば、(エアコンが)半額」などというショッキングな宣伝を見ることがあります。実質的な値引き販売ですが、その裏にはカード会社が仲介役になって販売奨励金(リベート)が動いているとも考えられます。

カード入会時に二〇〇〇円のキャッシュバックや同額のポイント還元、というサービスも多くなっています。強引とも思えるポイントのばら撒きサービスですが、会員獲得が熾烈になっている証拠でもあります。

ポイント制度は会員獲得の有力なツールですが、値引き販売になるので還元率が高いほど利益を圧迫します。利用されたぶんだけ引当金を準備することが必要。体力勝負の消耗戦が今後しばらく続きそうです。

ポイント還元は過熱している・・・

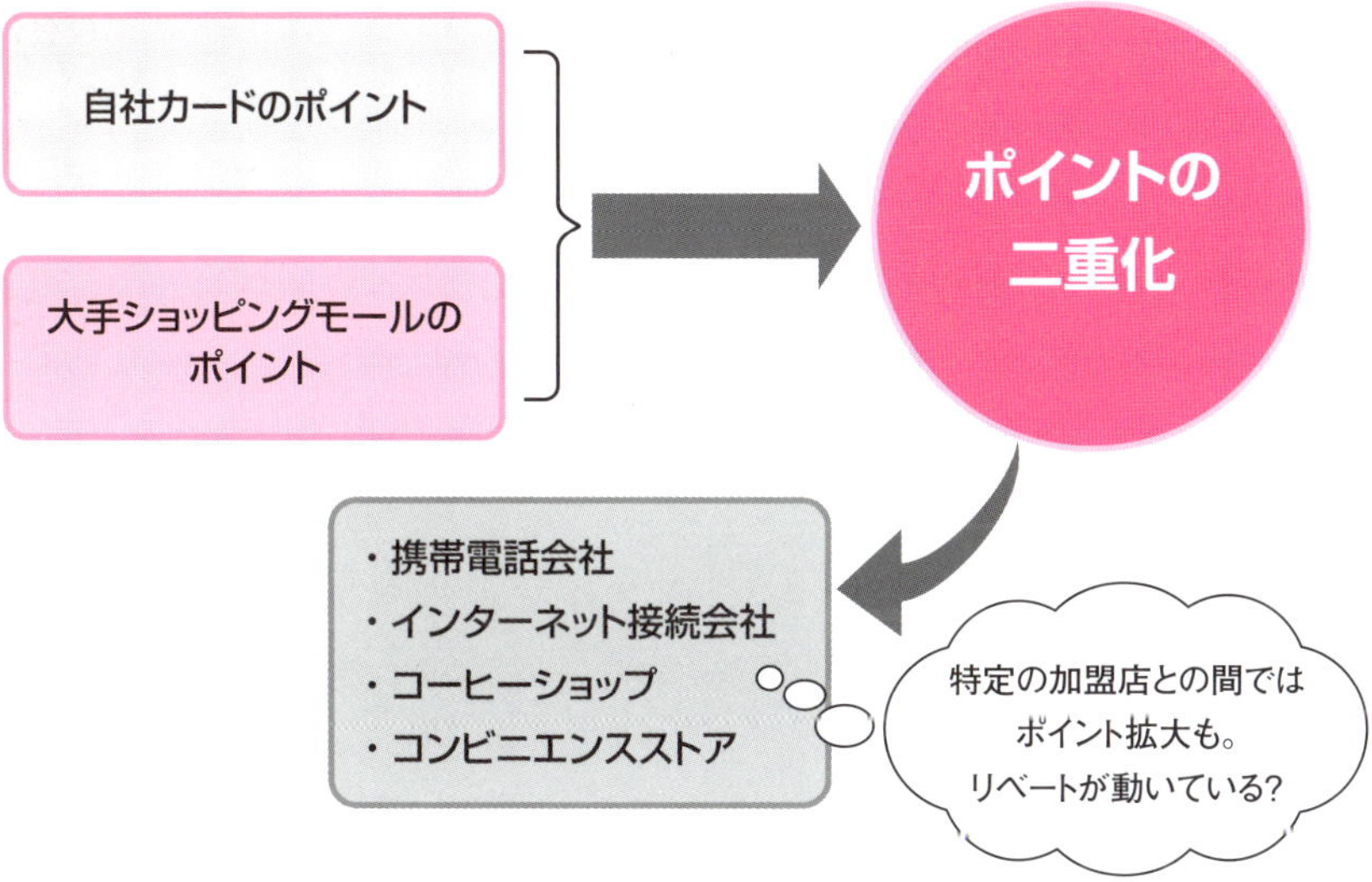

10

スマホが加盟店を変える

スマートフォン(スマホ)が加盟店の概念を大きく変えることになりそうです。小型で軽量のスマホが信用端末になることで、導入コストと維持管理が低減されるからです。

スマホ決済は、スマートフォンにクレジットカードを読み取るための小型読取装置を装着して決済します。これまでは、お店のレジに読み取り機を置いてカード決済していましたが、こうした端末は小規模店舗ではレジが狭く、専用回線でつながれているため設置費用と毎月の使用料など経費がかかるので、小規模の店はクレジットカード決済の導入は困難な状況にありました。

ところが、二〇一二年に米国ペイパル*社のスマホ決済サービス「ペイパルヒア」が登場。ソフトバンクと提携し、端末を無料提供して加盟店手数料も売上代金の三・二四%と従来の半分程度の低価格を設定したことから、競争が激化していきました。

ショップにとって、スマホ決済はクレジットカード会社と契約する必要がありません。スマホ決済を展開している会社のWebサイト、あるいはスマホ決済会社と提携している携帯電話ショップに申し込めば、審査も簡単に済みます。決済手数料もカード会社に比べてスマホ決済が低価格です。

つまり、スマホさえ持っていれば、あとはコイン大の小型読取装置をコンビニエンスストアなどで購入(後日代金が振り込まれるので実質無料)してスマホに装着すれば、レジと**オーソリ(信用照会)**ができるというわけです。

課題はセキュリティ

スマホ決済は現在、楽天ペイ*、スクエア、コイニーなどが大手業者です。特に楽天ペイは楽天銀行の口座を利用すれば最短で翌日入金、多くの電子マネーとカードブランドが利用できることから、資金繰りを心配する経

用語解説

*ペイパル　1998年に設立した米国の決済サービス会社。親会社はオークションサイト大手「eBAY」(イーベイ)。同社が送金を仲介するので、クレジットカード番号や口座番号を相手に知らせる必要がないため、安全性が高いといわれている。

営規模の小さい加盟店に好評のようです。スマホ決済は専用のアプリをダウンロードして使用することになりますが、スマホそのものが信用端末のため、データ通信でオーソリをかけることになります。

　課題は安全性です。導入費用や手軽な操作など運営面でのメリットは少なくありませんが、誰でも操作できるということは、それだけシステムが脆弱だということにもつながります。

　クレジットカード業界ではセキュリティを向上させるためIC化を急いでいますが、スマホ決済の草分けだったペイパル社がペイパルヒアのICカード対応を断念。一六年一月にサービスを終了しました。

　増加するスマホ決済ですが、加盟店数はクレジットカードの敵ではありません。レジを置けない小規模店舗が導入しているので、国内での導入率・利用率はこれから上昇していくと見られていますが、クレジットカードがここ一〇数年来掲げてきた安心・安全を担保するため、スマホ決済においても業界として対策を講じる必要があります。

クレジットカード加盟店を脅かすか

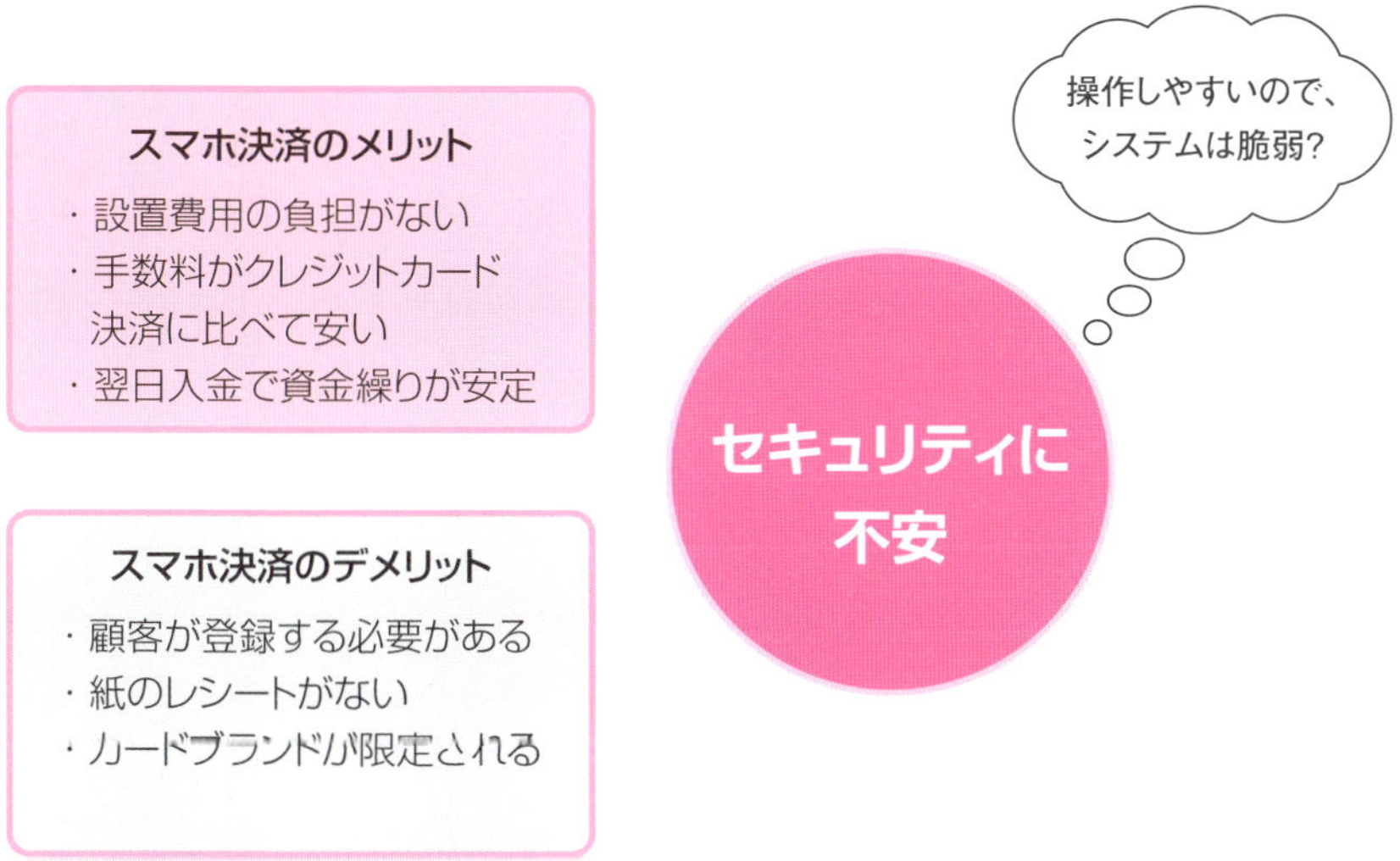
操作しやすいので、システムは脆弱?
スマホ決済のメリット
・設置費用の負担がない
・手数料がクレジットカード決済に比べて安い
・翌日入金で資金繰りが安定
セキュリティに不安
スマホ決済のデメリット
・顧客が登録する必要がある
・紙のレシートがない
・カードブランドが限定される

用語解説

＊**楽天ペイ**　2008年にサービス開始した決済ツール。当初は、楽天のサイトで使うIDとパスワードを使って楽天以外のサイトでも決済できる仕組みだったが、2010年から携帯端末での決済できるように改良した。

11

狙いは同じアジア圏

一人で三枚を持っているカード大国ニッポン。ノンバンク各社は国内から海外、特にアジア圏に次の成長機会を求めている点で共通しています。

カード、信販、消費者金融のノンバンク三業態は、経済成長に伴い、国民の消費性向が高まるのと歩調を合わせるように、ビジネスを拡大してきました。モノを先取りして支払いを後回しにする購入手段は、将来の収入が安定的なものになるとの前提が必要でした。こうしたノンバンクが一九六〇年代という経済成長期に勃興したのは、必然だったのです。

わが国の六〇年代を歩んでいるのがアジア諸国でしょう。経済成長そのものは当時の日本を凌ぐものがありますが、金融とりわけ決済手段、購買代金の支払いなどでは、金融制度自体が整備されていないこともあり、銀行がノンバンクビジネスを展開している国が少なくありません。

ノンバンクのアジア進出はすでに八〇年代から始まっていましたが、本格化したのは、この一〇数年といえるでしょう。

アジア進出の本格化は、貸金業法による金利収益の鈍化が大きな背景になっているのは否定できません。東南アジア各国では、銀行以外で融資をしてくれるノンバンクがそもそも設立を認められていない国もありました。こうした国では、日本の大手銀行が要請を受けて金融制度の改革や法整備などを手伝い、ノンバンク参入の道が開けたところもあります。

高くて魅力的な上限金利

ジェーシービー（JCB）はメコン経済圏五カ国（ベトナム、タイ、ラオス、カンボジア、ミャンマー）で大手銀行とカード提携や加盟店拡大などで業務提携し、クレジッ

ワンポイントコラム

【メコン経済圏五カ国】 ベトナム、タイ、ラオス、カンボジア、ミャンマーの人口合計はインドネシア一国とほぼ同等の約2億4000万人であることから、メコン川流域にある5カ国を束ねた経済圏の市場規模は、振興経済国インドネシアに匹敵するとの見方を前提に戦略を練る企業もあります。JCBはこうした点に着目して、カード発行や現地金融機関との提携を推進しています。

トカードを発行し始めました。イオンクレジットサービスは、親会社のイオングループが早くから東南アジア各地に大型ショッピングセンターを作って営業展開しているため、これに即応するかたちでカード決済を取り扱っており、海外事業を最も重要なビジネスの一つとして位置付けています。

ジャックスはベトナムやインドネシアで二輪車の販売金融事業、四輪車の販売金融事業とリース事業を展開しています。

ＳＭＢＣコンシューマーファイナンス（旧プロミス）は二〇〇七年以降、中国本土に積極的に営業拠点を開いています。中国国内では消費者ローンは上限金利二四％に同程度の手数料が付加され、実質四〇％近い金利収入が得られる魅力的な市場です。アコムもタイに「ＥＡＳＹ　ＢＵＹ」を設立。個品割賦を主力事業として業務を開始し、タイでの市場シェアは二〇％以上を維持してトップの座を守っています。

ただ、アジアの新興国ではノンバンク決済の可能な利用者がまだ少数。加盟店開拓も十分ではありません。利益をコンスタントに生むにはまだ時間がかかりそうです。

個人ローン金利に惹かれて進出

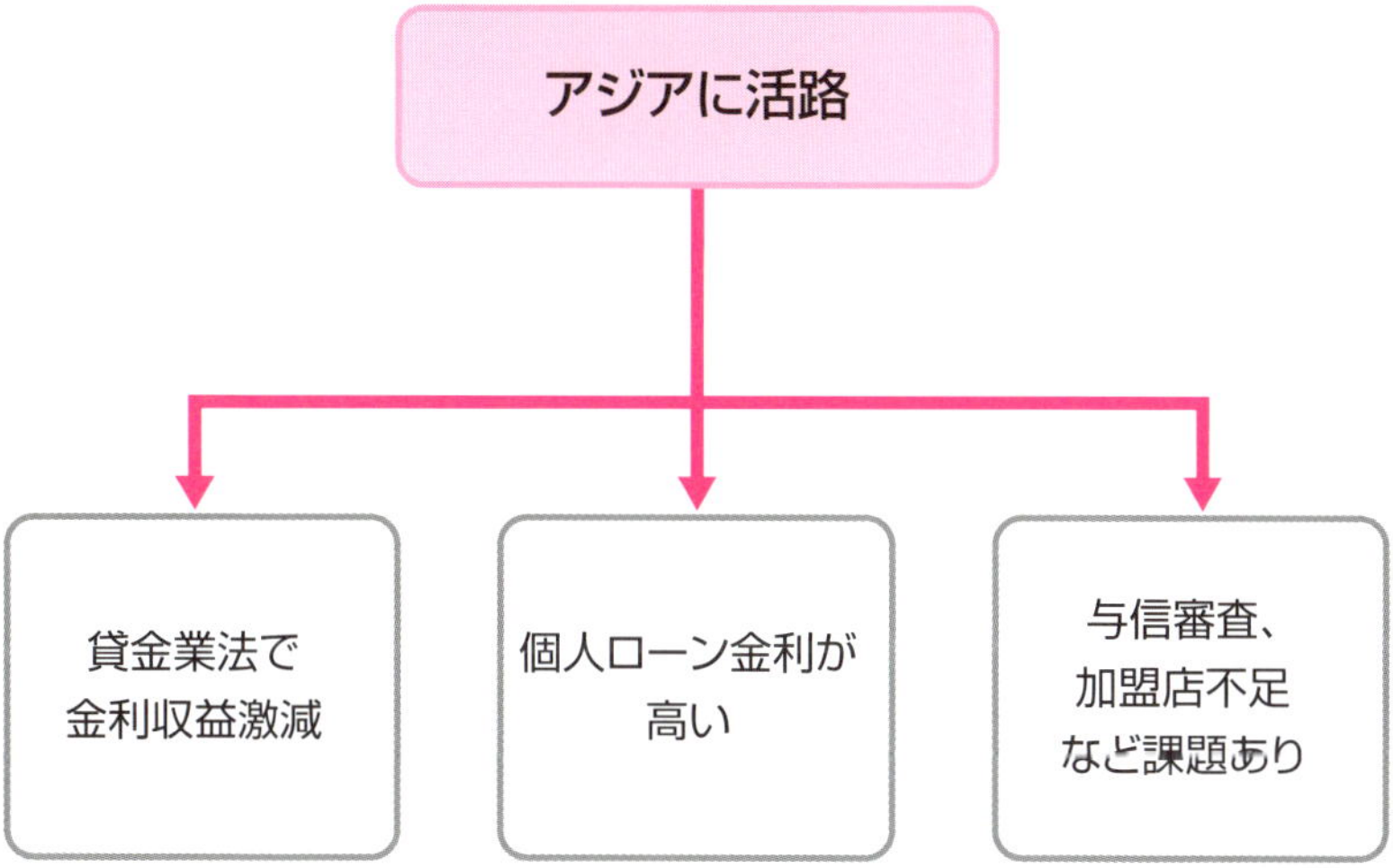
アジアに活路
貸金業法で金利収益激減
個人ローン金利が高い
与信審査、加盟店不足など課題あり

12

法人カードを狙う

個人の保有枚数が増加し、電子マネーが台頭している現在、クレジットカードの新たな市場は法人です。各社ともサービスを競っています。

わが国のクレジットカードは個人が利用することで支えられています。「1-2節」で述べたとおり、二〇一六年三月末でクレジットカード発行枚数は二億六六〇〇万枚。成人一人当たり三枚近くを所有している計算です。

ところが、企業のクレジットカード利用はなかなか進んでいません。VISAが二〇一三年に行った調査によれば、米国では二〇〇〇兆円の法人支出のうち七三兆円(三・四%)がカード決済なのに対して、日本は九四〇兆円の法人支出のうち二兆円(〇・二%)と極めて少ないのが現状です。

法人のクレジットカード利用が伸びない背景には、カード業界が個人をターゲットに会員を増やすことに注力するあまり、法人に対する営業努力が不足したことにあります。宣伝広告に多くの経費をかける手法で多くの個人会員を獲得してきましたが、法人会員は企業を直接訪問して交渉する必要があり、費用対効果の点で各社とも重要視してきませんでした。

ところが、個人のクレジットカード保有枚数は一人当たり三枚となっているうえに電子マネーが普及し、個人のカード会員獲得は頭打ちの傾向にあります。

そこでカード各社は、Ｗｅｂサイトで法人カードの申し込みができるようにして利用拡大の戦略を打ち出してきました。

現金管理の効率化と不正防止を訴える

法人カードはこれまで、業界の宣伝不足もあって利用するメリットが知られていませんでした。また、ある程度の企業規模がなければ、社員の経費をカード決済する必要性がないので、中小企業では普及しにくいとの判断もありました。

しかし、例えば社員の出張経費をカード決済にすれば、仮払い金などの現金管理における事務負担が軽減できるほか、カード会社からの利用明細書で使途不明金などの不正行為も未然に防止できるメリットがあります。社内の出納官吏だけでなく、用度品購入の際には振込処理が不要になり、振込手数料もかかりません。

法人専用のクレジットカードは、各社とも二種類を用意しています。**コーポレートカード**は大企業向けで、カード利用者は二〇人以上など。カード会社は企業に対して支払い料金を請求します。利用者が多くなれば、そのぶん年会費は増えます。**ビジネスカード**は個人事業主向けです。使い過ぎを心配する企業に対しては、このカードを推進しています。

法人カードは企業全体で、あるいは使用者ごとに利用枠を設定することができるので、経費把握と予算管理にも便利。今後、サービス競争が始まるかもしれません。

法人カードは数少ないカード市場

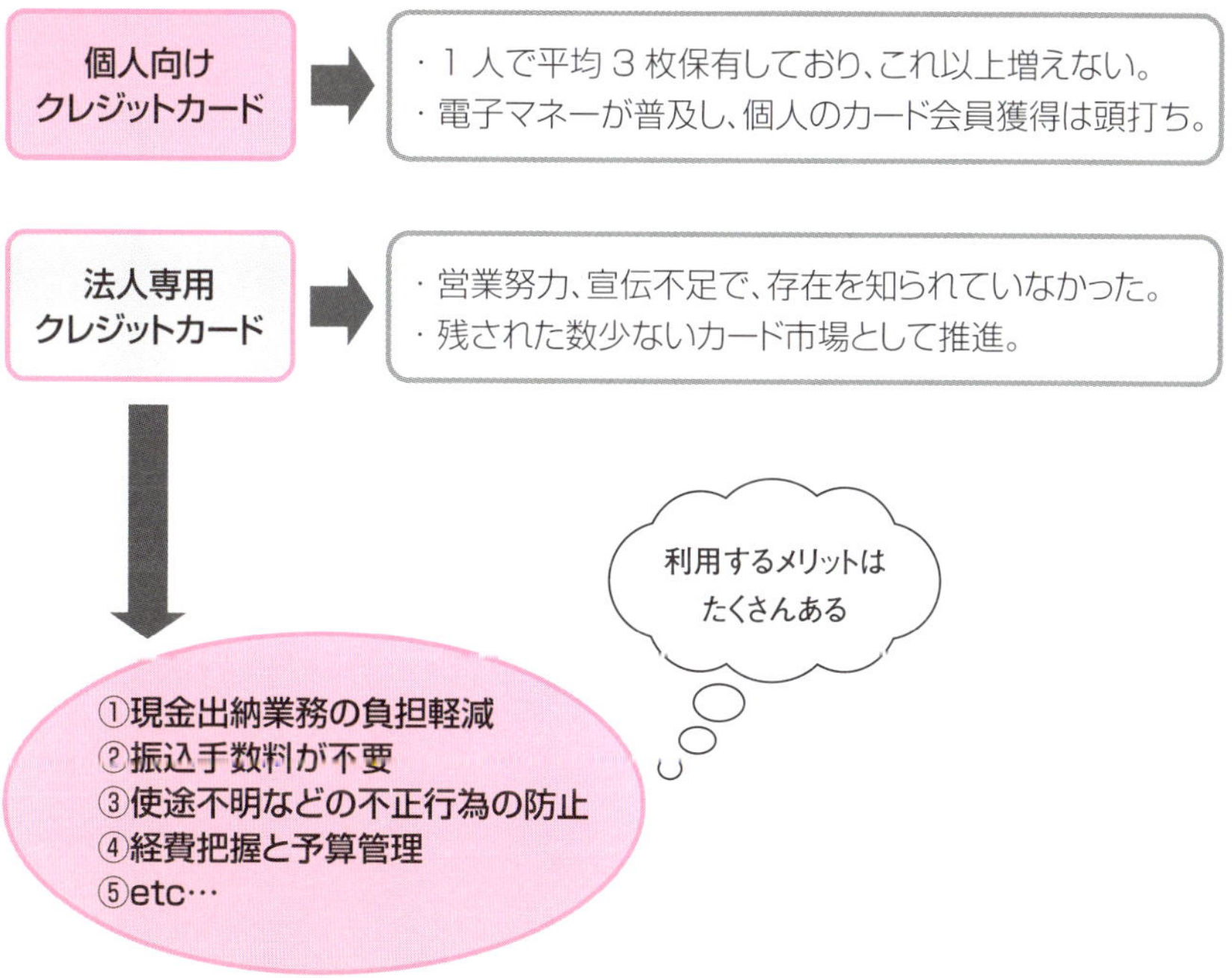
個人向け
クレジットカード
・1人で平均3枚保有しており、これ以上増えない。
・電子マネーが普及し、個人のカード会員獲得は頭打ち。
法人専用
クレジットカード
・営業努力、宣伝不足で、存在を知られていなかった。
・残された数少ないカード市場として推進。
利用するメリットは
たくさんある
①現金出納業務の負担軽減
②振込手数料が不要
③使途不明などの不正行為の防止
④経費把握と予算管理
⑤etc…

13 新規会員を獲得しなければならない業界事情

クレジットカード業務は、大手ならば二〇〇〇万以上の会員に支えられて、規模のメリットを享受している業種です。しかし、その特性から毎年新規会員を獲得しなければならない宿命にあります。

クレジットカードは数百万、数千万単位の会員が ショッピングやキャッシングに利用することで、手数料や金利収入を得ています。当然、会員が多ければ多いほど利益が上がります。しかし、一人が何枚ものクレジットカードを持っていると、使われていないカードも出てきます。利用者は賢明ですから、入会後一年は年会費無料のカードであれば、一年後には会員をやめることも考えるでしょう。

クレジットカードがどのくらい使われているかを示す数字が「稼働率*」です。最低一年に一度カードを使った会員の割合を指しますが、大手のカード会社でも五〇％前後といわれています。

見方を変えれば、会員の半数が一度もカードを利用していないことになります。

クレジット各社は、毎年脱会者が出るのを織り込んで営業しているといっても過言ではありません。脱会者数を上回る新規会員を毎年獲得しなければ、規模のメリットを活かすことができません。

そのために「クレジット業界は毎年新規利用者を獲得しなければならない宿命にある」（業界関係者）といわれているのです。

決め手に欠くクレジットカード

毎年新規会員を獲得するために、信販・カード各社は購買力のある家電量販店などと提携カードを発行したり、キャンペーンを実施して初年度は年会費無料にしたりするなど工夫を凝らしてきました。

ところが、貸金業法でキャッシングに規制がかかり（総

用語解説

＊**稼働率**　ショッピングやキャッシングで自社のクレジットカード会員が実際にカードを利用した比率のこと。稼働率を上げるために、クレジットカード会社は常に新しいサービスを提供してカードの利用を促進し、会員の囲い込みを図っている。

量規制）、改正割賦販売法で加盟店の管理強化が求められたことなどで、販売促進の方法を変えつつあります。

稼働率の低い提携カードは販促費がかさんで利益を生まない状況になっていることから、提携関係を解消してカードを廃止する傾向が出てきました。以前、あるクレジット会社は、提携カード会員が一人増えるたびに、提携先企業だけでなく売り場の店員にまで報奨金を出していました。こうした経費の無駄使いを見直して、自社カードで年会費を取り、使われないカードは切り捨てることにしたのです。

自社が発行するカードをメインのクレジットカードとして使ってもらうにはどうすればいいか。キャンペーンや初年度の年会費無料だけでは、同業他社も同じことを実行していますから、差別化はできません。

クレジットカードといっても、ここ十数年はキャッシング頼みの収益構造だったので、貸金業法施行以降はどこのクレジット会社でも、稼働率を上げて「使ってもらえるカード」になるための**キラーコンテンツ***はまだ見出せていないのが現状です。

クレジットカード業界は毎年新規会員の獲得が不可欠

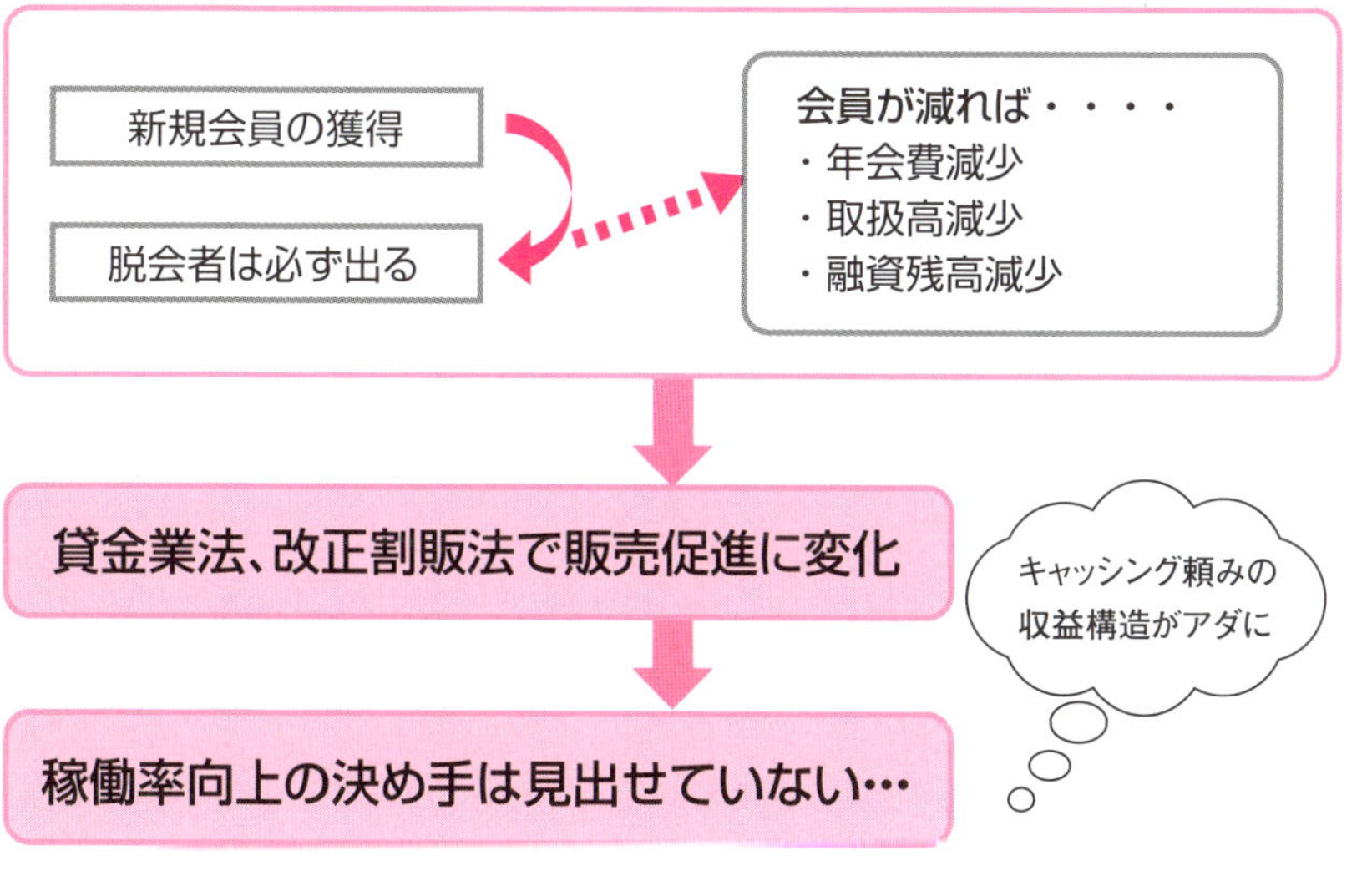

脱会者は必ず出る
会員が減れば・・・・
・年会費減少
・取扱高減少
・融資残高減少
貸金業法、改正割販法で販売促進に変化
稼働率向上の決め手は見出せていない…

収益構造がアダに

用語解説

***キラーコンテンツ**　あるメディアの普及に欠かせない、決め手となる内容のこと。ゲーム機における高い支持率を誇るゲームソフトなどを指す場合が多い。転じて企業や商品・サービスにおける象徴的な特質に対して使われる。

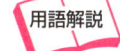

14 装置産業の再編統合のカギは「システム」

クレジットカード業務は一〇〇〇万前後の会員に対して決済代行や貸付を行うので、業務効率を上げるためのシステム構築が不可欠です。金融業界で最も装置産業化した業態といえるでしょう。

クレジットカードは、利用されなければクレジットカード会社には何の利益ももたらしません。年会費無料のカードが増えている現在では、クレジットカードの稼働率向上はどの会社も最優先課題です。近年は、ITを活用して利用者の購買行動をデータベース化し、カードの利用率を上げるためのシステム構築に力を注いでいます。

例えば、パソコンをクレジットカードで購入すると、クレジットカード会社からパソコン雑誌やデジタルカメラの購入を勧めるダイレクトメールが届くことがあります。購入された商品に関連する別の商品を推奨することで、カードの利用を促進していこうという作戦です。これは**クロスセル***と呼ばれる販売手法の一つですが、業務のIT化なしにはできないセールス手法です。

莫大な経費を要するシステム共同化

クレジットカード業務は決済代行や貸付を主業務にしているので、会員一人当たりの売り上げは低く、薄利多売の色彩が濃い業種です。したがって、規模のメリットを生かさなければ業績は上がりません。いかに無駄を省いて効率よく収益を上げるかが勝負です。

クレジットカード業界のシステム化は年々進歩していますが、それでも七年に一回程度はシステムの再構築が必要になります。

都銀の再編・統合によるメガバンクの誕生で、メガバンクは傘下に複数のクレジットカード会社を保有することになり、統合効果を得るためにシステム資源の合理化（共同利用化）を迫られました。メガバンクグループに

用語解説

＊**クロスセル**　ある商品の購入者に対して、関連する別の商品を勧めるセールス手法。顧客単価を上げる効果がある。購買履歴などのデータベースをもとに、属性分析することが不可欠とされている。

はクレジットカード、信販、消費者金融の三つのノンバンクが共存するようになったため、会員および加盟店の管理や融資審査など共通する業務があり、システムを個々に所有することは非効率で二重の設備投資になります。そこで、メガバンクはシステム基盤を共有して業務効率を上げ、収益を向上させようと考えたのです。しかし、システム統合には莫大な費用がかかります。

みずほフィナンシャルグループ（FG）と提携関係にあるクレディセゾンとUCカードは、カード事業を統合するため二〇〇六年に基幹システムの共同化に着手しましたが、作業が難航して二度にわたり新システムの稼働を延期。一七年にようやく統合しましたが、当初予算をはるかに上回る二〇〇〇億円の経費がかかりました。

三菱UFJFGでは、傘下の三菱UFJニコスがニコスカードとMUFGカード、DCカードの三つのブランドを別々のシステムで対応していました。一六年からシステム統合作業を開始し、二二年三月までに完了させる予定ですが、一五〇〇億円の巨費を投じる計画です。

将来はシステムの業界共同利用も…

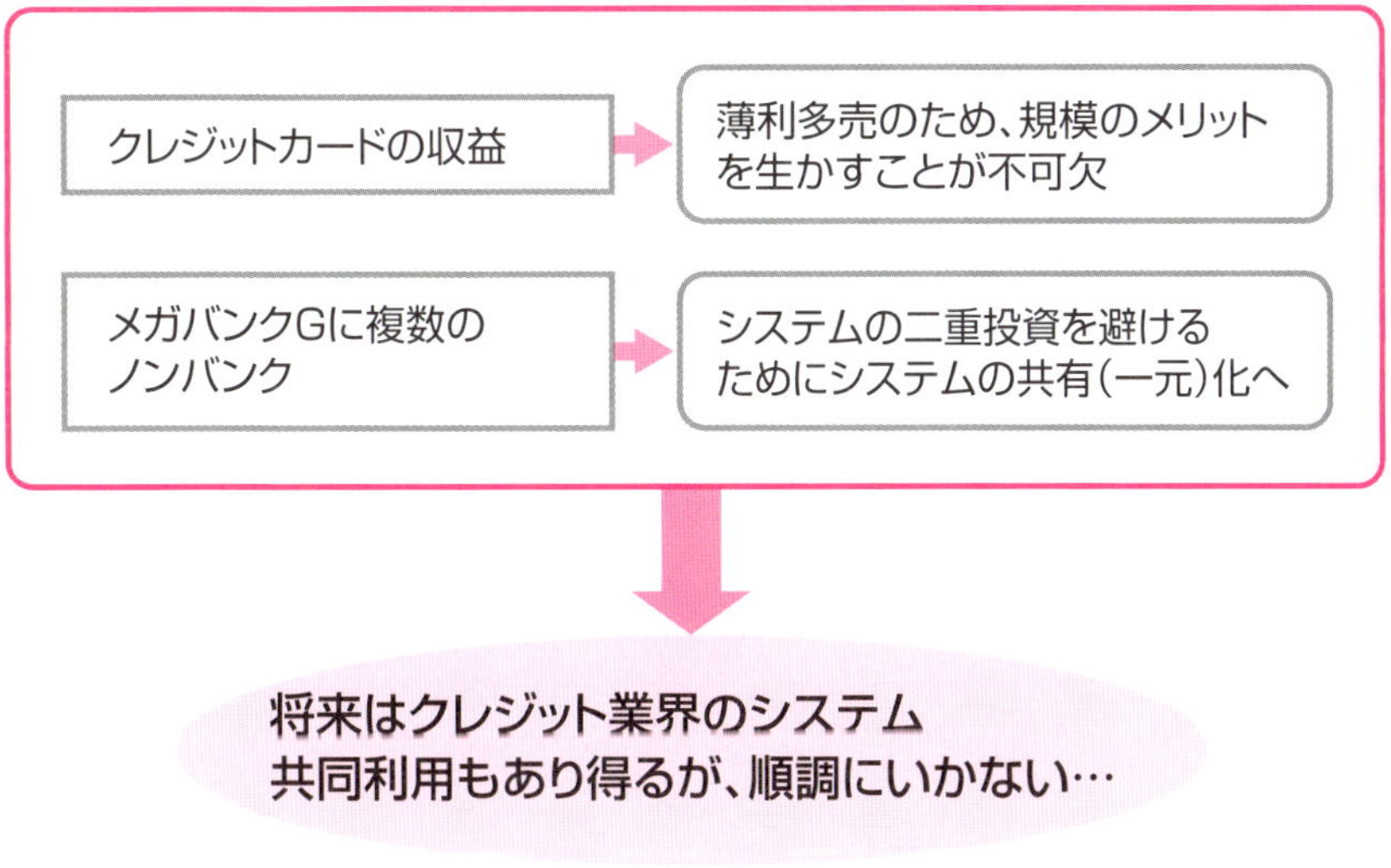
クレジットカードの収益
薄利多売のため、規模のメリットを生かすことが不可欠
メガバンクGに複数のノンバンク
システムの二重投資を避けるためにシステムの共有（一元）化へ
将来はクレジット業界のシステム共同利用もあり得るが、順調にいかない…

【システムの共同利用】　クレジットカードなどノンバンク業界では、利用者情報が同業他社に開示されると顧客離れが起きるなどの理由から、銀行業界に比べてシステムの共同利用が進んでいません。

column

スマホとカード

ある調査会社によると、わが国における2017年の携帯端末出荷台数は約3735万台。このうち3199万台がスマートフォンとのことです。クレジットカードの発行枚数は2016年3月時点で2億6000万枚。数字から見ればスマホはカードの9分の1で、クレジットカードにとって、いまのところスマホはライバルではありません。しかし、将来は取って代わられるかもしれません。

クレジットカードは原則として支払能力のある人だけが持つことのできる信用力の高い決済手段。家族カードを別にすれば、未成年は持てません。これに対してスマホは基本的には通信端末で、未成年でも所有することができます。

スマホがこれだけ社会に浸透してしまうと、カード会社はスマホに寄生して売り上げを伸ばそうと考えます。電子マネーは交通インフラに利用されて広く普及し、社会インフラになりました。電子マネーと組まないカード会社は皆無です。同様に、スマホの動静に無関心なクレジット会社に将来はありません。

クレジットカードはインターネットの登場で、主戦場を徐々にリアルからバーチャルの世界へと移行しつつあります。

ではスマホはどうでしょうか。携帯端末といわれるだけあって、街中にあるショップで使われることが多いのではないでしょうか。

ハンバーガーショップに来店する若者がスマホの画面を店員に見せています。割引券を指し示しているようです。カードはバーチャルを向き、スマホはリアルショップに視線が向いているようです。

決済手段が多様化することは、日常生活に多くの利便を提供することに繋がります。便利なことはいいことですが、決済そのものは適切に判断したうえでの行動であることを忘れてはいけないでしょう。

第2章

クレジット／ローン業界の仕組みと仕事

便利なクレジットカードのウラには、様々な仕掛けがあります。クレジットカード会社と会員、加盟店の関係はどうなっているのか。インターネットとの関係やセキュリティ対策、さらには関連する法律などについても紹介します。

1 クレジットカード産業の概要

クレジットカードには、多くの業態が参入しています。消費を活性化させるために、国が参入基準を厳しくしていないからだともいわれています。

「クレジット」とは、商品を買ったり、お金を借りたりする場合に、担保を取らずに相手を信用して、その仲介役を担うことで、**信用取引**です。「Credit」は信用を意味します。

クレジットカードには、多種多様の業者が存在します。経済産業省が所管する「**日本クレジット協会**」が統計上分類したところによると、**個品割賦**購入あっせん業者、銀行系クレジットカード会社、民間金融機関、消費者金融会社などの一八業種と、多岐にわたっています。

これだけの業界から参入できた背景には、国民の消費意欲を高めて国内製品の売り上げを押し上げ、経済成長を目指す経済産業省の国策がありました。モノやサービス、カネを先に手に入れて、支払いを後回しにするのがクレジットの最大の特徴です。支払いが後回しまたは比較的小額の分割払いならば、商品が購入しやすくなる道理です。

「それにわが国の場合、銀行法に基づく銀行よりも、貸金業法に基づくクレジットカード会社の設立を目指したほうが比較的自由に業務展開でき、与信上の裁量も大きいというメリットがある。クレジット業界は、融資（キャッシング）と商品購入（ショッピング）が二大業務。金融庁と経産省の共管なので、金融庁もクレジットカード会社には厳しく対応しなかった」（カード関係者）との指摘もあります。

業態の垣根は一段と低くなっている

一八業種のクレジット業態がすべて、クレジットカードを発行しているわけではありません。**信用保証会社**は、

用語解説

＊ノンバンク　主に融資業務を営む金融業者の総称。国や都道府県から貸金業登録免許の交付を受ける必要がある。

ローンなどの返済をクレジット利用者に代わって保証するもので、ローンというサービスを与えた会社から保証料を取るビジネスをしています。買い物をするたびにクレジット契約を結ぶ個品割賦の専業者は、利用者と文書契約して分割支払いの代金を立て替えます。大型家電の量販店やオートローンを取り扱う自動車ディーラーなど、彼らは必ずしもプラスチックのカードで**信用供与**をしていません。しかし、広義の意味で信用を供与していることから、クレジット産業の一翼を担っていると考えられています。

　この中でも代表的なクレジット業態は、銀行系・流通系のクレジットカード、個品割賦が得意な信販会社、消費者ローン専業の消費者金融の三つ。「三大ノンバンク*」といわれています。

　しかし、貸金業法・改正割賦販売法の施行により、キャッシング事業が衰退しており、消費者金融は存続の危機にあります。カード会社はカードの稼働率向上に注力し、信販会社は加盟店を選別してカードと個品割賦の両立を目指すなど、生き残りに懸命です。

ノンバンクの業態分類と信用供与額（2016年）

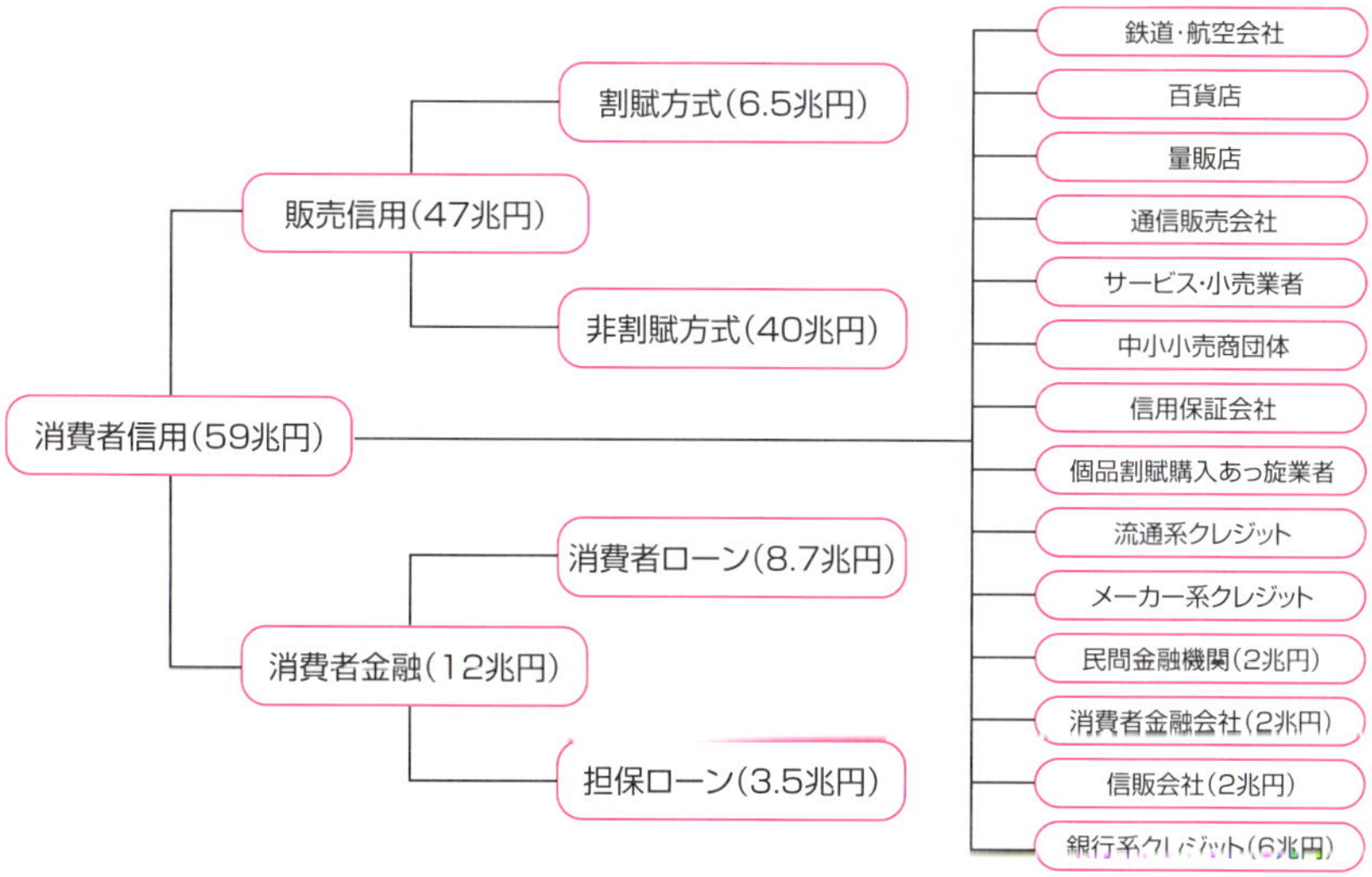

ワンポイントコラム

【日本クレジット協会】　日本クレジット産業協会、全国信販協会、クレジット個人情報保護推進協議会の3団体が合流して09年４月に誕生した自主規制団体です。クレジット取引企業に適正な業務運営を促し、消費者保護とクレジット産業の健全な発展に資することを目的に活動しています。18年3月現在、会員企業は945社。

2

クレジットカードの仕組み

クレジットカードの最大の特徴は、先に商品を購入し、支払いを後回しにすることです。そのために、会員、カード会社、加盟店が相互に関係し合っています。

クレジットカードは、万が一の返済不能を予期して担保を取ることはしません。あくまで利用者の**信用力***の上に成り立って使用されるもので、カード自体の所有権はクレジットカード会社にあります。

クレジットカードは、会員の申し込みをして所定の審査を通ると、カードが発行されて手元に届きます。会員は、クレジットカード会社が契約しているレストランや百貨店などの加盟店でショッピングをしたり、お金を借りたり（キャッシング）します。そのとき、加盟店にカードを提示しサインします。お店での決済は、これでいったん終了します。

次に、加盟店は利用されたクレジットカードの発行会社に売上伝票（データ）を送ります。カード会社は、契約時に決めた手数料を差し引いて加盟店に立替払いします。カード発行会社は、翌月または翌々月までに、カード会員が購入・消費した商品・サービスの立替代金を請求し、会員は申し込み時に決めた自分の金融機関口座からカード会社に振り込みます。

少なくなったハウスカード

会員、カード会社、加盟店のこうした関係は、専門用語では「**三者間取引**」と呼んでいます。ほとんどのクレジットカード、信販がこの三者間取引ですが、加盟店とカード発行会社が同一の場合もあります。このケースは「**二者間取引**」といい、**ハウスカード**とも呼ばれています。百貨店や総合スーパーなど、自社で売り場（店舗）を持っている会社のカードです。利用店舗が限られるので、ハウスカードは減少しています。

用語解説

***信用力**　支払能力のこと。年収や勤続年数、家族構成などの属性情報を総合的に判断して、利用限度額の範囲を決める。

クレジットカードの仕組みは三角形

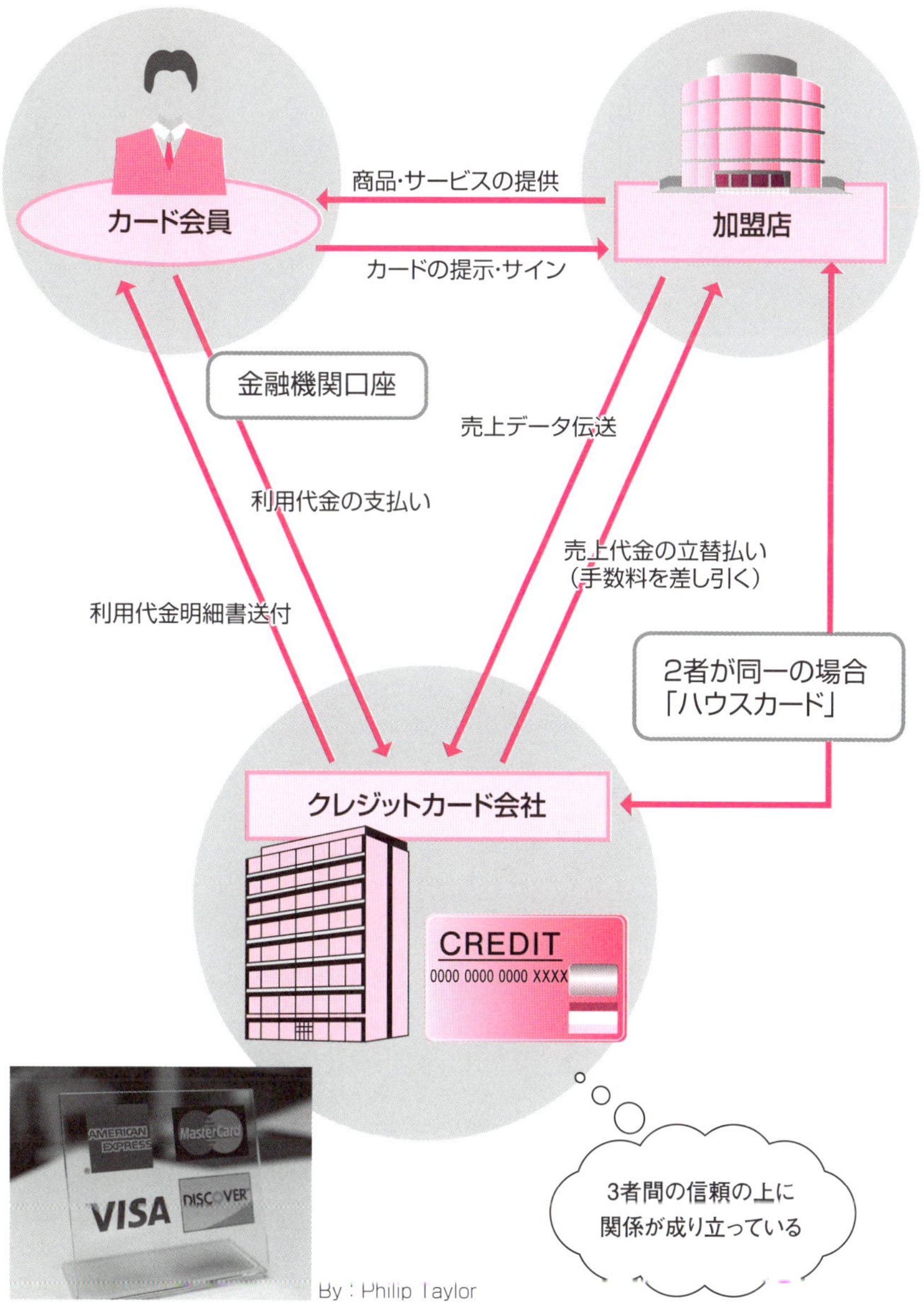

By : Philip Taylor

ワンポイントコラム

【丸井のVISAカード】　創業以来の伝統だったハウスカードにピリオドを打ち、06年3月末からVISAカード「エポスカード」の発行を開始しました。これにより有力なハウスカードは姿を消しました。

3 カード発行業務と加盟店獲得業務

カード発行と加盟店獲得は、クレジットカード会社にとって「車の両輪」です。この二大業務の均衡を保つことが、収益に大きく影響してきます。

クレジットカードは薄利多売の産業ですから、**規模のメリット***がなくては他社との競争に勝ち抜けません。カード発行者を「**イシュア**」(Issuer)と呼び、会員獲得とカード発行業務をイシュア業務といいます。会員募集は、銀行系では親銀行の本支店やカード会社の各サービスカウンター、流通系では売り場のなかで即時販売コーナーを設けて実施することが一般的です。

無担保で信用を付与するだけに、信用調査が最も重要な仕事になります。クレジットカード会社が独自に開発した**自動審査システム**によって判定し、個々の信用力によって利用枠が決まります。

加盟店は契約後もチェック

一方、加盟店の獲得も欠かせません。クレジットカードは使われてこそ利益が上がるので、利用者に人気が高いショップを加盟店にする必要があります。加盟店獲得を「**アクワイアラ**」(Acquire)といいます。加盟店の獲得は、カード会社や専門業者が行います。

加盟店募集に対しても、会員募集と同じようにクレジットカード会社は慎重な審査が求められます。自社のブランド(信用力)を傷付けるような会社とは加盟店契約できません。事業内容をチェックし、種々の手数料を両社で決めて加盟店契約を結びます。

契約後も、定期的に加盟店へ訪問することが必要です。ここ数年は、加盟店となっている訪問販売業者や通信販売業者がカード会員とトラブルを起こす例が増えているだけに、厳格な審査が求められています。

用語解説

＊**規模のメリット**　取り扱う量が多ければ、そのぶん利益が大きい場合に使われる。金融機関が代表的な例で、預金者が多ければ多いほど、運用にまわす預金が増え、運用益も増える。

「イシュア」＝カードの申し込みから発行までの業務フロー

会員の募集
❶ カード会社または委託業者が会員獲得活動を展開する。

↓

申込の受付
❷ 申込書に必要事項を記入。口座振替のための銀行口座も。

↓

信用調査
❸ 申込書の記入事項をもとに他社借り入れなどがないかどうか調べる。

↓

判定
❹ カード会社の信用基準に達しているかどうかを判断する。

↓

契約と発行
❺ 申込者と契約し、信用力に応じたクレジットカードを発行する。

「アクワイアラ」＝加盟店獲得までの営業フロー

加盟店募集
❶ カード会社または委託業者が加盟店獲得活動を展開する。提携カードは提携契約による。

↓

加盟店審査
❷ 加盟店の信用力や事業活動内容などをチェックする。契約後も定期的に行う。

↓

加盟店契約
❸ 加盟店手数料や売上代金の支払方法などを決めて契約を結ぶ。

ワンポイントコラム

【アクワイアラの専門業者】 加盟店獲得を専門業務にしている会社があり、国際ブランドや銀行系クレジットカード会社が共同で設立しました。90年代後半から設立が相次ぎ、各社は外注化することにより、業務の効率化を実現しています。

4 会員、カード会社、加盟店それぞれのメリット

三者が相互の契約を守り、長い取引関係を結ぶことができれば、クレジットカードはライフスタイルの中で様々なメリットをもたらしてくれます。

会員にとってクレジットカードを保有するメリットは、支払いが後回しにできるため、ほしいものをその場で手に入れることができる点です。消費の機会を逃すことがないのです。分割払いを利用すれば、一括払いでは購入が難しい商品でも小口の返済で購入できます。毎月の支払いが低額に抑えられるため、家計のやりくりにも適しているといえます。

加盟店にとっては、現金払いではためらう顧客でも、クレジットカードを使えば商品をより多く買ってくれるようになり、売り上げが上がります。高額商品の場合など、信販の長期**個品割賦**ならば顧客の購買意欲が上がるのです。つまり、クレジットカードは加盟店にとって顧客単価を押し上げ、販売の機会が広がる効果があるといえます。売上代金はカード会社が一〇日間前後で立替払いしてくれますから、不払いのリスクを取ることなく、集金の手間が省けます。

販促コストが負担のカード会社

クレジットカード会社には、会員と加盟店の双方から手数料が入ってきます。会員からは年会費、ショッピングの分割払いやキャッシングの利息で生じる金利収入を得ることができ、加盟店からは加盟店手数料、会員の利用額に応じた売り上げ手数料、**信用端末**＊使用料などがもたらされます。

ただ、加盟店維持のための販売促進費用などがかかるため、支出が多いのも事実です。一〇〇〇円程度の年会費だけでは採算は合いません。それだけに、カード枚数を増やして稼働率を上げなければなりません。

用語解説

＊**信用端末**　クレジットカードの磁気ストライプ部分に収められた利用者情報を読み取り、個人信用情報センターから利用者の信用状況を調べるための端末。レジスターの横に置かれ、端末の溝の部分に挿入して読み取る。

会員、カード会社、加盟店が「Win-Win」の関係にある

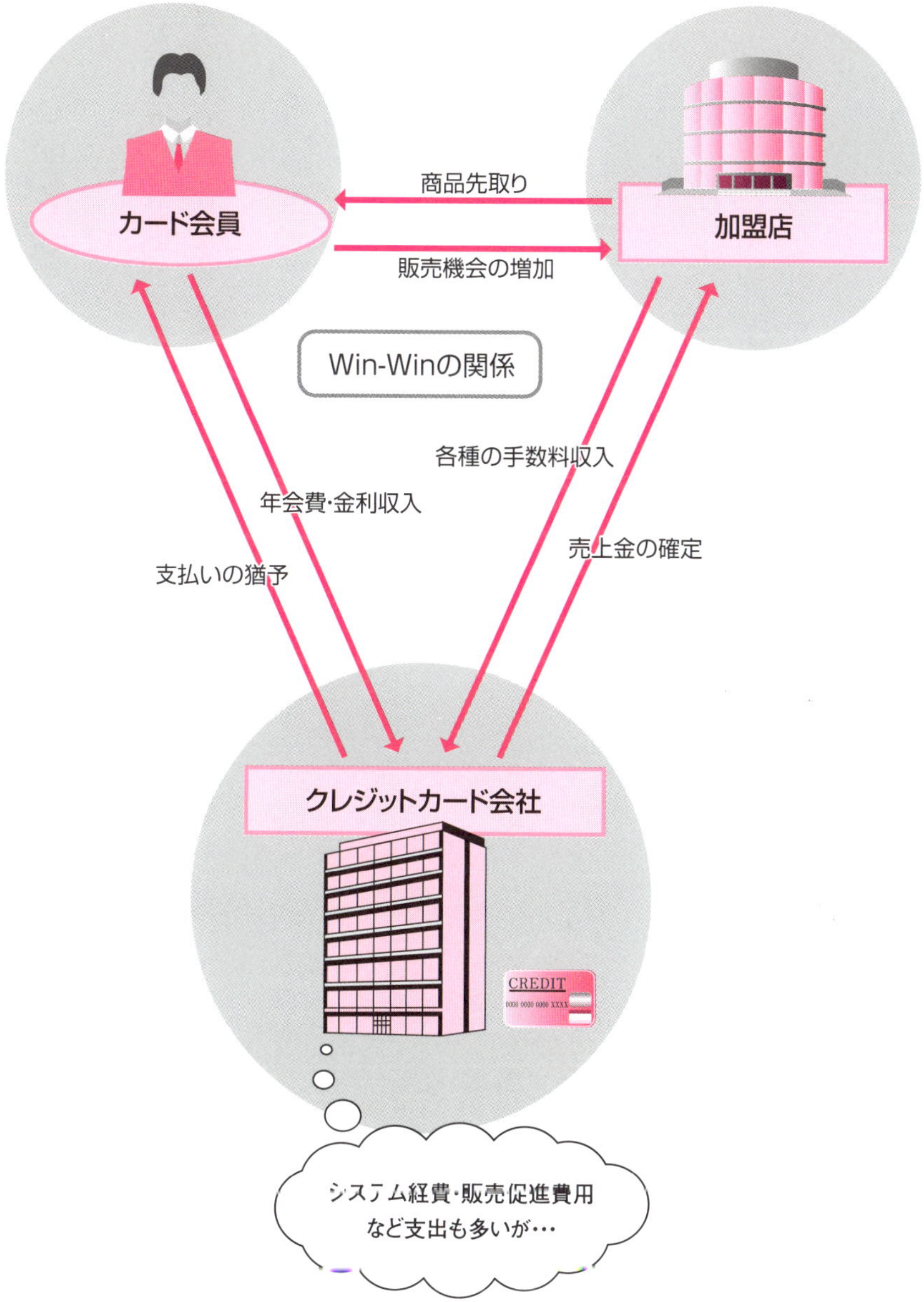

ワンポイントコラム

【信販の高額商品ローン】　自動車や貴金属、リフォーム費用など、値の張る商品・サービスは信販会社が10年程度の長期個品割賦を提供しています。こうした高額商品は信販の得意分野で、重要な収益源になっています。

5 ショッピングとキャッシング

クレジットカードの使いみちは、加盟店で商品を購入するショッピングと、直接お金を借りるキャッシングの二つに分けられます。返済能力を考えた、計画的な利用が望まれます。

ショッピングは、文字どおり買い物をするときにクレジットカードを使うことを指します。**キャッシング**は、お金を借り入れることを意味します。

ほとんどのクレジットカードは、ショッピング利用枠とキャッシング利用枠が別々に設定されています。例えば、ショッピングは三〇万円までを利用限度額、キャッシングは二〇万円とするなど、ショッピングのほうが利用枠は多く、金利もキャッシングに比べて低く設定しているのが普通です。

ショッピングの支払い方法は、一回払いが主流です。一時は毎月一定額を返済する**リボルビング方式**が増加しましたが、支払い期間が無期限で毎月の支払額が低いために金利負担に気付かず、使い過ぎるとの批判が出ました。

こうしたサービスは住宅ローンなどと違い、返済期限がないのが最大の特徴といえます。クレジットカード会社が半永久的にカードを使ってもらいたいという戦略の表れです。貸金業法の施行でキャッシング事業が伸び悩んでいる現在、金利収入を確保するため、各社ともショッピングによるリボルビングに力を入れています。

ショッピングのリボに期待

キャッシングは消費者金融が専業とする世界で、クレジットカード、信販に比べて残高が圧倒的に多い分野です。キャッシングは**無担保融資**ですから、際限なく貸し出すことはできません。また、返済不能に陥った場合のことも考えると、ショッピングよりも高い金利で対応せざるを得ません。リスクの高い商品ですが、そのぶんだ

用語解説

＊**途上与信**　借り入れと返済が繰り返され、キャッシングが続いている段階で、利用者の返済状況をチェックし、その成績に応じて与信幅を変更することをいう。

け金利収入がショッピングよりも見込めます。

キャッシングは、申し込みの審査に加えて借り入れが始まった以降の取り組み方が難しいといわれています。例えば、初回の申し込みでは、**自動契約機**や簡便な書面審査の場合は五〇万円か年収の一割までと法律で定められています。その後の返済状況を絶えずチェックし、計画的な返済をしている人には利用枠を広げたり、返済が滞っている顧客には融資枠を狭めたりすることが、高収益かつ低リスクにつながります。こうした融資方法を**途上与信***と呼んでいます。この途上与信に一日の長があるのが大手消費者金融です。

しかし、二〇一〇年六月に貸金業法が完全施行され、キャッシングは総量規制(貸付上限額は年収の三分の一まで)が適用されています。

ノンバンク各社は、キャッシングによる金利収益の減少をショッピングのリボルビングで補いたい意向ですが、リボ勧誘は消費者保護の観点から適切な取り組みが必要です。

ショッピングとキャッシングは「ローン」

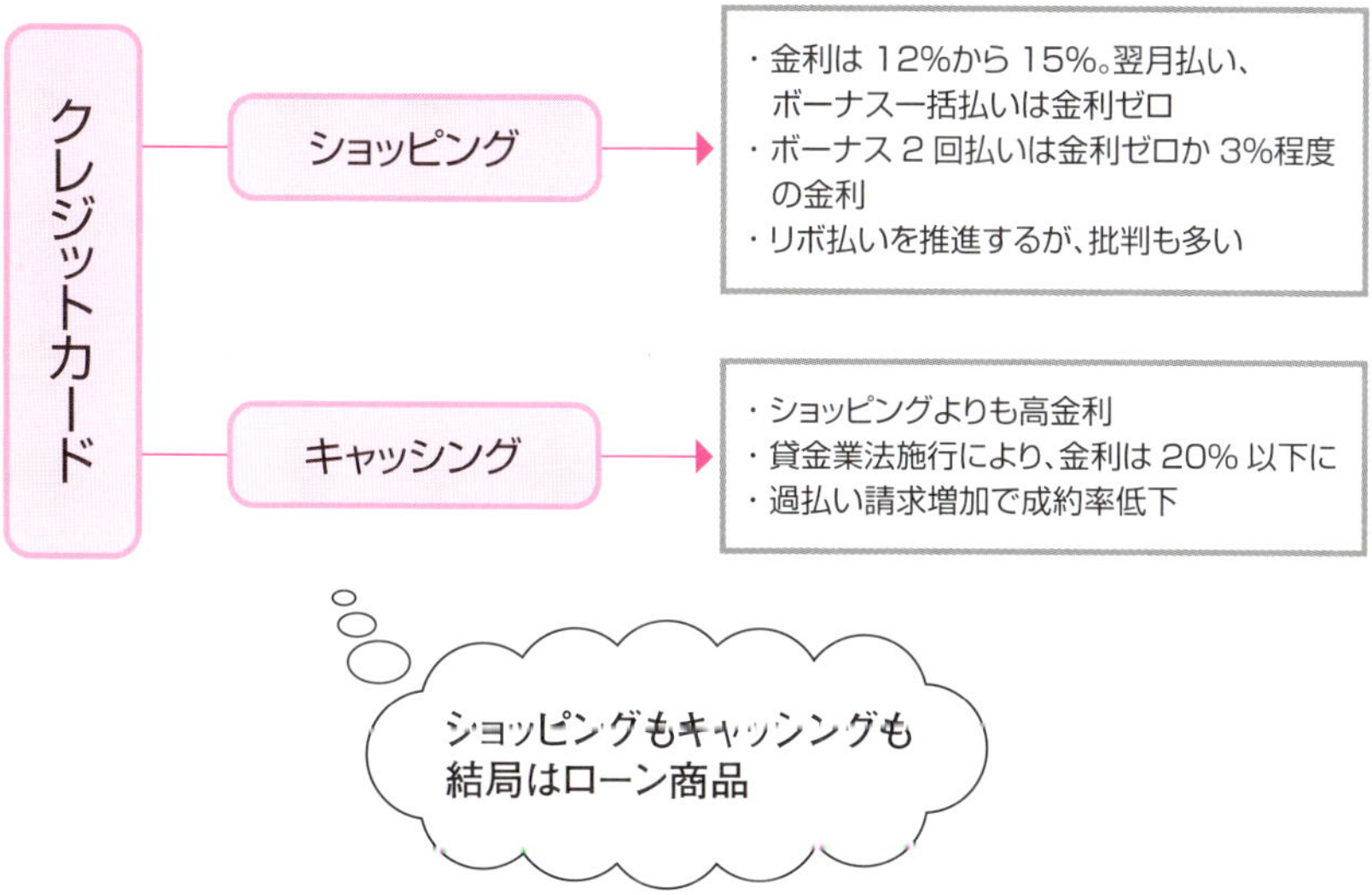

クレジットカード
ショッピング
・金利は 12%から 15%。翌月払い、ボーナス一括払いは金利ゼロ
・ボーナス 2 回払いは金利ゼロか 3%程度の金利
・リボ払いを推進するが、批判も多い
キャッシング
・ショッピングよりも高金利
・貸金業法施行により、金利は 20% 以下に
・過払い請求増加で成約率低下
ショッピングもキャッシングも
結局はローン商品

6 売り上げ向上のための販売促進策

クレジットカードの最も重要な業務の一つは、カードの利用率を上げることです。そのためには、加盟店での売上推進策やカード会社による販売促進策は欠かせません。

年会費無料のクレジットカードが増えている現在、たとえクレジットカード会員が増えても、利用率が上がらなければ利益に結び付きません。現在、クレジットカードの稼働率（会員が一年に一回以上利用する率）が五〇％〜六〇％あれば、優良な部類に入ります。

カード会社の収益源は、会員が加盟店でカードを利用して発生する加盟店手数料にあります。したがって、利用者がなるべく多くの加盟店を利用するよう、加盟店そのものの魅力を高めることが、自社の収益向上につながるのです。

二〇年近く前は、クレジットカード会社が加盟店を網羅したポケットサイズの分厚い「**加盟店名鑑***」を会員に配布していました。現在はITの進展で、ダイレクトメール（DM）は少なくなっています。

自社のWebサイトを使ってメールマガジンを配信したり、楽天市場など大手のインターネットショッピングモールと提携して、ネットショップにおけるショッピングの決済手段としてカード利用率を上げる工夫をしています。ネットモールとの提携は、ポイント交換したりして顧客を誘引または囲い込む狙いがあります。

最近は、ITの進歩でやみくもにDMを送るのではなく、顧客データに基づいて送付すべき内容を分別しています。顧客別のターゲティングは、「**データマイニング***」などの情報システムが必要になります。

顧客セグメントのゴールドカード

クレジットカード会社独自で商品開発することもあります。キャッシングはその代表例でしょう。あるいは

用語解説

＊**加盟店名鑑**　現在のようにインターネットが発達していない時代では、手ごろなサイズで全国の加盟店を網羅する1冊のガイドブックが必要だった。わが国では、VISAジャパン（現・VJA）が発行したガイドブックが有名だった。

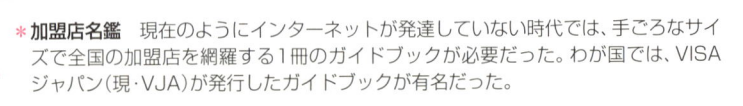

生命保険、損害（自動車）保険などの提携商品や、最近では銀行口座の自動振り替えでは得られないポイント還元を武器に、ETC、公共料金などをクレジットカード払いにする傾向も目立ちます。

クレジットカードの**顧客別セグメント**も重要な稼働率向上作戦のひとつです。高額所得者を対象にしたゴールドカードや女性専用カードなど、特定層に絞ったカード発行は、顧客の心理をくすぐる狙いがあります。ゴールドカードは年会費も高く、頻繁にカードを利用する人でなければ入会してもメリットがありません。

しかし、一定の資格要件を満たしていて利用頻度が高い会員は、一般会員のカードに比べて使い勝手がよいのです。傷害保険やポイント優遇などがあり、なかなか魅力的です。

会員はうつろいやすく、いつ退会するとも限りません。クレジットカード会社は、こうしたリスクを回避するために、毎年新規の販促事業を実施する運命にあるのです。

販売促進策は毎年更新

販売促進の狙いは・・・・

・カードの稼働率向上
・加盟店売り上げ手数料の増大

↓

・Webサイトの活用
・ポイント増額による誘引
・インターネットショッピングモールとの提携
・生命保険、損害（自動車）保険などの提携商品
・顧客セグメント ➡ ゴールドカードや女性専用カード
・市民税などの公金決済で地方自治体と提携
・電子マネーのチャージ機能を付加

用語解説

＊**データマイニング**　大量の顧客データの中から、購買につながりやすい個人情報を抽出して、販売に役立てることを指す。最も有名なのは「バスケット解析」といい、ある商品を購入すると必ず一緒に購入される商品を見付けるための手法がある。

7 コールセンターで業務を集約

膨大な会員からの問い合わせに迅速に応じるには、業務の集約化が必要になります。クレジットカード、信販、消費者金融では、コールセンターが重要な役割を担っています。

コールセンターはもともと、顧客の相談窓口として苦情や問い合わせに応じる業務処理センターの形で八〇年代に登場しました。

しかし、ITの進展と共にコンピュータと通信が高度に融合する時代に入った九〇年代後半からは、従来の「後ろ向き」業務だけでなく、積極的なビジネス展開を図る有効な武器として、通信販売業者が大規模なコールセンターを構築しました。

クレジットカード業界も一〇〇〇万以上にのぼる会員管理のために、自社でコールセンターを構築するようになりました。

CTI*（Computer Telephony Integration＝コンピュータ・テレフォニー・インテグレーション）と呼ばれる技術は、クレジットカード業界でも盛んに用いられています。顧客から電話が入ると、購買履歴やショッピング、キャッシングでの**返済状況**など、相手のクレジット情報がパソコン画面に即座に表示されるため、オペレータの業務が迅速に行えるようになりました。

返済状況を逐一管理する必要性の高い消費者金融大手各社では、従来、支店が返済の督促や回収事務を行っていましたが、最近では支店事務の効率化と業務の専門化によって回収率を上げており、「プロフィットセンター」（利益を上げる集中基地）といわれています。

インバウンドとアウトバウンド

コールセンター（コンタクトセンターと呼ばれることもあります）は、自社の顧客やマス媒体の広告を見て電話をかけてくる見込み客からの電話を受信する**インバ**

用語解説

＊**CTI**　コンピュータと電話の機能を相互利用することの総称。電話の音声ネットワークとパソコンのデータネットワークを融合し、電話番号からパソコン内に保管されている顧客データを検索する。

ウンド業務と、センター側からキャンペーンや返済の督促などのために発信する**アウトバウンド業務**の二つに分けられます。インバウンドは通常、フリーダイヤルですから、利用者に負担がかからないので顧客を引き付けやすいといわれ、重要なマーケティング手法として活用されています。

ある大手の消費者金融では以前、コールセンター化によって年間数億円単位の回収を図っているところもありました。

ただ近年、消費者金融業界では貸金業法による上限金利引き下げや総量規制で経営環境が極度に悪化しているため、有人店舗を減らして無人店舗にする企業もあります。ＳＭＢＣコンシューマーファイナンスは店舗そのものをなくして、ネットキャッシングに特化。コールセンターは顧客とコンタクトを取る唯一のパイプとなり、重要性が増しています。

また信販・カード各社のコールセンターは、消費者保護や加盟店管理の厳格化の観点から加盟店と利用者の間で生じる購入トラブルを処理する苦情窓口としての役割も担っているところもあります。

コールセンターで膨大な会員管理

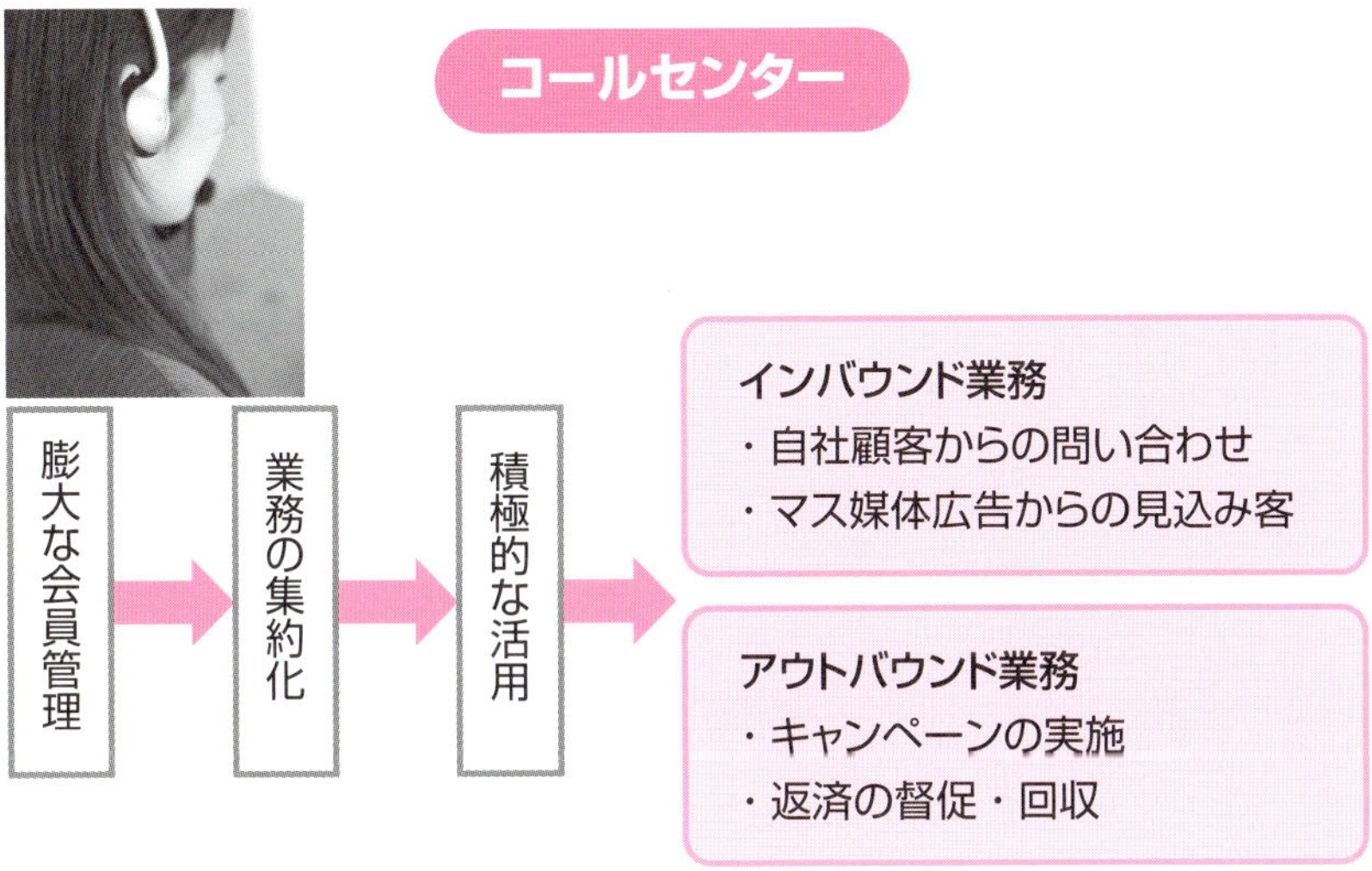

ワンポイントコラム

【インターネットによるカード申し込み】　クレジットカードと信販はインターネットでのカード申し込みが認められています。消費者金融も貸金業法の施行により、2007年からネット上での申し込みができるようになりました。

8 国際化に貢献するメインブランド

クレジットカードが世界中で使えるのは、国際ブランドが張り巡らしたネットワークの賜物です。ブランド会社は、各国の銀行などと提携して加盟店を増やしてきました。

現在、クレジットカードの**国際ブランド**といえば、VISA、マスター、アメックス、JCBを指しますが、世界初のブランドは一九五〇年にアメリカで発足したダイナースクラブです。

次に登場したのがアメックス。発行元のアメリカン・エキスプレス社は、一八九一年に**トラベラーズ・チェック***を世界で初めて発行した全米大手の旅行会社です。一九五八年にアメックスカードを発行し、他のクレジットカード会社を買収するなどして大きく成長しました。同じ五八年には、バンク・オブ・アメリカ（バンカメ）がカリフォルニア州で「バンカメリカード」を発行し、六六年には同州以外の銀行にもカード発行の許可を与え、勢力を拡大していきました。

こうした米国西海岸でのクレジットカード普及に対処するため、東海岸地域の大手銀行が六八年、インターバンク・カード協会（ICA）を設立しました。「バンカメリカード」は七七年にVISAカードに改称し、ICAも七九年マスターカードに名を改めて、全世界で覇権争いを繰り広げてきました。

JCBは六一年、旧三和銀行系のクレジットカード会社として設立され、八一年から独自に海外展開を開始しました。最古のクレジットカードであるダイナースは、わが国で初のカード会社として旧富士銀行などの都銀が中心となって六〇年に設立されました。

ダイナースは日本国内では九九年にみずほフィナンシャルグループからシティグループを経て現在、三井住友信託銀行傘下のカード会社がブランドを保有しています。

用語解説

***トラベラーズ・チェック**　海外旅行者用の小切手のこと。盗難や紛失の場合でも再発行してくれ、使用期限がない。日本では2014年3月に国内販売が終了している。

ダイナースとアメックスはステータスが高いのが特徴です。特にアメックスの「ブラックカード」は「青天井のカード」として、実際に見た人はめったにいないといわれる謎のカードです。ＪＣＢは、国内では敵なしですが、やはり国際ブランドの二大潮流はＶＩＳＡとマスターで、現在はＶＩＳＡの一人勝ちといった状況が続いています。

VISA・マスターの二強に中国銀聯が台頭

ある海外の調査機関が二〇一五年に調べたところによると、国際ブランドのカード決済高はＶＩＳＡが五六%、マスターが二六%。この二強で八割を超える圧倒的なシェアを誇ります。

これに次ぐのが、一三%の中国銀聯。ユニオンペイとも呼ばれています。二〇〇二年に中国政府肝入りの銀行カードとして誕生。現在四八カ国で発行され、一六八の国と地域で利用されているデビットカードです（一七年一二月末時点）。わが国では〇八年から三井住友カードが取り扱いを開始。「**爆買い**」ブームに乗って日本国内でも加盟店が増加しています。

国際ブランドの実績

単位：万人、万店、億ドル、%

	銀聯	VISA	マスターカード	アメックス	JCB
会員数（万人）	550,000	208,100	115,800	10,240	8,018
増減率	10.0	7.8	11	▲5.1	4.6
うちアジア・太平洋、日本分		65,900	37,100	—	6,553
増減率		10	15.6	—	▲0.3
加盟店数（万店）	3,400	—	3,500	—	2,383
増減率	36.0	—	5.1	—	7.1
うちアジア・太平洋、日本分		—	1,000	—	815
増減率		—	2.0	—	4.8
取扱高（億米ドル）		64,090	36,470	8,884	1,659
増減率		6.3	12.1	8.1	14.6
うちアジア・太平洋、日本分		17070	9,800	—	1,310
増減率		10.7	21.4	—	7.3

注：JCBは2016年3月期、他社は2015年12月期実績。ーは不詳。
出所：金融財政事情研究会「月刊消費者信用2016年9月号『2016年版クレジット産業白書』をもとに作成

ワンポイントコラム

【爆買いブーム】　2014年前後、主に中国からの観光客が大量に商品を購入して帰国する姿が目立ちました。2月の春節（中国の旧正月）の長期休暇を利用して訪れる人が多く、東京・銀座にある大手百貨店はこの時期一気に売上が急増。日本の小売業にとって大きなビジネスチャンスになりました。

9 大手ネットショッピングモールとの提携

信販・カードでは、大手のオンラインショッピングモールと提携し、ポイント付与率を上げて集客力を高め、カード稼働率向上につなげています。

大手の信販・カード会社では、会員向けにオンラインショッピングモールサイト（仮想商店街）を運営する会社が増えてきました。クレディセゾンの「永久不滅ポイント」、三井住友カードの「ポイントUPモール」、JCBの「OkiDokiランド」、オリエントコーポレーションの「オリコモール」などが〇六年以降、続々と作られました。

こうしたネットモールは各社がこれまで契約した加盟店が中心ですから、モール全体として見れば必ずしも魅力あるサイトとはいえないものでした。自社のモールは店舗も少なく、取扱商品も品揃えに限界があります。

そこで検討されたのが楽天市場、アマゾン、ヤフーショッピングなどの大手インターネットショッピングモールとの提携です。ネットモールの大手三社と手を結ぶことで、ネットショッピングにおけるカード決済件数を伸ばそうとしました。

しかし大手モールに直接アクセスすれば、自社のモールなど見向きもされません。このため、ポイント付与率を上げて自社のモールから大手のモールに遷移する仕組みを作ったのです。

その狙いは、自社のモールにアクセスしてもらって閲覧したデータを蓄積することです。そうして積み上がったデータは、顧客の購買動向を分析する重要な戦略情報になるのです。カード会社にとっては負担になるポイントを付けても、おつりがくる財産になるのです。

大出血のポイント一〇倍も

オリエントコーポレーション「オリコモール」を例にとってみましょう。オリコでは会員向けWebサービス

【ショッピングモール】 広大な立地内に多くの小売店舗が集まった商業施設のこと。単独の出店と比べると、顧客がより多く集まる点がメリット。インターネットでは仮想（バーチャル）商店街とも呼ばれ、数多くのネットショップを持つ楽天市場などを指して使われています。

を「e-Orico」サービスとして取り扱っています。オリコ会員が通常のネットショッピングをしてオリコカードでクレジット決済すれば、一〇〇〇円につき一スマイル（一円相当）が付きます。

ところが、オリコモールを経由してショッピングした場合、購入金額の最大一〇％のオリコポイントが溜まるのです。経由先が楽天、アマゾン、ヤフーショッピングであれば、そこでポイントが溜まり、オリコポイントが最大一〇％上乗せされます。

つまり、クレジットカード利用ポイントにモール利用ボーナスポイント、楽天ポイントが付与されるというわけです。

ここ数年の傾向として、クーポンサイトや通販会社のサイト、健康食品などの専門性の高いサイトとの提携も増えてきました。三大モールだけでなく、利用者の趣味・嗜好、生活スタイルに合った提携サイト選びは、クレジット会社の重要な生き残り策といっても過言ではありません。

自社モールから大手モールに遷移すればポイントお得

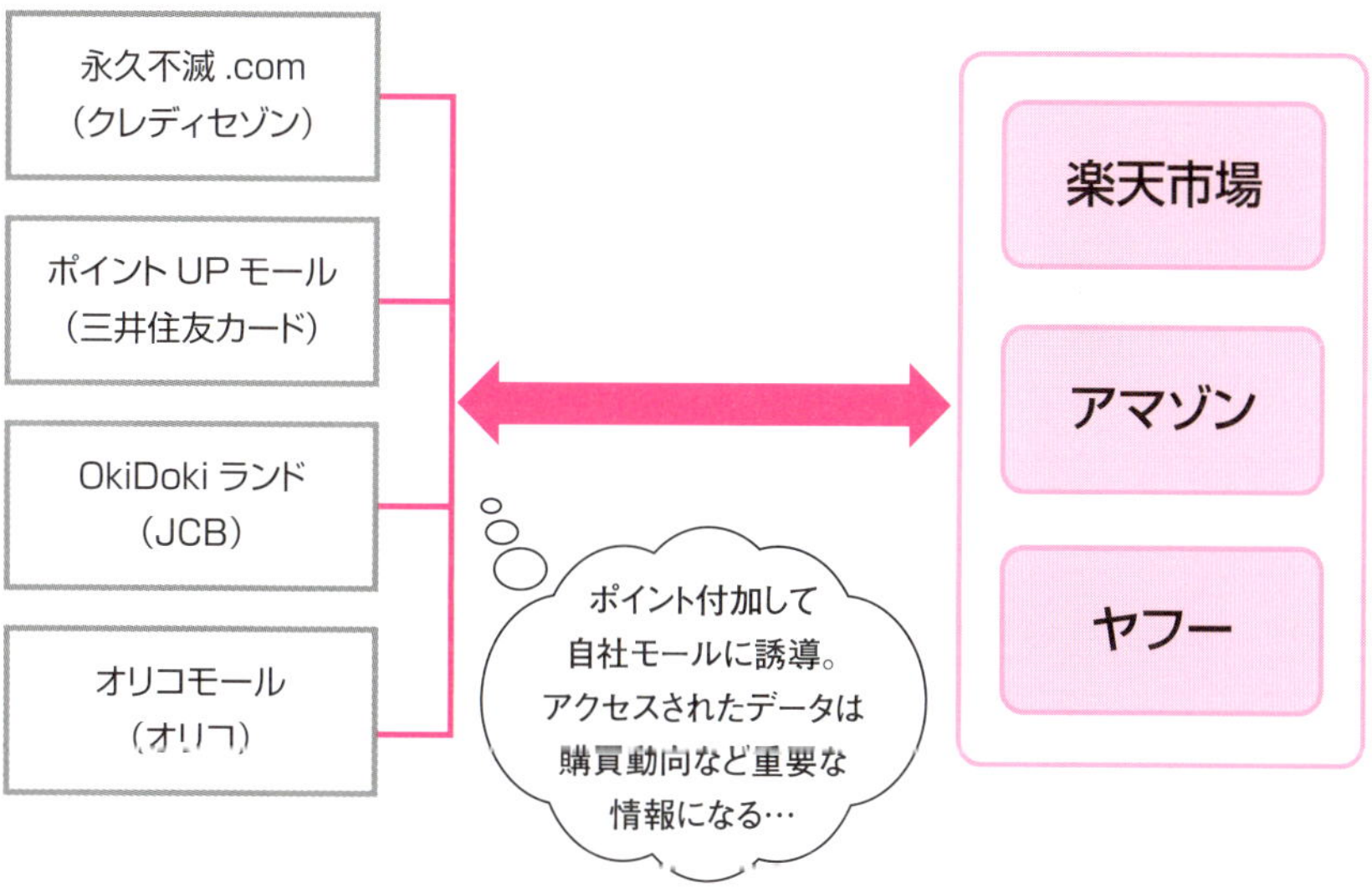

10 カードレスカードとは何か

カードの実物が存在しないカードレスカードがあります。インターネットショッピングの普及を背景にカード作成コストがかからないカードは、今後増加する可能性があります。

カードレスカードとは、文字どおりプラスチックでできた、あのクレジットカードそのものが存在しないカードのことです。**バーチャルカード**とも呼ばれています。申込審査をクリアした利用者にはカード番号や有効期限を伝えるだけ。カード発行にかかる費用がカード会社に発生しないので、そのぶんは顧客に還元できるメリットがあります。

例えば、ローンカード。カードを持たないので、比較的収入が多い人向けに取り扱いされています。カード発行コストはローン金利に反映され、融資利率が低く設定できます。あるクレジットカード会社の「VIPローン」のカードレスカードでは、通常のカードローンと比べて○・二％低金利になっています。

ただし、カードがないのでATM（現金自動預け払い機）は使えません。借入・返済は振り込みで行います。インターネットと電話による取引の限定利用になります。

それでも、インターネットショッピングならば現金は不要。申し込みから審査、契約手続きまで、すべてインターネットで済ませることができるのは、大きなメリットではないでしょうか。

苦手「法人カード」の決め手になれるか

カードレスカードは近年、クレジットカード会社が昔から苦手にしている法人カードの推進で注目されています（1‐12節参照）。それは「**パーチェシングカード**」と呼ばれるものです。

パーチェシングとは、購買と支払いを集中的に管理することです。企業は事業に必要な備品などを購入しますが、部署単位ごとに購入し支払いをしています。

しかし、これでは購入品ごとに支払う必要があるので請求書が増え、振込手数料も購入した数だけかかります。

カード会社では、こうした支払い事務を一本化するため、企業に対してカード決済を進めています。このときに使われるのが、カードレスのパーチェシングカードです。

請求書を一本化できるほか、振込手数料の削減ができます。支払いが月遅れの決まった日になるので、企業の**キャッシュフロー***も改善します。

パーチェシングカードはカード番号や有効期限、セキュリティコードを導入企業に伝えるだけで、プラスチックカードは発行しません。限度額も設定できるので、用度品の購買管理にも適しています。

最近は、大企業だけでなく中小企業や小規模事業者の間でも、インターネットショップで事務用品などを購入することが増えています。カードレスカードは、法人カード推進のカギを握っています。

法人カードの秘密兵器になるか

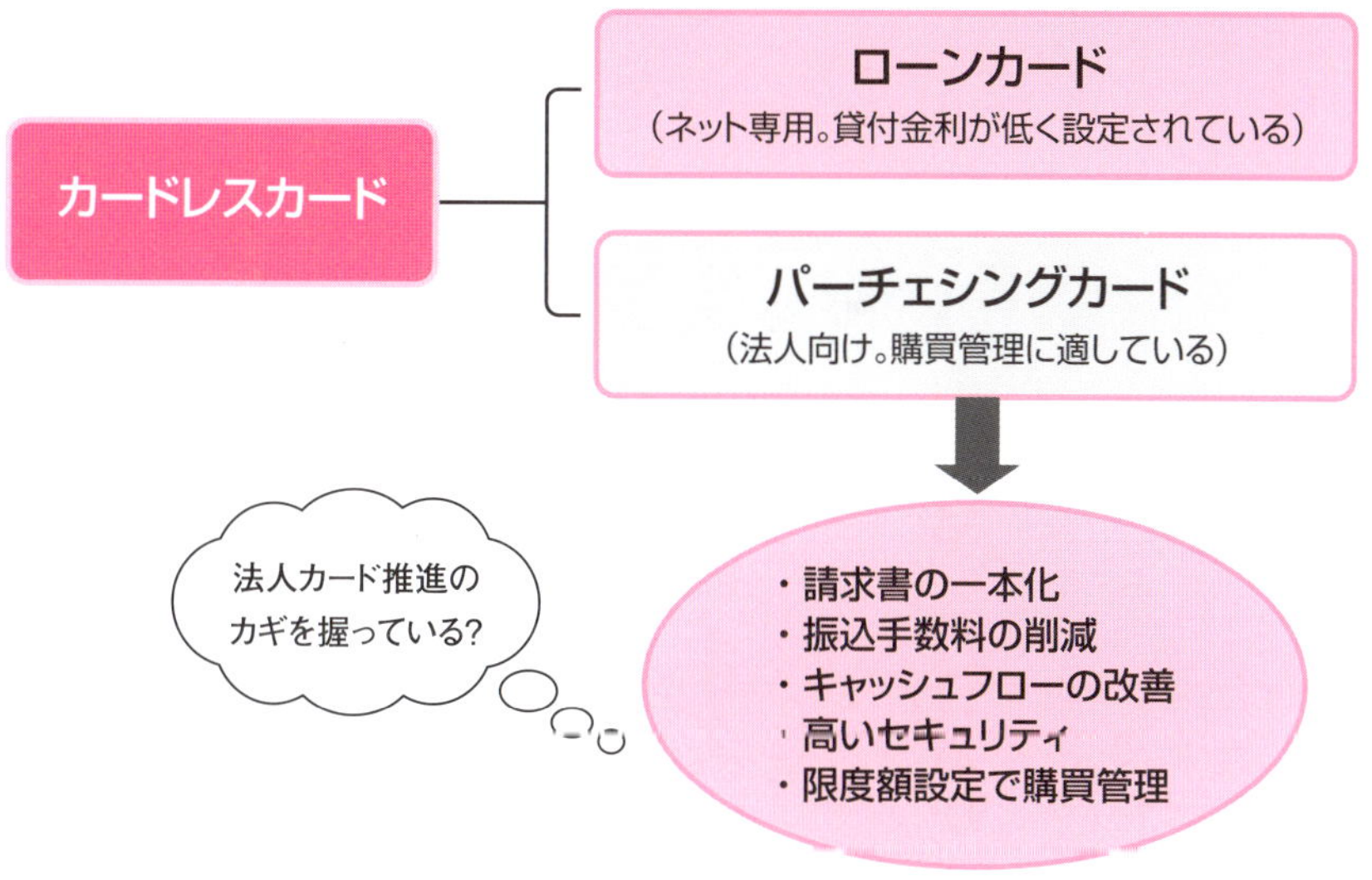
カードレスカード
ローンカード
（ネット専用。貸付金利が低く設定されている）
パーチェシングカード
（法人向け。購買管理に適している）
法人カード推進の
カギを握っている？
・請求書の一本化
・振込手数料の削減
・キャッシュフローの改善
・高いセキュリティ
・限度額設定で購買管理

用語解説

***キャッシュフロー**　企業における現金の流れを意味する。日常的な営業活動や投資、借り入れなどを通してお金の入りと出（収入と支出）を把握すること。99年から上場企業は会計上、「キャッシュフロー計算書」の作成が義務付けられた。

11 減少する提携カード

クレジットカードの会員や加盟店が飛躍的に増大した背景には、多数の顧客を抱える企業とのカード提携がありますが、割賦販売法改正で加盟店の管理強化が求められ、提携カードは頭打ちです。

提携カードとは、家電量販店や百貨店などの消費者と直に接する小売業と、クレジットカードの利用に関する契約を結んでできたカードのことです。提携先のクレジットカードに国際ブランドや銀行系・流通系クレジットカード、信販などサブブランドのブランドマークが付いています。提携カードに対置するカードを「**プロパーカード**」といい、サブブランドのクレジットカード会社が直接発行するカードのことを指します。

わが国では、六〇年代に都市銀行などが出資して銀行系クレジットカードが誕生しましたが、業容拡大のために地銀、第二地銀、信金などの金融機関とフランチャイジー（FC）契約を次々に結んでいきました。このとき、銀行系クレジット各社は、一行でも多く地域金融機関とFC契約を結ぼうと、激しい獲得競争を展開しました。

クレジットカードの草創期は、経済的信用、つまりある程度の年収がなければ、カードを手にすることはできませんでした。それだけに、顧客の信用情報を把握している金融機関に依頼して、カード会員を増やしていったのです。これは、カード先進国の米国も同じ事情だったといわれています。また、流通系クレジットカードは当初、親企業の売り場でだけ通用する仕組みでした。

八〇年代に入り、JCBが**日本専門店会連盟**＊（日専連）と共用カードを発行し、日本信販（現三菱UFJニコス）がVISAとマスターのクレジットカードを発行するなど、本格的なカード提携の時代に入り、会員、加盟店が急激に拡大していきました。

用語解説

＊**日本専門店会連盟**　正式には、協同組合連合会日本専門店会連盟。各地域における中小企業の協同組合組織で、全国に5つの地方連合会がある。地域の商人の地位向上と地域社会への貢献を目指している。加盟店は約3万店。

提携カードは信販会社が強い

　クレジットカード会社にとって提携カードの最大の魅力は、提携先企業が持つ集客力にあります。特に、家電量販店やディスカウントショップ、ホームセンターなどのGMS*（大規模ショッピングセンター）との提携は、大きな魅力を秘めています。この分野では、昔から分割払い機能を持つ信販会社が強く、他のカード会社はその牙城を切り崩すのに苦労していました。

　しかし〇八年六月、加盟店と利用者の間で購入トラブルなどが生じた場合はクレジット会社にも一定の法的責任を課す割賦販売法改正が成立（一〇年一二月完全施行）すると、信販・カード各社は提携カードの見直しに着手しました。提携先は加盟店であり、厳格な与信管理を求められるようになったからです。

　カード提携は会員増強のための量的戦略で年会費は無料。稼働率も低く加盟店手数料も他社との競合でダンピング気味になったため、提携にかかる経費を回収できない不採算の提携カードは中止し、年会費が取れる自社カードを推進するため、減少傾向にあります。

「量より質」求め提携カードは減少へ

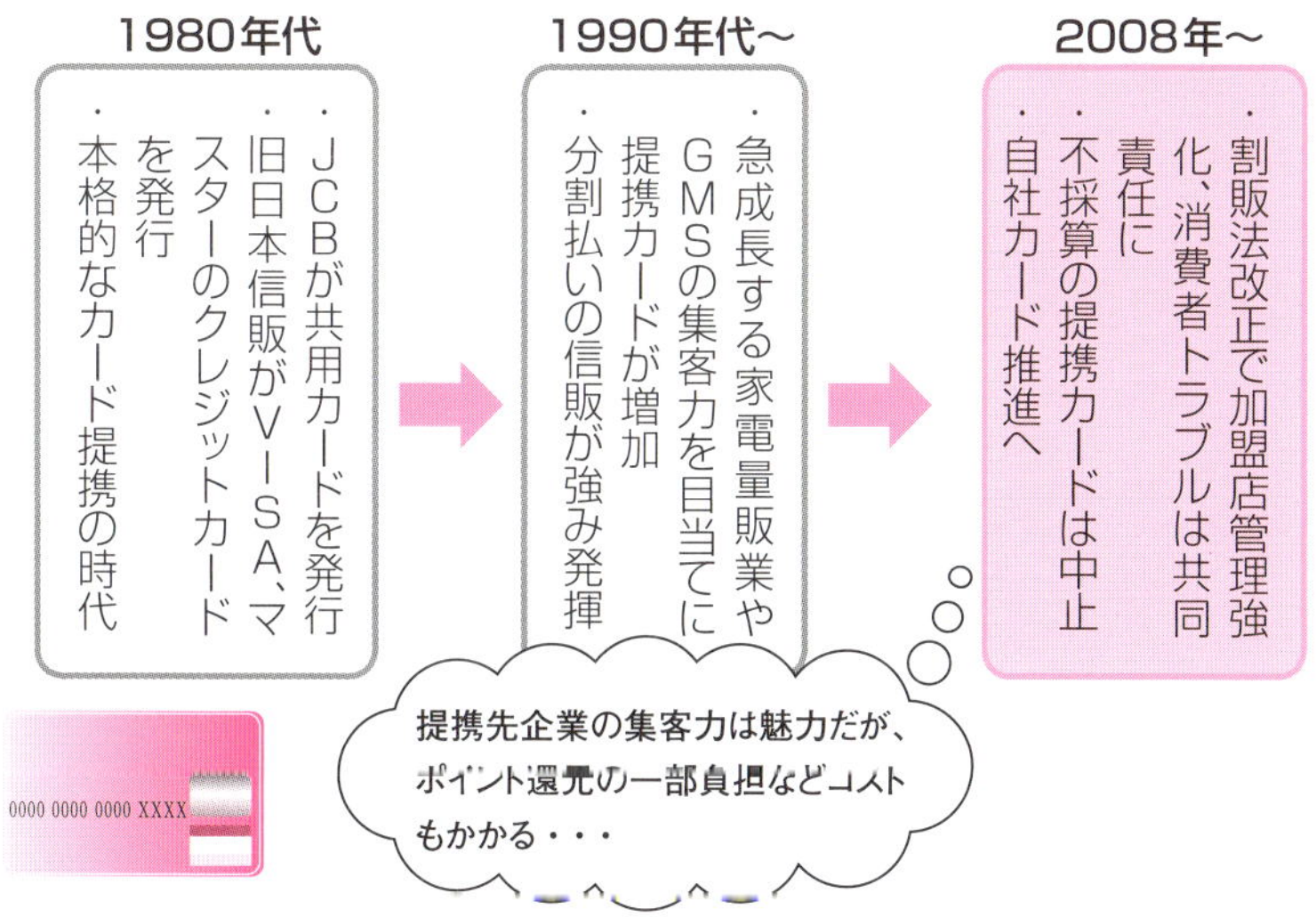
1980年代
・JCBが共用カードを発行
・旧日本信販がVISA、マスターのクレジットカードを発行
・本格的なカード提携の時代
1990年代～
・急成長する家電量販業やGMSの集客力を目当てに提携カードが増加
・分割払いの信販が強み発揮
2008年～
・割販法改正で加盟店管理強化、消費者トラブルは共同責任に
・不採算の提携カードは中止
・自社カード推進へ
0000 0000 0000 XXXX
提携先企業の集客力は魅力だが、
ポイント還元の一部負担などコスト
もかかる・・・

用語解説

* GMS（General Merchandising Store）　食品などの日常商品を総合的に品揃えして、セルフサービス方式で販売する大規模な小売店舗。00年の大店立地法で大型店舗ラッシュが起こり、多店舗展開の結果、どの店も同質化する傾向にあるといわれている。

12

爪あと残す貸金業法

貸金業法が完全施行されて八年。消費者金融にとどまらず、ノンバンク各業態に抜本的な経営変革を迫る法改正の爪あとが残っています。

貸金業者にとっていちばん重要な法律はこれまで、貸出上限金利を規定する**出資法**と過度な営業行為を規制する**貸金業規制法**でした。しかし近年、出資法と**利息制限法**との金利差（**グレーゾーン金利**）で生じた返済金に対する〝**過払い金請求**〟が相次ぎ、貸金業者の経営を圧迫していました。

〇六年一月に最高裁がグレーゾーン金利を否定する判決を出したことで過払い金請求が急増。金融庁が開催する貸金業懇談会の議論も、最高裁判決を受けてグレーゾーン金利廃止へと一気に傾きました。利息返還損失引当金はいまだに利益の圧迫要因になっています。

消費者金融専業大手のアコムは、一六年度の利息返還損失引当金が一六四九億円、ＳＭＢＣコンシューマーファイナンス（旧プロミス）は六九四億円と巨額です。

信販・カード各社にも深刻な打撃

ノンバンク業界には様々な関連法規があり、銀行借り入れや社債発行など市場から資金を調達して事業を展開しています。個人ローンで培った回収ノウハウを生かして債権回収会社も抱えています。

しかし、貸金業法は個人ローン専業の消費者金融だけでなく、収益の大半をキャッシングに依存してきた信販・クレジットカードの経営に深刻な打撃を与え、〇八年には信販最大手・三菱ＵＦＪニコス、〇九年にはカード大手・セディナもメガバンクの完全子会社になり、消費者金融大手・武富士は一〇年九月に破たんしました。

ワンポイントコラム

【みなし弁済】　貸金業者との間で書面による金銭貸借契約を交わしていれば、契約書に明記された出資法金利が適用されることを意味する用語で、旧来の貸金業規制法第43条にうたわれていました。

貸金業関係法令

貸金業法
業者規制

- 1983年制定
- 業務規制（取り立て行為21時まで。過剰貸付禁止ー簡易貸付は50万円または年収の１割まで。誇大広告禁止）
- 1999年改正＝商工ローン問題
- 2003年改正＝ヤミ金融対策
- 2006年全面改正＝賃金業規制法から法律名変更
- 2010年完全施行

出資法
金利規制

- 1954年制定。刑事罰伴う。貸金業者の上限金利。年利109.5%。以下、順次引き下げ
- 1983年＝73%、1986年＝54.75%
- 1992年＝40.004%、2001年＝29.2%
- 2003年＝据え置き
- 2006年＝20%

利息制限法
返済規制

- 1877年制定、1954年改正
- 司法の場で請求できる上限金利
- 10万円未満20%、10万円〜100万円18%、100万円以上15%
- 同法の金利規定が出資法と同一になり、グレーゾーン廃止

ノンバンク社債法
資金調達改善

- 1999年制定
- 資金調達の多様化で貸出金利の低下を促進させる
- 最低資本金10億円。銀行融資の依存体質からの自立

サービサー法
不良債権処理

- 1998年制定、2001年改正➡貸金業者の貸付債権も認められる
- 不良債権回収会社。資本金5億円以上、弁護士１人以上必要（暴力団対策）
- 銀行の不良債権処理促進が背景にある

IT一括法
ネット取引規制

- 2001年施行。メールやHP上で契約書面の交付可能
- 貸金業界は賃金業法で書面の電子化が認められた

ワンポイントコラム

【過払い金訴訟】 借りた金を、出資法上の金利から利息制限法の金利に置き換えると、返済金が違ってきます。極端な場合、すでに支払いが完了している上に、返済し過ぎている計算にもなるので、これを返還するよう求めて裁判を起こすのです。

13 クレジット端末とネットワーク対応

クレジットカードは会員と加盟店、カード会社の三者が相互につながりを持ち、その裏には正確な事務処理を可能にする端末とオンラインネットワークが存在しています。

クレジットカードは、カードに蓄積された情報を読み取る端末から情報処理センターを経由し、カード会社にデータ伝送されます。この流れが往復することで、会員のカード利用が完結する仕組みです。

クレジットカードが会員のものかどうかの真偽を加盟店がクレジット端末で確かめる**照会作業**（オーソリゼーション*）に始まり、売上処理や売上票の発行、利用明細や請求書などの業務処理が、一連のネットワークの中で動いているのです。

わが国のクレジットカード業務処理のオンラインシステムは、八四年に稼働を開始した**CATシステム**（Credit Authorization Terminal System）を共同利用することで成り立っています。同システムは、日本独自のカードネットワークシステムで、このネットワークを使ってデータのやり取りを行い、膨大なカード会員および加盟店、カード会社の間の業務処理を瞬時に完結させているのです。また、データ交換のフォーマット（仕様基準）を公開したことで、端末を製造するメーカーが増えて競合した結果、端末機器の価格が下がり普及に貢献したといわれています。CATシステムは、銀行系カードと信販会社が共同運営しています。

しかし九五年、CATシステムと国際カードネットワークとの互換性に関して課題が浮上しました。

CATからCCTへ

CATシステムが稼働した当時は、クレジットカードの国際化を想定していなかったため、国内会員が海外でカードを使用した場合は、個別会社の処理に委ねられて

用語解説

*オーソリゼーション　カード加盟店が有効期間内のカードかどうかなど、カードの有効性についてカード会社に確認すること。オンラインで結ばれているクレジット端末を通して行われる。通常「オーソリをかける」などという。

いました。しかし、VISAやマスターとのカード提携が本格化した九〇年代に入り、クレジットカードのオンライン処理システムも時代のすう勢として、国際標準に準拠せざるを得ませんでした。

そこで、九六年に**CCTシステム**(Credit Center Terminal System)という新たな共同利用システムが登場しました。CCTシステムでは、端末とネットワークは自由化され、CATシステムで唯一のネットワークセンターだったNTTデータの**CAFIS**(Credit And Finance Information System)に加えて、VISA系の「GP-ネット」やJCNなど、次々にネットワーク業者が誕生しました。CCT端末は〇二年以降、ICクレジットカード対応として改良され、暗証番号による認証ができます。

またNTTデータは九九年、新たなカード処理端末およびネットワークシステム「INFOXネット」を開始。NTTドコモの「iD」、ビューカードの「Suica」など、非接触式電子マネーに対応しています。近年はイヤホンジャックタイプのスマホ決済が増加しており、今後は信用端末を巡る争いが激化しそうです。

電子マネー対応の時代へ

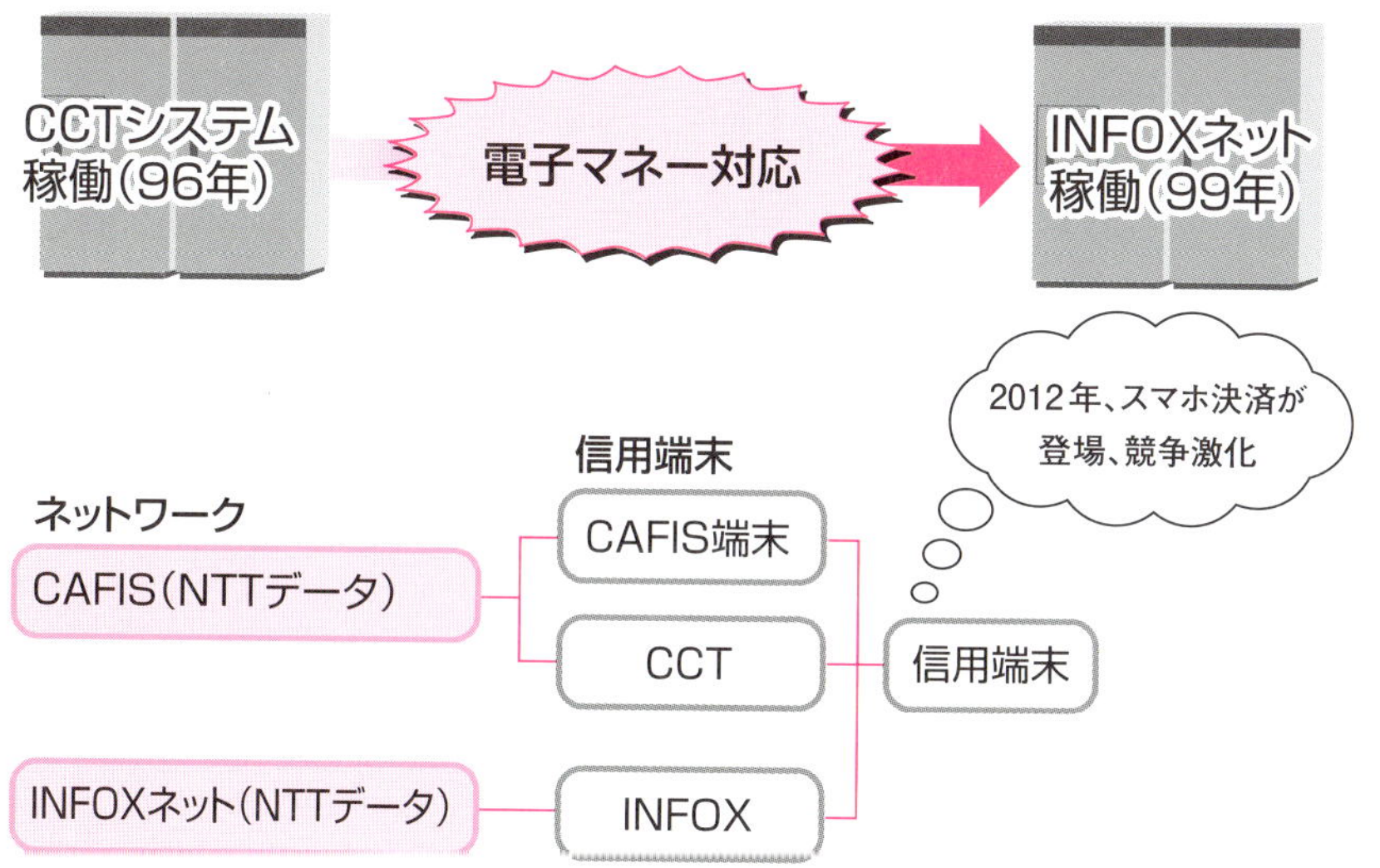

ワンポイントコラム

【ネットワーク業者】　CCTシステムの登場は、NTTデータの寡占を切り崩し、国際ブランドや旅行代理店、情報処理など、様々な業種から新規参入してきたカードネットワーク業者が相次いで登場することになりました。現在、CAFISを含めて主な業者は十数社あります。

14

狙われるPOSシステム

下火になったかに見えた個人情報の漏えいが二〇一三年から増加に転じています。カード決済が定着したスーパーなどの売り場にあるPOSレジがその標的になっています。

二〇一四年に発覚した教育・出版大手ベネッセコーポレーションの個人情報流出事件は、最大二〇〇〇万件に及ぶ大規模な個人情報漏えいでした。

最初に流出させたのはIT事業者といわれ、そこから名簿業者を通じて同業他社に流れるなど、個人情報が拡散していく現実が明らかになりました。

クレジットカードはインターネットとの親和性が高いので、コンピュータウイルスの脅威に常に晒されています。ITの進歩は無限で到達点はありません。このことは、ITの悪用もまた際限がないといえるのです。

カード業界で安定的に顧客を獲得し、カードの稼働率を高めているのは、流通系カードといわれています。日々の買い物の現場を系列として持っていることが何よりの強み。業界からは「生き残るのは流通系カード」という羨望の声が聞かれます。

しかし、流通系カードは弱点も抱えています。それは情報漏えいのリスク。POSレジで決済しますが、このPOSシステム(Point of Sales＝販売時点情報管理)がサイバー攻撃のターゲットになっているのです。

「PCI DSS」の遵守

ある調査会社の調査によると、米国では、一一年には小売店のPOSシステムにおける購買額の六〇％がクレジットカードやデビットカードを使って決済されており、米国のある大手小売業で一三年に全米の店舗で使われた約四〇〇〇万件のクレジットカードやデビットカードの情報と、約七〇〇〇万人ぶんの氏名、住所、電話番号、メールアドレスが流出しました。

POSシステムは当初、無線でLANが組まれていたり、暗号化されていないなど、サーバーとの間のセキュリティが脆弱だった経緯があります。このため、POSシステム構築担当者のセキュリティ意識が必ずしも高くなかったことが、いまに至る漏えいに影響を与えているとの指摘もあります。

カード情報の漏えいや不正使用を防ぐため、クレジット業界にはセキュリティ標準として「PCI DSS*」を策定しています。

「**PCI DSS***」は、五大国際ブランドであるVISA、マスター、アメックス、ディスカバー、JCBがセキュリティ強化のために策定した業界統一のセキュリティ基準です。

ここで定めた規則をブランド会社、加盟店、カード発行会社(イシュアー)、加盟店開拓会社(アクワイアラ)、決済代行会社のすべての利害関係者が遵守するものです。

情報漏えいは加盟店など、内部関係者の犯行が目立つだけにルールの厳守が求められます。

垂涎の的「購買情報」満載のPOS

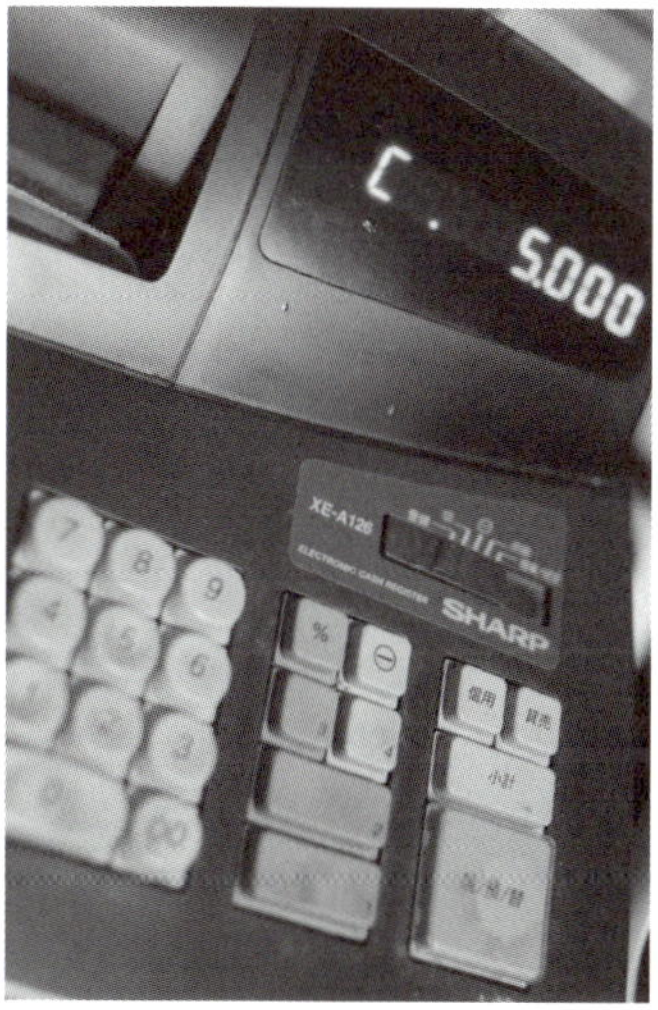

POSレジ

- 生き残るのは流通系カード
- 売り場を持つ強み
- POS レジはハッカーに狙われている
- 膨大な利用者数
- 「PCI DDS」の遵守

用語解説

* **PCI DSS**　Payment Card Industry Data Security Standardsの略。

15

クレジットカードの安全性

インターネットの進歩で、クレジットカードの稼働率は向上しています。反面、不正アクセスによって個人情報が漏えいし、セキュリティ対策が急務になっています。

クレジットカードは、会員の属性および購買履歴がデータ伝送によって業務処理されるため、ネットワーク上で貴重な情報が行き交っています。近年はオンラインショッピングの取り扱いが急速に伸びており、そこに悪意を持った侵入者（ハッカー）が紛れ込んできてクレジット情報を盗み、本人になりすまし*てネットショッピングをしたり、**架空請求**をしたりするネット被害も増えています。

ICカードは記憶容量が大きく、偽造しにくいといわれますが、カード被害に関する専門家は「不正使用する者は、たとえIC化してもその盲点を必ず見付けてくる。情報量が多く集積されているぶんだけ、被害に遭ったときの実害はICカードのほうが大きくなるのではないか」と危惧しています。

不正利用を検知するシステム対策

クレジットカード各社は、IC化する以前から不正使用対策を講じています。それは、一般に「**不正検知システム**」と呼ばれているもので、利用者の購買情報を蓄積してその傾向をモデル化し、その傾向に合わないショッピングについて警告を発したり、カード利用を一時停止したりする仕組みです。国際的なカード窃盗団など、海外での不正使用の実例が組み込まれており、システムを利用するカード会社が被害状況を共有して水際作戦を取っています。インターネットでは、**SSL***と呼ばれる暗号化技術を使ってリスクを最少限にとどめています。しかし、最も重要なのは会員自身がネットワーク犯罪に対する意識を高めることです。

用語解説

*なりすまし　他人のユーザーIDやパスワードを盗んで、その人のふりをしてネットワーク上で活動すること。本人だけが見ることのできる機密情報を盗み出して不正行為を行い、その人のせいにしたりする。

クレジットカード不正使用被害の発生状況

（単位：億円）

期　間	クレジットカード不正使用被害額		クレジットカード不正使用被害額の内訳					
			偽造カード被害額		番号盗用被害額		その他不正使用被害額	
		前年比(%)	被害額	前年比(%)	被害額	前年比(%)	被害額	前年比(%)
2006年	105.3	-30.0%	45.6	43.3%			59.7	56.7%
2007年	91.8	-12.8%	39.1	42.6%			52.7	57.4%
2008年	104.1	13.4%	52.5	50.4%			51.6	49.6%
2009年	101.6	-2.4%	49.2	48.4%			52.4	51.6%
2010年	92.1	-9.4%	41.3	-16.1%			50.8	-3.1%
2011年	78.1	-15.2%	25.8	-37.5%			52.3	3.0%
2012年	68.1	-12.8%	24.1	-6.6%			44.0	-15.9%
2013年	78.6	15.4%	25.8	7.1%			52.8	20.0%
2014年	113.9	44.9%	19.5	-24.4%	66.7		27.7	-47.5%
2015年	120.0	5.4%	23.0	17.9%	71.4	7.0%	25.6	-7.6%
2016年	140.9	17.4%	30.5	32.6%	87.9	23.1%	22.5	-12.1%

クレジットカード偽造被害の国内・海外別内訳

（単位：億円）

期　間	クレジットカード偽造被害額		クレジットカード偽造被害額の内訳							
			国内・被害額		海外・被害額		番号盗用被害額			
							国内・被害額		海外・被害額	
		前年比(%)	被害額	前年比(%)	被害額	前年比(%)	被害額	前年比(%)	被害額	前年比(%)
2006年	45.6	-45.3%	31.7	69.5%	13.9	30.5%				
2007年	39.1	-14.3%	25	63.9%	14.1	36.1%				
2008年	52.5	34.3%	38	72.4%	14.5	27.6%				
2009年	49.2	-6.3%	32.6	66.3%	16.6	33.7%				
2010年	41.3	-16.1%	28.7	-12.0%	12.6	-24.1%				
2011年	25.8	-37.5%	18.5	-35.5%	7.3	-42.1%				
2012年	24.1	-6.6%	14.9	-19.5%	9.2	26.0%				
2013年	25.8	7.1%	15.0	0.7%	10.8	17.4%				
2014年	19.5	-24.4%	4.5	-70.0%	15.0	38.9%	41.7		25.0	
2015年	23.0	17.9%	5.6	24.4%	17.4	16.0%	45.2	8.4%	26.2	4.8%
2016年	30.5	32.6%	10.5	87.5%	20	14.9%	54.1	19.7%	33.8	29.0%

出所：社団法人日本クレジット協会『日本のクレジット統計　2016年版』をもとに作成

用語解説

＊SSL(Secure Socket Layer)　ネットスケープ社が開発した、インターネット上で情報を暗号化して送受信する通信手順のこと。クレジットカード番号などを安全に送受信することができる。

16

消費者取引を発展・拡大させる

クレジットカードの利用は金融取引であり、購買行動です。消費者とクレジット会社、加盟店の三者が公正な関係にあるべきですが、消費者保護は最も大切な要素になります。

キャッシングは、貸金業法で総量規制や上限金利の引き下げ、過払い金請求の増加で、業者の経営がひっ迫。貸したくても貸せない状況にあります。多重債務者数、自己破産件数ともに減少していますが、長期に渡る景気低迷で所得は減少し、自己破産件数は今後増加に転じる可能性もあります。

自己破産手続きを簡素化した「特定調停法」(二〇〇〇年施行)や、破産宣告を受けてもある程度の財産保有が認められる「個人債務者民事再生手続」(〇一年施行)、弁護士の固有業務だった債務整理を司法書士まで拡大した「**司法書士法**」改正(〇三年施行)、破産手続きと免責手続きの一体化を図った「破産法」(〇五年施行)は八〇年ぶりの見直しとなりました。

また、事業者が適切な契約内容の説明を怠った場合には、その契約を取り消せる「消費契約法」(〇一年施行)が制定され、消費者保護が一段と強化されています。

個人情報保護法改正でデータの重要性高まる

クレジットカード業界にとって最も注意を払わなければならないのが、〇五年にスタートし一七年に改正された「**個人情報保護法**」です。

一七年の改正では、第三者への情報提供が一定の手続きの下で解禁されました。個人情報のビジネス利用が広がりましたが、同法は膨大な会員数を誇るクレジットカード各社にとって、利用者の属性および購買情報などの漏えいを防ぎ、不正利用をなくすために、常に順守しなければならないものです。

利用者（消費者）保護に関する法令

特定調停法
- 2000年施行。経済的に破綻懸念のある債務者（特定債務者）を再生させるための手続きを簡素化。
- 専門知識を有する調停委員が、当事者間の合意形成を図る。

消費者契約法
- 2001年施行。事業者の不適切な行為によって結んだ契約を取り消すことができる。不実告知、断定的判断、故意の不告知、不退去、退去妨害など。
- 2007年改正。消費者団体訴訟制度を導入。

個人債務者民事再生手続
- 2001年施行。破産法の個人版。
- 個人破産の申立件数の増加が契機になる。
- 住宅ローンは返済継続すれば、住宅は保有できる。

司法書士法改正
- 2003年改正。司法制度改革の一環。
- 簡易裁判所における訴訟代理関係業務に司法書士も関与。
- 140万円以内の債務整理の代理人資格。
- 過払い請求ビジネス急増の一因。

破産法
- 2005 年施行。80年ぶりに全面的に見直し。個人の破産・免責手続きに関しても改正された。
- 破産手続きと免責手続きの一体化。
- 破産後の財産保有額が21万円から99万円に拡大。

個人情報保護法
- 2005年施行、2017年改正。個人の権利権益を保護。
- 情報の取扱件数に関係なく、小規模事業者も規制対象。
- 第三者に情報を提供する場合の手続きを規定。
- 個人情報の定義の見直し

ワンポイントコラム

【司法書士法改正】　債務（借金）返済が困難になったときに行う債務整理は、弁護士法で弁護士の固有業務とされていましたが、比較的小額の返済は司法書士でも依頼できるようになりました。これにより債務整理は急増し、過払い金請求が増えて自己破産件数が減少した、との指摘もあります。

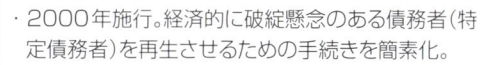

column

利用者にも求められるモラル

クレジットカードが世に出て60年あまりが経ちました。カード決済はインターネットとの相性の良さから、消費者にとって必要不可欠のライフアイテムになっています。カードを持つ、あるいはカードを発行するということは、両者が信頼関係を築いている証明でもあります。

信用がビジネスの土台になるのは、金融業務に限らず経済活動全般に共通したことですが、クレジットカードは担保主義で融資を展開してきた金融機関と異なり、ある程度のリスクを覚悟のうえで商売をしています。使えるお店を厳選し、利用範囲を限定することでリスクヘッジを行っているともいえます。

装置産業という点では、金融業界よりも高度に業務システムが発達しています。利用者にとってより使いやすく、より魅力あるカードを提供するには、システムの陳腐化は避けなければなりません。膨大な会員を管理・維持していくには、相応のシステム投資が求められます。

しかし一方で、ネットワーク化が進んだ結果、不正使用などの被害が頻発しているのも事実です。また加盟店獲得競争が熾烈になって安易な加盟店獲得に走り、一部の業者（加盟店）に悪用される事例も出てきました。

「商品先取り、支払い後回し」という便利な機能は、ときに消費者を迷わせることがあります。リボルビング方式の登場で、自分がどれだけ借りているのか、あとどれくらい返済しなければならないのか、判然としません。毎月小額で返済しているため、感覚がマヒしています。気が付いたときにはもう返済できなくなった、という消費者を救うための消費者保護や救済では、利用者のモラルハザードを生んでしまいます。これは決して好ましいことではありません。クレジットカードや信販会社、加盟店も、行き過ぎたセールスや一部の業者の暴走を許してはいけません。

弱者救済の法律制定は望ましいことですが、クレジットビジネスは3者間の信頼関係に基づいた決済機能です。互いの信頼を忘れては、この業界は成り立たないことを改めて認識することが求められます。

第3章

クレジットカード業界の現状と問題点

クレジットカードは銀行系、流通系各社が競合していますが、IT企業なども活躍の場を広げています。交通機関で幅広く利用されている電子マネーを含め、カード各社の戦略と今後の課題などについて検証しました。

1 底堅いクレジットカード志向

「消費先取り、支払い後回し」のクレジットカードはこの一〇年間、常に二億五〇〇〇万枚前後を維持し、生活インフラとして定着しています。

わが国のクレジットカードは、銀行口座から自動引き落としされる高い利便性が多くの人から支持されて、いまでは日常生活になくてはならない決済手段になっています。毎年二〇〇〇万近い新規会員が生まれ、国民一人当たり二枚強の保有率を長年維持しています。

近年は、インターネットショッピングの普及と、電子マネーの取り込みで、その地位をより強固なものにしています。

ネット通販は、商品を手に取ることができないことから、利用者はなかなか伸びませんでした。しかし取扱商品が増えて消費者の選択肢が広がり、居ながらにして注文ができて希望の日時に配達されることで支持が拡大していきました。クレジットカードで購入できてポイントも付加されることも、ネット通販の隆盛に一役買いました。

電子マネーと同居し発展する

二〇〇〇年代前半に電子マネーが登場したころは、小口決済でチャージの必要がある性質から、業界では「クレジットカードの敵ではない」と楽観視していましたが、徐々に普及し始めると、業界もライバル視するようになり、逆に取り込みを図る動きが出てきました。そこで目を付けたのがチャージです。

もともと、電子マネーは前払い（プリペイド）で現金と交換するものでしたが、このプリペイド方式を逆手にとって後払い（ポストペイ）にすることを発案し、電子マネーを取り込んだのです。

わが国のクレジットカード発行枚数

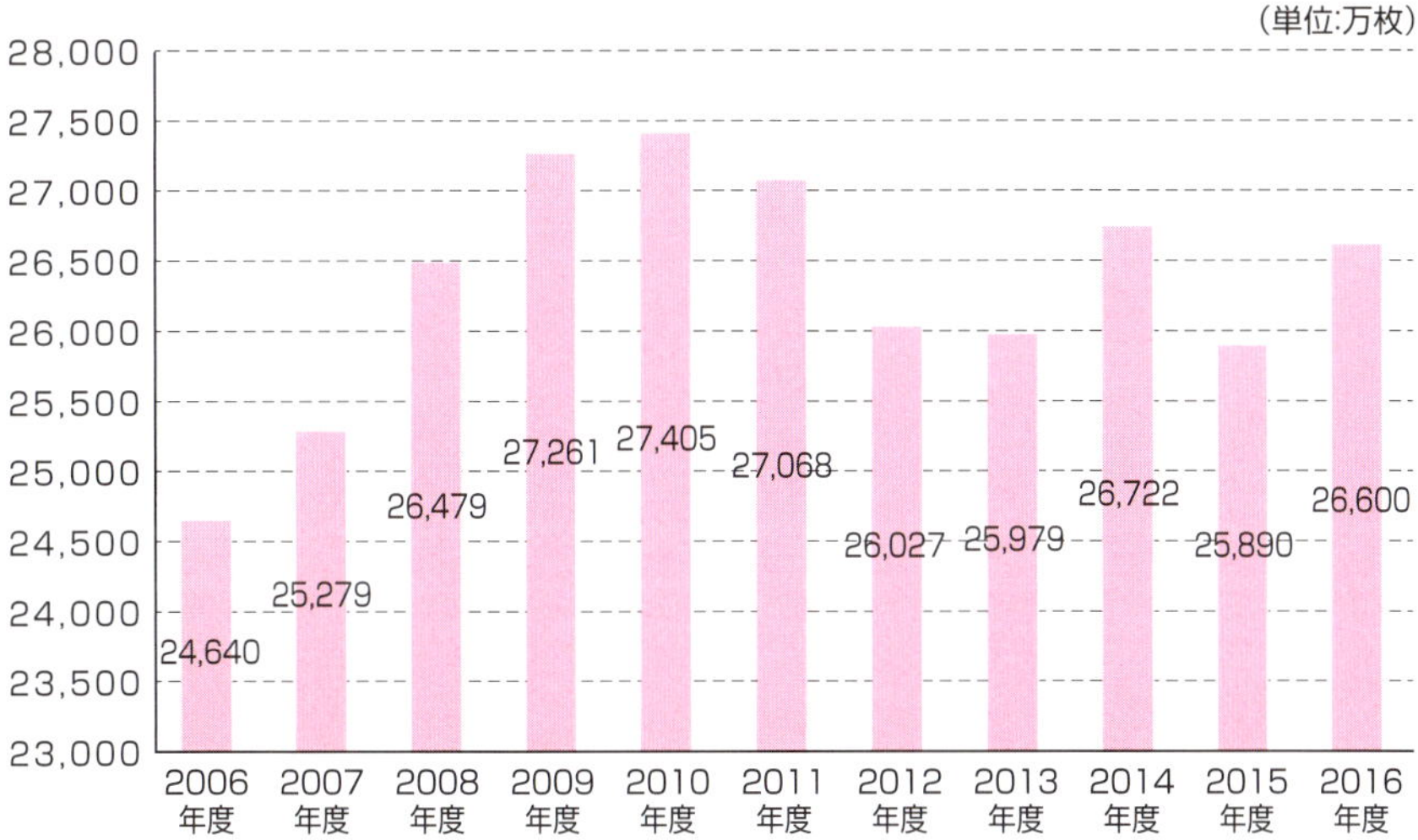

出典:日本クレジット協会の統計資料をもとに作成

クレジットカードの年間申込・契約・解約件数の推移

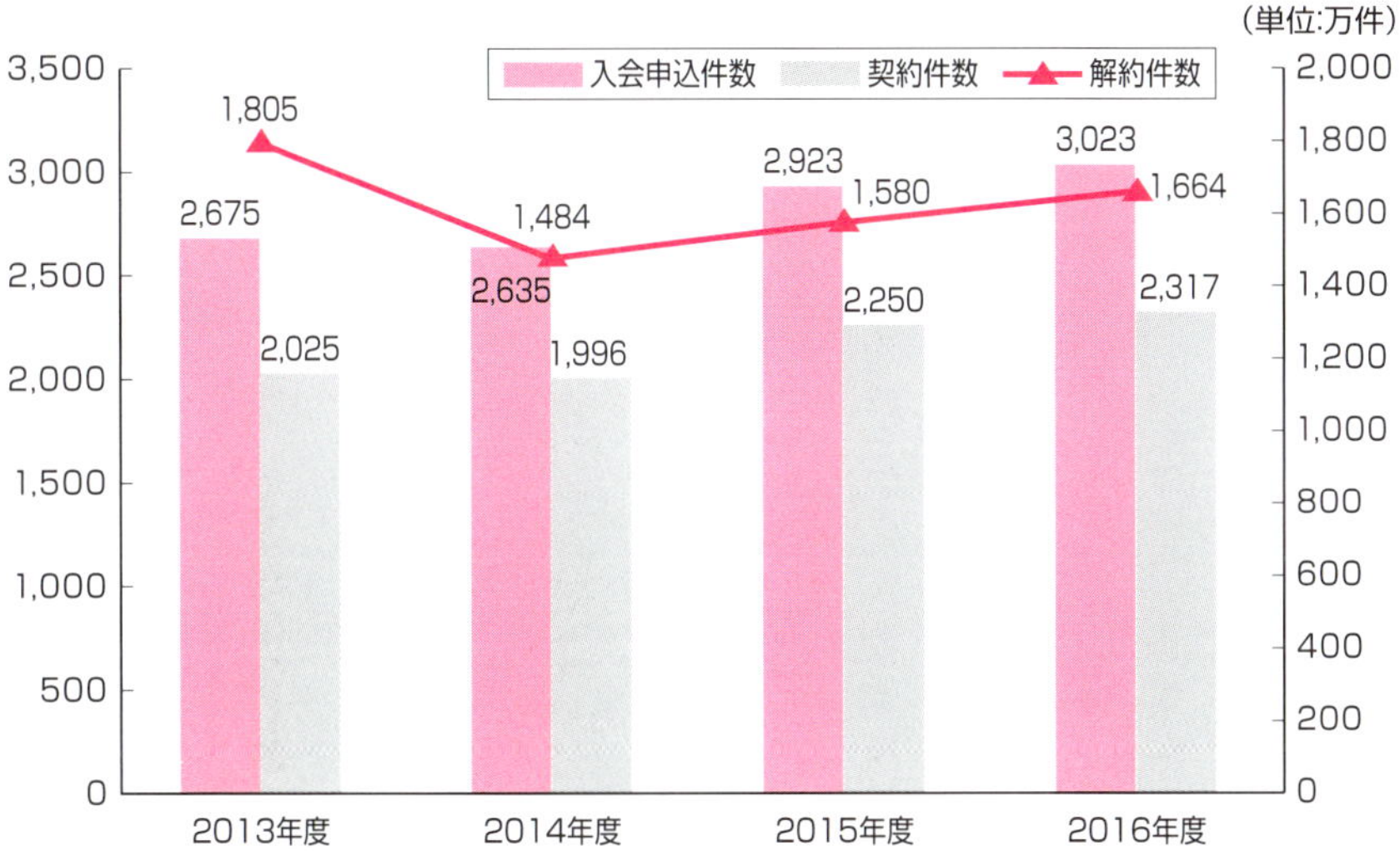

出典:日本クレジット協会の統計資料をもとに作成

発行枚数誇る銀行系クレジットカード 2

銀行系はわが国クレジットカードの草分けであり、国内発行枚数の四割以上を占める最大のクレジットカード勢力です。「銀行」の信用力が業容拡大の原動力になりました。

銀行系クレジットカードは、主に都市銀行が共同、または単独出資して子会社を設立し、カード発行を始めました。

国内初のクレジットカード会社は六〇年の日本ダイナースクラブ。その後、六一年に旧三和銀行系の日本クレジットビューロー(現ジェーシービー)、六七年に旧三菱銀行系のダイヤモンド・クレジット(現三菱UFJニコス)、旧住友銀行系の住友クレジットサービス(現三井住友カード)などが相次いで設立されました。

いずれも親銀行の子会社でしたが、これには歴史的経緯があります。

クレジットカード業務は、信用保証や**ファクタリング***業務と同様、銀行法の**他業禁止規定**によって関連会社の付随業務として営むことと定められていました。しかし、八二年の銀行法改正によって、銀行本体で行うことが認められました。改正では、八二年以前に設立した関連会社でも本体業務に鞍替えすることができるようになりました。

しかし、銀行系クレジットカード会社はこの時点ですでにヒト、モノ、カネを投入して経営が軌道に乗り、ブランドを構築しシステムを運営してきたため、本体業務への取り込みをあきらめたのです。また、すでに発行しているクレジットカードは利用者が他の銀行口座を決済口座に使っていたこともあって、銀行本体で扱うことが困難だったのです。そうした経緯から、銀行系クレジットカードは都銀の子会社であり続けたのです。

用語解説

＊**ファクタリング**　企業の売掛債権を銀行などが買い取って管理したり回収したりする業務のこと。例えば、商品販売後の代金が入ってこない場合に、その販売代金を手にする権利を銀行に割り引いて売る代わりに、銀行から資金を手当てしてもらう。

銀行取引との抱き合わせ販売も

銀行系クレジットカードが国内一の勢力に成長したのは、いち早く取り扱いを開始したことと同時に、銀行という信用力を看板に掲げて販売を拡大させたことが大きな理由に挙げられます。特に、都銀は全国に支店を持ち、営業展開している大手金融機関です。大企業取引にも強いので、職域での開拓によって一挙にカード会員を増やす力を持っています。

反面、法人・個人ともに、利用者に対してやや強引なセールスを行って発行枚数を競ったことも否定できません。住宅ローンなど融資を申し込む顧客に対しては、クレジットカードとの抱き合わせ契約をしていたこともあります。

三大メガバンクグループの誕生以降、銀行系カードも再編・統合が加速。DCカード、ミリオンカードは再編を経て三菱UFJニコスに吸収され、三井住友カードは○八年にカード大手のセディナとともに三井住友FGの中間持株会社の傘下に位置付けられています。

大手都銀が信用力と支店網にモノを言わせて会員獲得

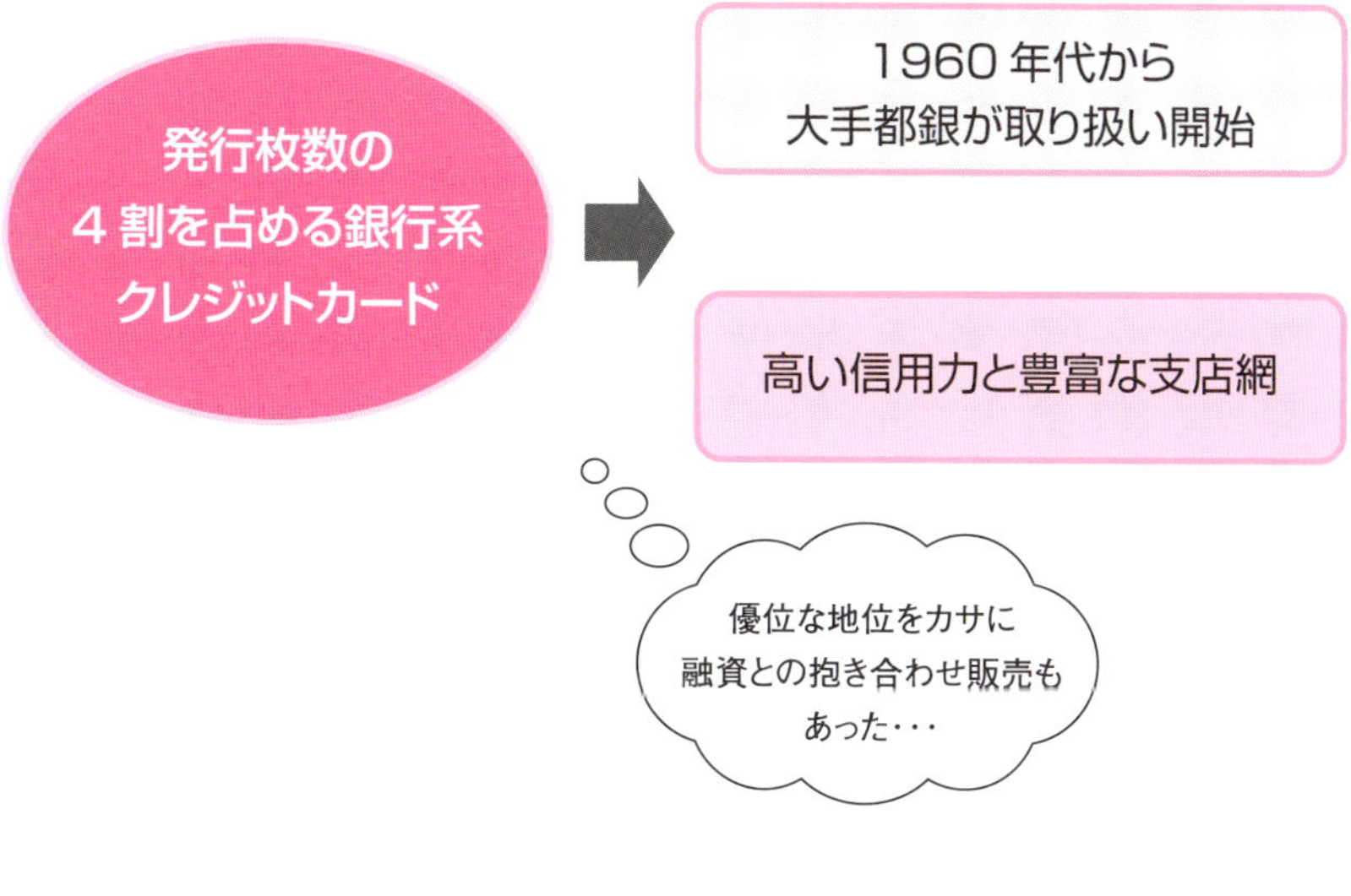
発行枚数の
４割を占める銀行系
クレジットカード
1960 年代から
大手都銀が取り扱い開始
高い信用力と豊富な支店網
優位な地位をカサに
融資との抱き合わせ販売も
あった・・・

3 銀行系クレジットカード会社はなぜ上場しないのか

銀行系クレジットカード会社は株式を公開していない非上場企業で、一部を除いて財務内容を公開していません。近年は、メガバンクグループ内で再編が進みました。

銀行系クレジットカード会社が設立されて五〇年以上が経過しました。出資しているそれぞれの都市銀行が全国の支店で新規口座とセット販売しているのが実態ですから、発行枚数は毎年一〇〇万の単位で増え続けています。資本金、売上高、従業員数とも大企業並みの規模を誇っています。

しかし、上場企業ではありません。出資している都銀から潤沢な資金が入ってくるので、市場から資金を調達する必要がないからです。当然ながら、上場していないため、財務内容が一般に公開されていません。会員数や取扱高、加盟店数を公表しているのは、ごく一部の会社であり、それもこの一〇年で公表し始めたにすぎません。銀行系クレジットカードの財務状況はベールに包まれたままです。

また、大資本を保有する都市銀行がクレジットカード会社の一つや二つを、なぜ共同で出資する必要があったのでしょうか。カード事情に詳しい関係者はこう証言します。

「六〇年代に設立する際、都銀各行はクレジット業務をカード発行形式にするのか**クーポン**＊方式にするのか、頭を悩ませていた。クレジットカードの将来性に確信が持てなかったので、各行がいわば試行的に資金を持ち寄って見切り発車した。収益が上がらなければ責任が分散できるよう、共同出資の形にした」

こうした方法は、バブル崩壊により公的資金を使って不良債権処理され、姿を消した**住専**(住宅金融専門会社)と同じ発想です。

用語解説
＊**クーポン**　小切手帳のように1冊の冊子になった切り取り式の回数券または利札のこと。クレジットカードの原型ともいわれている。

住専の場合も、大手銀行が住宅ローンの将来に対する資金需要の判断を下せなかったため、旧大蔵省が音頭を取って各行の持ち寄りで設立されました。つまり、大手銀行はクレジットカード会社も住専も、最初は儲かるとはあまり考えていなかったということです。

カード統合のシステム経費が負担に

メガバンクグループは近年、圧倒的な資本力を背景にカードだけでなく信販、消費者金融も資本・業務提携を結んでグループの一員にしました。

しかし、貸金業法や割賦販売法でノンバンクが法改正や過払い金請求により経営難に陥ったため、業態が同じノンバンクを合併させてきました。

またメガバンクは、合併で旧行の銀行系カードを整理統合していますが、必ずしも計画どおり進んでいません。それぞれが一〇〇〇万単位の会員を抱えるだけにカードブランドの統合は困難を極めます。

特にシステム統合は喫緊の課題で、グループ内ではシステム統合にかかる巨額の経費負担に頭を抱えています。

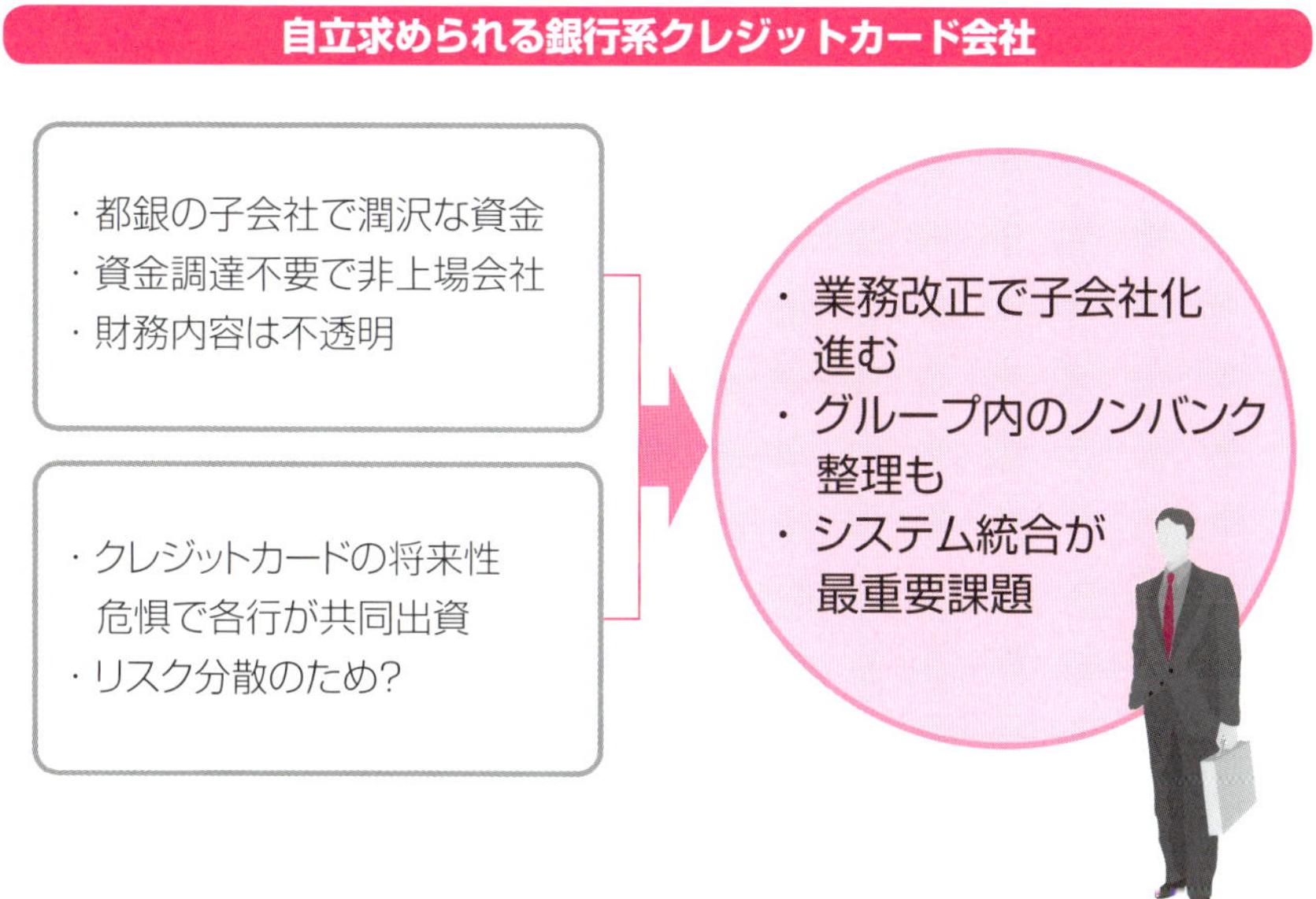
自立求められる銀行系クレジットカード会社
・都銀の子会社で潤沢な資金
・資金調達不要で非上場会社
・財務内容は不透明
・クレジットカードの将来性危惧で各行が共同出資
・リスク分散のため?
・業務改正で子会社化進む
・グループ内のノンバンク整理も
・システム統合が最重要課題

ワンポイントコラム
【住専】　住宅金融専門会社の略。国の持ち家政策促進のため、旧大蔵省の肝いりで大手銀行や生命保険が共同出資し、住宅ローンを専門に扱う会社として7社が設立されました。しかし、銀行の住宅ローン進出と不動産担保金融の失敗で、96年に6850億円の公的資金を投入して不良債権処理が行われました。

4 進まない銀行本体のカード発行

銀行系クレジットカードでは、都市銀行や地方銀行などのフランチャイジー会社の本体カード発行ができるようになりましたが、思うように進んでいません。

六〇年代に始まったわが国の本格的なクレジットカード業務は、先駆者である銀行系クレジットカードが今日まで業界をけん引してきました。親銀行である都銀などが持つ全国の店舗網を生かした会員増強と加盟店獲得は、他を圧倒してきました。

また、都銀各行には友好関係にある地銀、第二地銀、信用金庫が存在し、彼らが作ったクレジットカード子会社と**フランチャイジー（FC）契約***を結んで、各地域で会員を増やしてきました。

銀行系クレジットカード各社は、親銀行や提携先金融機関に会員や加盟店の獲得を任せ、会員をより増やすための商品やサービスを企画することに専念すればよかったのです。

地銀バンクカードは終焉 本体発行に壁も

一九八三年、全国地方銀行協会が業界最大手・横浜銀行と組んでキャッシュカードとクレジットカードを一体化した「**地銀バンクカード**」の取り扱いを開始しました。カード業務を銀行の付随業務として取り扱うことができるよう銀行法が改正されたことを受け、国内で初めて、業界の共同事業として銀行本体が発行するクレジットカードが地銀各行で販売されたのです。

その後、〇六年の銀行法改正でクレジットカード業務を銀行の本体業務として取り扱うことを認める規制緩和が行われました。これを受けて、地銀などで銀行系クレジットカード会社を清算して、カード業務を銀行本体

用語解説

*フランチャイジー契約　加盟店契約のこと。特定のブランドや経営ノウハウに対する使用料（ロイヤリティ）を払い、その看板のもとでビジネスを展開する。

に組み込む動きが出てきました。本体での発行は、FC契約で定められた手数料などを自行の収益源として取り込めるなどのメリットがあるからです。

しかし、カード業務にかかわるシステムや事務経費など負担は軽くありません。銀行の一〇〇%子会社ではないクレジットカード会社の場合、買収コストも発生します。一部の地銀で本体発行に切り替えるところもありますが、こうした負担増を嫌って、多くは従来どおり関連会社として存続させています。

また、本体発行の老舗である地銀バンクカードは会員の伸び悩みが解消せずに〇八年に二五年の歴史を閉じ、地銀協から三井住友カードに運営先を替えました。一八年三月現在、二一行が発行しています。メガバンクでも、銀行本体が発行する一枚化カードは、既存のクレジットカードに比べれば伸び悩んでいるのが現状です。

「餅は餅屋」ではありませんが、クレジットカード業務は半世紀に渡って専業の会社が市場をリードし、銀行との協業で成長を続けてきました。銀行がすべてを抱え込んで業務を推進するには、まだ解決すべき課題が残されているようです。

本体発行には厚い壁がある

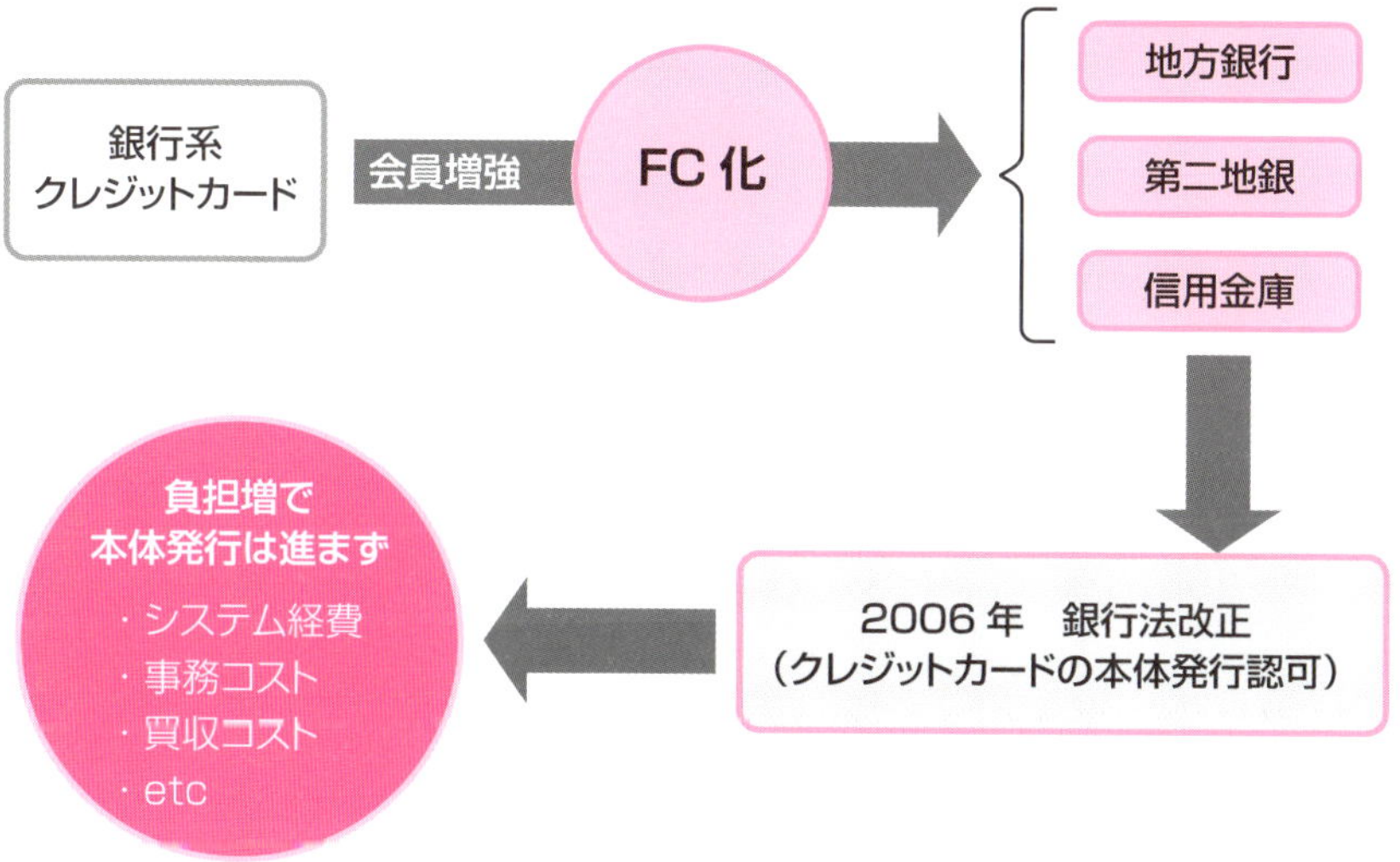

ワンポイントコラム

【複数のサブブランド】　大手地銀の中には、友好都銀が複数あるため、サブブランドごとにクレジットカードの子会社を作りました。VISA・マスターはDCやUCと関係が深く、JCBは単独のFC展開をするので、例えば、千葉銀行は「ちばぎんDC」「ちばぎんJCB」がある、といったことになります。

5 東南アジアを攻める（ジェーシービー）

カード発行会社でありブランド企業でもあるジェーシービー。「アジアを代表する総合決済サービス企業」を目指し、アジアシフトを鮮明にしています。

ジェーシービー（ＪＣＢ）はブランドビジネス、カード発行、加盟店開拓、プロセシング（カード事務）のカード四大事業をすべて内製化している、世界で唯一のクレジットカード会社です。

しかし、どの事業も成長は鈍化傾向にあり、新たな成長戦略を描ききれていないのが現状でした。特に八一年から取り組んでいる海外展開は、「二強」であるＶＩＳＡ・マスターの国際カードブランドに押されて伸び悩んでいました。これまで全世界に進出することを目指していたＪＣＢですが、ここにきてアジア傾斜を鮮明にしています。海外の重点地域を中国、韓国、台湾、タイ、インドネシア、フィリピン、ベトナム、ミャンマー、ブラジル、インドの一〇カ国に指定するなど、国際戦略は完全にアジア志向になりました。

身の丈に合った国際展開に

アジア各国では、金融インフラの整備が遅れています。カード業務は銀行の固有業務で、わが国のようなノンバンク業界は、基本的に存在しません。

また、カード発行に不可欠な個人信用情報を統括する機関が発達しておらず、後払いのクレジットカードではなく、銀行口座で決済するデビットカードやプリペイド型のカードが主流です。このため、ＪＣＢがアジア各国でクレジットカードを発行するには、その国の有力銀行と提携するところから始まります。

漠然と「世界」を目指すのではなく、手の届くところに照準を合わせる。ＪＣＢはようやく、身の丈に合った現実路線を取り始めたようです。

アジア進出目立つ JCB

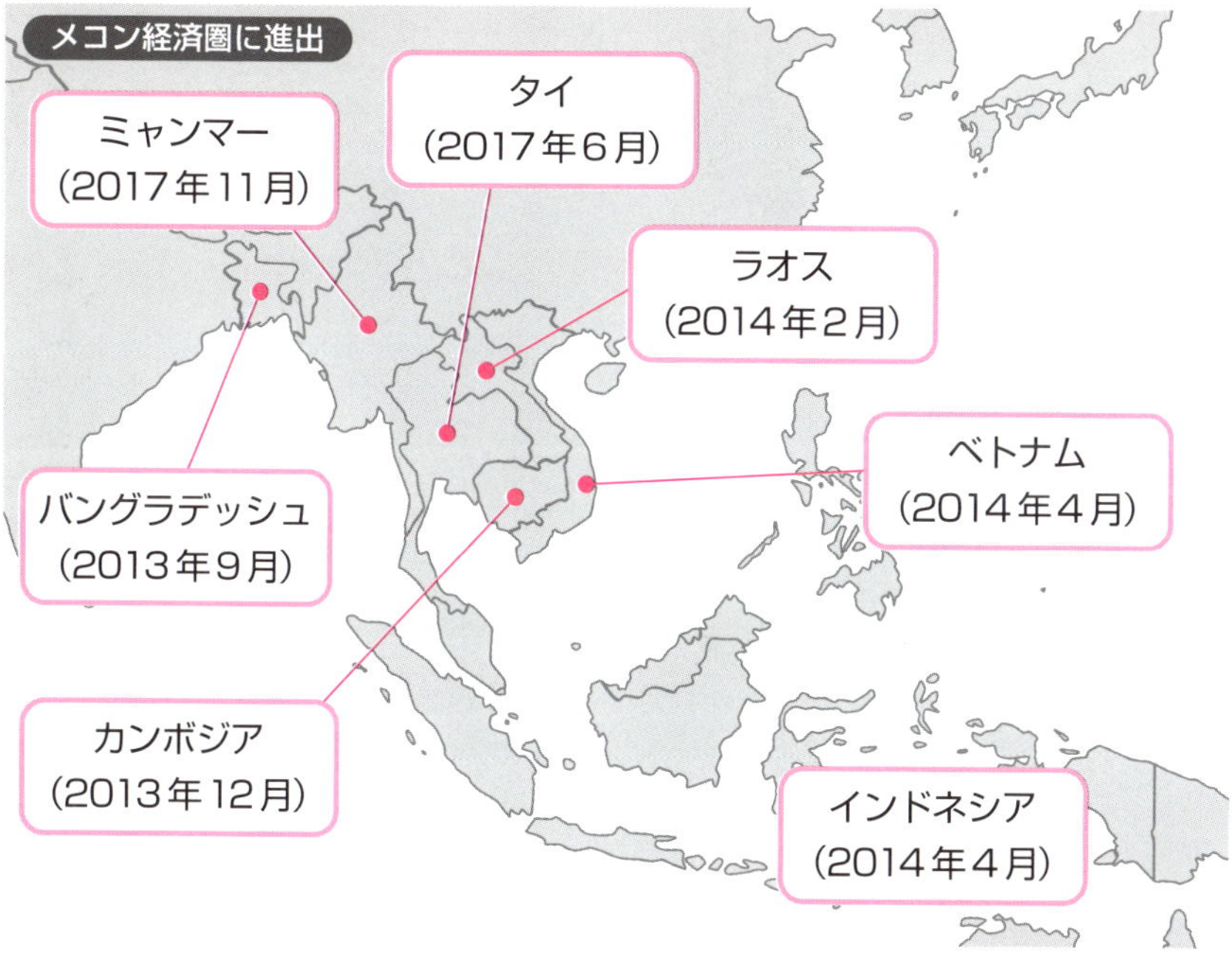

アジア進出目立つ JCB

単位：億円、%

		2012年度	2013年度	2014年度	2015年度	2016年度
営業収益		2,221	2,363	2,534	2,692	2,772
	増減率		6.4%	7.2%	6.2%	3.0%
経常利益		359	330	374	262	292
	増減率		13.3%	13.3%	▲42.7%	11.5%
当期純利益		220	188	228	173	214
	増減率		▲14.5%	21.3%	▲24.1%	23.7%
取扱高				225,763	255,001	265,660
	増減率				13.0%	4.2%
会員数（万人）				8,958	9,563	10,569
	増減率				6.8%	10.5%

出典：同社決算公告（官報）およびWebサイトをもとに作成

6 脱カードに突き進む(三井住友カード)

三井住友カードは電子マネー「iD」、中国の「銀聯カード」を積極推進、新たな決済ツールをいち早く導入し「脱カード」で事業拡大を図っています。

三井住友カードは二〇〇五年七月、携帯電話によるクレジット決済サービスを開始するため、NTTドコモと資本・業務提携を結び、ドコモが開発した携帯電話決済端末「iD」を搭載した「三井住友カードiD」を開発しました。

また同年、日本で初めて中国のデビットカードである銀聯と提携。年々増加する日本への中国人旅行者向けサービスとして、日本国内における銀聯(ぎんれん)カード取扱加盟店の開拓を強力に推進しています。一〇年に五年間の先行メリットが切れて、JCBなどが日本国内で銀聯加盟店の開拓を展開していますが、三井住友カードが主要な加盟店を押さえてリードしています。そして一三年、iD、中国銀聯に次ぐ新たな決済手段に進歩したスマートフォン端末を使った決済サービスを開始。クレジットカード業界で大きな話題になりました。

本家が撤退した端末決済事業の成否

同社が組んだ相手は「ツイッター*」の創業関係者が設立した「スクエア」という米国の新興企業です。その決済システムは携帯端末にアプリをダウンロードして使うという簡便な操作と高い利便性があり、加盟店審査や途上管理ノウハウ、セキュリティ対策などの面で優れているとされ、米国では事業開始から約三年の時点で加盟店数三〇〇万を獲得しました。

携帯電話によるクレジットカード決済は、加盟店のレジに据え置かれた信用端末の代替機としてこれまで大手カード会社の間で開発・研究が進んでいました。しかし、スクエア社が米国でいち早く決済端末としての実績

用語解説

*ツイッター　短文で投稿できるSNS(ソーシャル・ネットワーキング・サービス)の1つ。フェイスブックと並んでSNSの代表格。140文字以内の文章は「ツイート」と呼ばれる。近年は利用者数が減少しているとの指摘もあるが、トランプ米大統領が積極的に発信することで再び注目度が増した。

を積み上げたことで、三井住友カードは新しい決済サービスの立ち上げ時間を短縮するため、スクエア社との協業を選択しました。

スクエアのスマホおよびタブレット端末からの決済は、これまでカード決済が浸透していなかった多くの個人事業主や中小企業など、小規模店の加盟店市場が拡大することになります。スクエア社の決済サービスの魅力は、加盟店手数料の安さにあります。スマホやタブレットという安価で誰でも日常的に使用する通信端末が、利用者と加盟店それぞれに、大きなメリットを提供するのです。

特に加盟店にとっては、場所を選ばないモバイル端末が信用端末の機能を果たすため、レジスペースを確保する必要がなくなります。カード会社にとっては新たな加盟店の掘り起こしが進みます。

ただ二〇一四年、本家の米国スクエアは事業の不振からこの決済アプリサービスから撤退しました。日本国内でどの程度普及するのか。三井住友カードの手腕にかかっているといえそうです。

三井住友カードの業績推移

単位：億円、%

		2012 年度	2013 年度	2014 年度	2015 年度	2016 年度	2017 年度
営業収益		1,856	1,915	1,984	2,102	2,234	2,438
	増減率	1.8	3.1	3.6	5.9	6.3	9.1
経常利益		448	437	421	406	346	410
	増減率		▲ 2.4	▲ 3.6	▲ 3.6	▲ 14.7	18.4
当期純利益		277	235	260	267	244	283
	増減率	17.8	▲ 15.1	10.6	2.6	▲ 8.6	15.9
取扱高		81,946	91,315	100,910	113,606	122,627	137,560
	増減率	8.3	11.4	10.5	12.6	7.9	12.1
会員数（万人）		2,240	2,299	2,349	2,424	2,573	2,838
	増減率	3.4	0.4	2.2	3.2	6.1	10.2

出典：同社 Web サイト「業績データ」をもとに作成

7 MUFGの「非現金決済」基地へ（ニコス）

三菱UFJニコスは三菱UFJフィナンシャル・グループ（MUFG）におけるカード事業の中核会社。カードのブランド統一を進めています。

MUFGは二〇一七年五月、農林中央金庫が保有する三菱UFJニコスの株式一五%を数百億円程度で買い取り、完全子会社としました。MUFGはクレジットカードに加えて、急増しているスマートフォンによる決済、さらに実証実験を展開している仮想通貨など非現金決済を強化するため、ニコスをその前線基地をする狙いから、同社を支配下に置くことを決めたのです。

ニコスの前身は日本信販。二〇〇四年にメインバンクだったUFJ銀行（旧三和銀行）の子会社になりUFJニコス、UFJ銀行が〇六年に東京三菱銀行と合併したため〇七年に「三菱UFJニコス」と商号変更を繰り返しました。同年、MUFG系列の信販大手・ジャックスに個品事業を譲渡したため、信販会社からクレジットカード会社に業態転換しました。

しかし母体銀行が合併を繰り返した結果、ニコスカードのほかDCカード＊、〇八年に取り扱いを開始したMUFGカードの三ブランドが並存しています。

MUFGとしては、メガバンクグループの〝フラッグシップ〟ブランドとして三つのカードをMUFGカードに集約させるのが最大の経営課題ですが、簡単にはいきません。利用者はカードブランドに対する執着はなく、VISAやマスターなど国際ブランドが使えるカードならば、カードを切り替える必要を感じていないからです。

二〇二一年三月までにシステム統合

MUFGはカードブランドの統一を当面の間棚上げし、システム統合を急いでいます。一〇〇〇万単位の会員を抱えるカードブランド三社が同じ業務を展開しながら異なる業

用語解説

＊**DCカード**　1967年に三菱銀行系のクレジットカード会社として「ダイヤモンドクレジット」の社名で設立。89年にディーシーカードに改称、同年VISA、マスターの2大国際ブランドと提携し、日本初のデュアル発行を開始した。

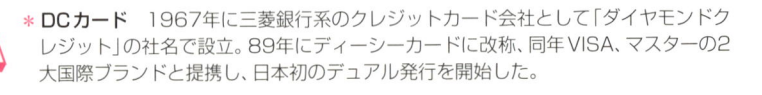

務システムを稼働させているのは、きわめて非効率だからです。

ニコスは旧三和銀行をメインバンクにしていた関係から、JCBとのシステム統合を目指していましたが、ニコスがMUFGの傘下に入ったことで、〇六年に実質的に頓挫しました。

これに代わってニコスはMUFG傘下でのシステム統合作業を準備していましたが、一一年三月までにMUFGが約一五〇〇億円の巨費を投じてニコスカード、DCカード、MUFGカードの業務システムを統合する計画が進んでいます。計画段階の〇六年から通算して一五年。悲願のシステム統合です。

MUFGグループに入ったニコスのシステム統合がこれほど遅れた背景には、ニコスが抱える過払い金請求がありました。毎年数百億円規模になる過払い金のリスクが業績を悪化させていたため、巨額のシステム投資はニコスの経営悪化を招きます。完全子会社化は、MUFGの新たな決済戦略ですが、ニコス救済の側面もあったのです。

三菱UFJニコスの業績推移

単位：億円、％

		2012年度	2013年度	2014年度	2015年度	2016年度
営業収益		2,669	2,657	2,660	2,701	2,750
	増減率	▲5.1	▲0.4	0.1	1.5	1.8
経常利益		246	198	180	▲174	▲64
	増減率		▲19.5	▲9.0	—	—
当期純利益		316	250	146	▲409	▲285
	増減率	10.0	▲20.7	▲41.6	—	—
取扱高		78,906	86,374	91,008	96,398	102,463
	増減率	0.9	9.4	5.3	5.9	6.2

出典：同社有価証券報告書をもとに作成

8 「売り場」持つ強み（流通系クレジットカード）

流通系クレジットカードは、スーパーや百貨店などの小売り企業が親会社だけに、使われる頻度の高いカードとして、安定した業績が見込めるメリットがあります。

流通系クレジットカードの源流をたどっていくと、「月賦百貨店」から出発した会社と、大手スーパーが新たな収益源として金融部門を設立した会社という二つの潮流があります。前者にはクレディセゾンや**丸井**、後者にはイオンクレジットサービス、ポケットカード、オーエムシーカード（ＯＭＣ）が位置しています。

セゾンは七六年、西武百貨店が月賦百貨店の「緑屋」の経営に乗り出し、西武クレジットを設立しました。丸井は戦後まもなく、自社の百貨店で**月賦販売**を開始していましたが、六〇年に「丸井のクレジット」というコピーを編み出し、国内で初めて「クレジット」の名を世に送り出したといわれています。

イオンは八一年、「日本クレジットサービス」の社名でカード事業に進出しました。ポケットカードは翌八二年に、やはりスーパー大手のニチイが「ニチイクレジットサービス」を作ってカード事業に進出しました。ＯＭＣカードは、七五年にダイエーが設立した朝日クレジットが最初ですが、八四年に月賦百貨店の「丸興」と合併して本格的にクレジットカード事業を開始、八七年にダイエーファイナンスができました。

月賦百貨店が一方の源流だけに、信販会社との結びつきは古く、クレジットカード事業の進出以前は信販との提携カード（当時はクーポン形式）で月賦（割賦）販売をしていたといわれています。

付加価値を付けて収益性を高める

大手小売業がクレジットカードに進出した背景には、業務のシステム化の進展があるといわれています。七〇年代後半にかけて、スーパーのレジに**POS**（Point - Of - Sale）システムを導入する企業が増加しました。

POSは「販売時点情報管理システム」と呼ばれるように、販売活動をシステム管理することです。POSにおけるシステム構築の発想が顧客管理と結び付き、信販会社に頼っていたカード決済を内製化し、新たな金融収益がもたらされると考え、自社カード発行に至ったのです。

銀行系であれ信販系であれ、クレジットカードは使われて初めて利益が出るビジネスです。流通系クレジットカードはその点、小売りの現場を持つ強みがあります。スーパーのレジでカードを提示すれば、キャッシュレスで日々の買い物ができる上に、**ポイント還元**も家計を預かる主婦には好評です。

カードが使われる「現場」を持つ強みがあるというのは、利用する領域が限定されることも意味します。稼働率は安定していますが、付加価値を付けて収益性を高めるため、電子マネーだけでなくキャッシュアウト（レジでのキャッシュカードによる現金引き出し）などの対応も課題になるでしょう。

カードを使う「現場」を持つ強みがある

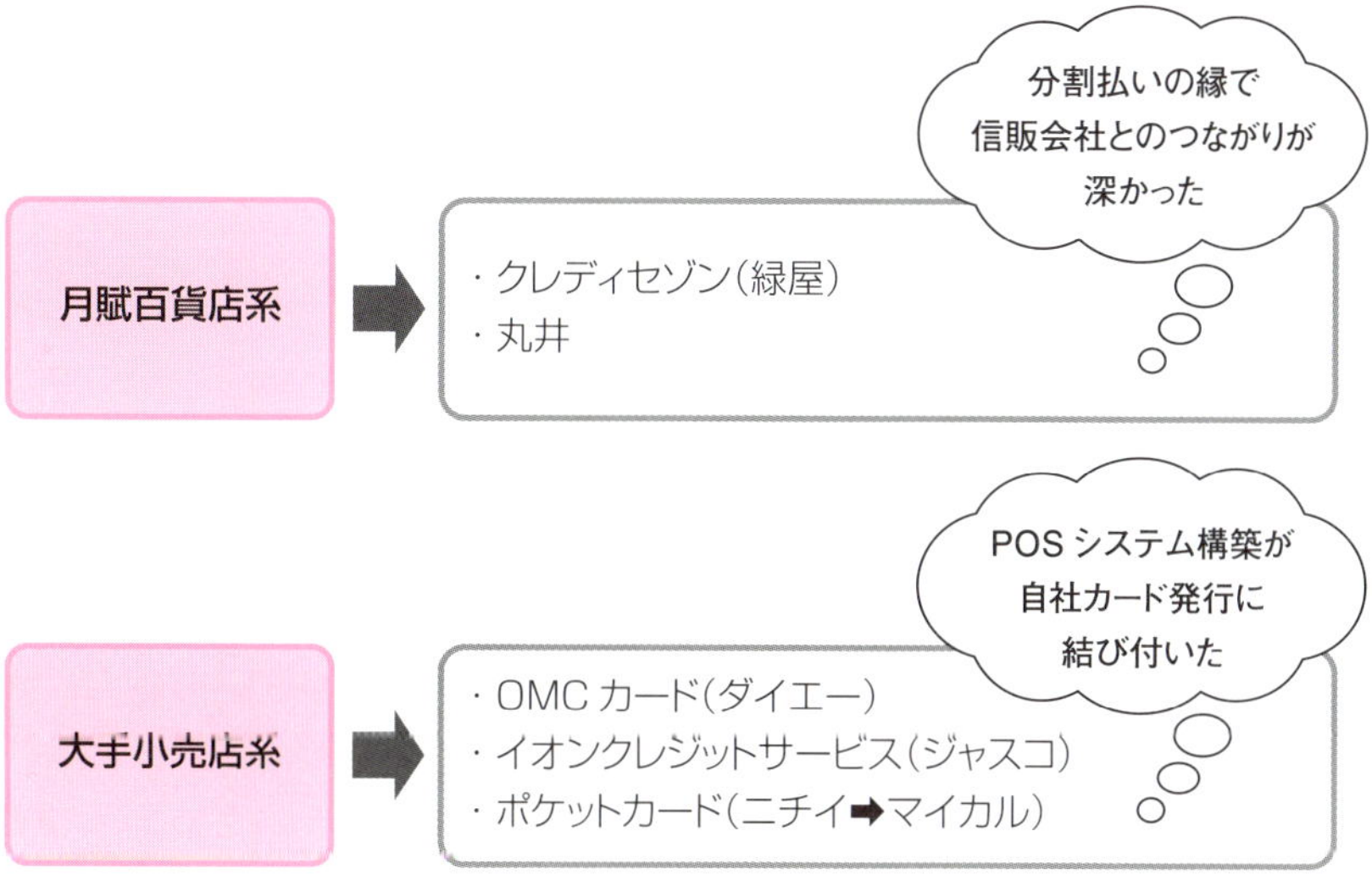
分割払いの縁で
信販会社とのつながりが
深かった
月賦百貨店系
・クレディセゾン（緑屋）
・丸井
POSシステム構築が
自社カード発行に
結び付いた
大手小売店系
・OMCカード（ダイエー）
・イオンクレジットサービス（ジャスコ）
・ポケットカード（ニチイ➡マイカル）

9 システム統合の遅れが重い負担(クレディセゾン)

懸案だったUCカードとのシステム統合がようやく完了し、二〇一八年度に連結経常利益六〇〇億円を目指す体制ができました。

同社の基幹システムは二〇〇六年に吸収合併したユーシーカード(UC)と、オリエントコーポレーション(オリコ)の三社の間で〇九年から作業が始まりました。システム開発は当初、UCとのシステム統合でしたが、計画中に系列内のノンバンクであるオリコを入れるよう、ノンバンク三社のメーンバンク・みずほ銀行が介入。開発の現場が混乱した、との指摘があります。

三社によるシステム構築は当初計画からオリコが抜けて、UCとセゾンの二社で〇八年から作業を開始しましたが、同社の関連企業で委託したシステム開発会社の作業の遅れなどで二度にわたって稼働時期が遅れました。セゾンにとっては三〇年ぶりの新システムとなりますが、この間に費やした経費は二〇〇〇億円と巨額なものになりました。

難産の結果、一七年一一月に新システムが稼働開始。今後一〇年間は毎年一五〇億円程度近くかけて支出に計上していくため、軽くない負担になります。

カード会社のシステム統合は、元をただせばメガバンクグループの誕生によって合併再編を余儀なくされたものです。クレディセゾンは旧富士銀行系列で、UCカードは旧第一勧業銀行を中心とした複数都銀の出資でできた会社。カード会社が望まなくても、メーンバンクの意向は無視できないのが現状ですが、クレディセゾンは銀行主導とは一線を画しています。

長期政権続く林野社長の交代期に熱視線

〇九年三月、連結子会社である不動産事業会社「アトリウム」が五五〇億円の債務超過になりました。このとき、同社は銀行支援に頼る道を選択せず、グループ内処理にこだわりました。

アトリウムの負債総額は約三〇〇〇億円と巨額で、ノンバンク業界における再生事例からすれば、〇五年に資本・業務提携を結んだみずほ銀行からの支援が予想されましたが、四〇〇〇億円の総資産を削ってまで自力救済に留めました。

二〇〇〇年からクレディセゾンの社長を続ける林野宏*社長は、永久不滅ポイントの開発など同社の業績向上に実績があり、長年トップの座に君臨してきました。主力銀行とは一定の距離を保ちながら経営の舵取りをしていますが、七五歳と金融業界では高齢（一八年四月時点）の部類に入ります。当初予算に比べて大幅に増えたシステム統合の責任を取って勇退するのではないか、との憶測が出たほどです。

みずほFGとしてはJCB、三井住友カード、三菱UFJニコスと並ぶ「ビッグ4」の一角を取り込みたいところ。林野社長の進退は、同社の業績にも増して注目されるテーマです。

クレディセゾンの業績推移

単位：億円、％

		2013年度	2014年度	2015年度	2016年度	2017年度
営業収益		2,475	2,590	2,699	2,789	2,921
	増減率	1.2	4.6	4.2	3.3	4.7
経常利益		444	436	438	530	567
	増減率	▲16.5	▲1.8	0.4	21.0	6.9
当期純利益		255	126	261	422	383
	増減率	▲67.9	▲50.5	107.1	61.6	▲9.3
取扱高（単体）		67,375	71,537	74,589	79,145	84,098
	増減率	7.7	6.1	4.2	6.1	6.2

出典：有価証券報告書をもとに作成

用語解説

***林野宏**　1942年生まれ、埼玉大卒。西武百貨店に入り、西武クレジット（現クレディセゾン）に移る。独自のポイント還元制度を考案、アメックスやゆうちょ銀行との提携などで同社の業績を飛躍的に向上させ、中興の祖といわれる。

10 銀行を救済し持株会社の傘下に(イオンクレジット)

イオンクレジットサービスは国内最大の小売業イオングループにおける金融事業の中核会社。二〇一三年にイオン銀行と経営統合し、イオンフィナンシャル傘下になりました。

イオンフィナンシャルは、GMS(ゼネラルマーチャンダイズストア=総合スーパー)最大手イオンの金融事業グループで、一三年にイオン銀行と株式交換して経営統合し、イオングループの金融関連会社を有する金融持株会社です。

傘下には、稼ぎ頭のイオンクレジットサービス(CS)をはじめイオン銀行、イオン保険サービス、イオン住宅ローンサービス、エー・シー・エス債権管理回収、イオン少額短期保険、イオンプロダクトファイナンスの六社があります。

金融業界で金融持株会社を設立してグループを形成する際、企業規模が大きく、信用度が高い銀行が主導的役割を持つのがふつうですが、イオンフィナンシャルはクレジットカード会社であるイオンクレジットサービスがグループの中核として機能しています。

カード会社が銀行と経営統合し、以降も主導的な立場を維持しているのには理由があります。イオンクレジットは、〇七年にイオン銀行が設立された直後から同行と銀行代理店契約を結び、イオングループのスーパー内にあるクレジットカードコーナーなどで銀行代理店業務を展開していました。

一方、イオン銀は一一年、前年に経営破たんした日本振興銀行＊の資産を継承し、一時的に業績が向上したものの、開業当初から赤字が続いており、早期の黒字化が喫緊の課題になっていました。

このため、クレジットカード会社としては業績好調を維持しているグループ内のイオンクレジットと統合させて経営の安定を図る必要がありました。カード会社が銀

用語解説

＊**日本振興銀行**　2004年に開業。積極的な中小企業融資をモットーに業容を拡大していったが、貸付債権債務の二重譲渡など法令違反を起こして信用不安が高まり、経営危機に陥る。10年に経営破たん。

行を救うという、まれなケースといえるでしょう。

課題はアジアでの貸倒リスク改善

イオンクレジットの特徴は、海外に数多くの拠点を持っている点です。日本で培ったクレジットカードのノウハウを活かし、アジアネットワークを拡大させています。八七年香港支店を開設してアジア事業がスタート、九二年タイ、九六年マレーシアに現地法人を設立して事業を拡大。同社の連結営業収益に占める海外部門収益は約三割に達し、成長のけん引役になっています。

ただ、アジア事業は割賦販売が主力。経済成長を続ける各国の個人消費は活発ですが国民所得はまだ低く、貸倒れリスクがあります。

タイに次ぐ利益を出しているマレーシアでは、一六年度の業績はクレジットカードの取扱高が一八九億円に対し、家電や小型バイク、自動車などの個品割賦取扱高が五二一億円、個人ローンが二三一億円。需要の高い二輪・四輪における貸倒費用が増加傾向にあり、審査の厳格化や債権回収など貸倒リスクの改善が課題になっています。

イオンクレジットサービスの業績推移

単位：億円、%

		2013年度	2014年度	2015年度	2016年度	2017年度
営業収益		1,355	1,361	1,454	1,570	1,557
	増減率	4.2	0.4	6.8	7.9	▲11.4
経常利益		182	144	160	170	182
	増減率	▲6.6	▲20.8	11.1	6.2	▲54.8
当期純利益		108	83	96	115	125
	増減率	▲1.8	▲23.1	15.6	19.7	8.6
取扱高（単体）		42,488	46,346	50,981	45,157	—
	増減率	26.3	9.4	10.0	▲11.4	—

出所：有価証券報告書及び決算補足資料などをもとに作成

11 SMFGのノンバンク再編はあるか(セディナ)

二〇一一年に三井住友フィナンシャルグループ(SMFG)の一〇〇%子会社になったセディナ。今後、グループ内でのノンバンク再編に注目が集まります。

セディナは二〇〇七年に信販大手・セントラルファイナンスとクオーク、流通系カードのオー・エムーシーカード(OMC)の三社がSMFGの主導する業務提携のもと、〇九年四月に合併して誕生しました。

そしてSMFGは、一〇年に中間持株会社*「SMFGカード&クレジット」(SGCC)を設立し、三井住友カードと共にSGCCの傘下に入る経営形態を作りました。メガバンクのもとではノンバンク戦略の優先度合いが低くなるとセディナ側が判断し、SMFGもこれに応じたからだといわれています。

しかし、過払い金請求が重くのしかかり、利息返還損失引当金を積み増しするなど業績が悪化。SMFGの業績にも影響を及ぼしかねないことから、一一年五月にSMFGの一〇〇%子会社になりました。

SMCCとの事業再編へ

セディナは下げ止まらない過払い金請求に対する財務上の手当てが遅れ、合併後わずか二年足らずでメガバンクによる直接支配を受けることになりました。経営における「過払い」の影響度を甘く見通していたといわざるを得ません。

同社はクレジットカード、信販、集金代行などのソリューションの三事業を核に事業展開していますが、セディナという社名は誕生から九年が経過した現在でも、旧三社の社名よりも知名度が低いといわざるを得ません。カードも三社のネーミングの方が先行していて、「セディナカード」はなかなか浸透していません。

用語解説

*中間持株会社　親会社である持株会社の傘下で同じ業種に属する複数の子会社を一元管理する会社。金融持株会社SMFG傘下の中間持株会社SGCCは三井住友カード、セディナのノンバンク2社を抱える。

　SMFGは一一年にセディナを完全子会社にした後、一四年に三井住友カードとの基幹システムの統合を完了させました。同年、セディナの集金代行業務をグループ内のファクタリング会社に移管してグループ内におけるノンバンク事業の再編を本格化させました。

　一六年にはメガバンク誕生以来、処遇が懸案だったJCBブランドの「さくらカード」をセディナと合併させました。SMFGとしては「本家」の三井住友カードはVISAブランドの維持とスマホ決済などの新たな決済事業に傾注させ、セディナは国内におけるカード事業に専念させる役割分担の明確化を目指していると思われます。

　グループ内には消費者金融業界第二位の大手「プロミス」のSMBCコンシューマーファイナンスもあり、セディナの消費者ローン部門との統合も考えられます。

　クレジットカード会社が二社、信販がセントラルファイナンスとウオークの二社、消費者金融が一社と五つの企業が三つの事業を展開するのがSMFGのノンバンク事業。この非効率を改善するための再編がSMFGの大きな課題になっています。

セディナの業績推移

単位：億円、%

		2013年度	2014年度	2015年度	2016年度	2017年度
営業収益		1,600	1,499	1,499	1,521	1,496
	増減率	▲2.4	▲6.3	0	1.4	▲1.6
経常利益		113	11	5	71	22
	増減率	▲17.5	▲90.2	▲54.5	1,320	▲69.0
当期純利益		164	244	3	142	▲59
	増減率	25.1	48.8	▲98.8	4633.3	—
取扱高（単体）		70,292	36,039	37,110	37,472	37,985
	増減率	4.0	▲48.7	2.9	0.9	1.3

注：2014年４月に集金代行事業を事業譲渡
出所：同社WEB決算公告およびWebサイトなどをもとに作成

12 リボ専用カードで稼ぐ（ポケットカード）

ポケットカードはコンビニ系カードのファミマクレジット、ポイント事業大手のTポイントと提携して、稼働会員を増やしています。

ポケットカードの前身は、八二年に関西系のスーパー大手ニチイ（のちのマイカル）が設立したマイカルカード。〇一年に経営破たんし、同業のイオンが再建支援してイオングループの子会社になりました。その後、消費者金融大手の三洋信販*がマイカルカードを買収。三洋信販が愛称として使っていた「ポケットバンク」にちなんで社名を「ポケットカード」に改めました。

しかし、破たんしたマイカルがイオンの支援を受けたことから、イオン系のイオンクレジットサービスとの間で軋轢が生じ、〇五年にイオンとの業務提携を解消しました。そして一一年に伊藤忠商事、三井住友銀行、ファミリーマートの三社が株主になって資本基盤が安定。翌一二年にコンビニ大手ファミリーマート傘下のファミマクレジットと合併し、新生ポケットカードがスタートしました。

主力の「ファミマTカード」、コンビニで伸長

同社の主力カードは、リボルビング専用カードの「ファミマTカード」です。ショッピング取扱高（一七年二月期）は四四九六億円、このうち三八％にあたる一七一〇億円がファミマTカード。ショッピングリボ残高では、一三五七億円の六二％に相当する八四三億円をファミマTカードが稼いでいます。

ショッピングリボに注力するのは、同カードがコンビニやポイント提携店での利用が多く、ショッピングでの利用度が高いからです。〇六年に施行された貸金業法でキャッシングは総量規制を受けて伸び悩み、ノンバン

用語解説

＊三洋信販　1959年創業の消費者金融。九州（本社・福岡）を営業エリアに業容を伸ばし、業界大手の一角に食い込むが、2006年に全店業務停止命令を受け、翌年プロミスと経営統合。10年にプロミスと合併して解散した。

ク各社は金利収益が激減しました。キャッシングに代わる金利収入をショッピングリボで稼ぐ狙いなのです。

一六年にファミマが業界四位のサークルKサンクスと合併し、ファミマの国内店舗数は業界トップ・セブン―イレブンの二万店に肉薄しています。ファミマTカードは、利用者からリボルビングの金利収入を得られるだけでなく、加盟店であるコンビニから加盟店手数料が入ってきます。ファミマが店舗を増やせば増やすほど、ポケットカードの収益も増加していくことになります。

ファミマTカードは、コンビニだけでなく、CD・DVDレンタルショップ「TSUTAYA」を展開し、ポイント付与できるショップ数が全国で七七万店にも上るTポイント提携店舗でのカード決済にも使える高い利便性があります。

一七年九月、伊藤忠商事とファミリーマートは三井住友銀行が保有するポケットカードの株式を買い取りました。これにより、ポケットカードは上場廃止になりました。

ポケットカードの業績推移

単位：億円、%

		2013年度	2014年度	2015年度	2016年度	2017年度
営業収益		341	355	356	376	386
	増減率	8.2	4.1	0.2	5.6	2.6
経常利益		47	43	37	40	53
	増減率	74.0	▲8.5	▲13.9	8.1	32.5
当期純利益		27	22	16	22	35
	増減率	3.8	▲18.5	▲27.2	37.5	59
取扱高（単体）		4,190	4,363	4,513	4,857	4,982
	増減率	26.6	4.1	3.4	7.6	2.5

出所：同社Webサイトなどをもとに作成

13 一〇〇〇万会員で業界大手に（楽天カード）

インターネットのショッピングモール大手・楽天のクレジットカード「楽天カード」は、会員数一〇〇〇万を超え、業界大手にのし上がっています。

ネット通販の雄・楽天*の子会社である楽天カードは二〇〇五年、当時クレジット業界準大手だった国内信販の「KCカード」を買収して事業を本格化しました。

一〇年後の二〇一五年一一月、楽天は自社カードの会員が一〇〇〇万人を超えたと会員数を初めて公表しました。JCB、三井住友カード、三菱UFJニコスなどの列強ひしめく上位一〇社に滑り込み、堂々の業界九位といきなりのベストテン入りでした。カードは使わなければただのプラスチック。会員数ではなく稼働率といわれますが、ショッピングモールの楽天市場という有力な売り場を持つだけに、中身の濃い数字といえるでしょう。

現在ではカードショッピング取扱高は六兆円を超え、会員数一五〇〇万人とカード業界七位に位置しています。

会員数増加の背景には、ネットショッピングが国民生活の中で定着してきたことや、親会社が運営する楽天市場でのポイント還元制度の存在があります。

楽天が営業を開始した九〇年代後半は、利用料やアクセスなどインターネットの接続環境が悪く、またネットショッピングに対する信頼度が低かったため、既存の小売業者からの出店も少なく、ネットショッピングは人気が出ませんでした。楽天市場での決済も銀行振込などが多く、カード決済は他の決済手段に比べて利用が少なかったのです。

ところが、常時接続の時代に入り通信環境が改善されたことなどから、ネット通販が社会インフラの一部になって利用者が急増。楽天カードも次第に会員数を拡大していきました。

用語解説

*楽天　1997年創業。わが国で初めての本格的インターネットショッピングモールを作り上げた。グループ取扱高は2017年時点で約13兆円。楽天ID保有者は9500万人。

稼ぎ頭の金融事業でも優等生のカード

楽天の売上高（二〇一七年度）は九四四五億円（前年比二〇・八％増）、営業利益は一六七〇億円（三九・六％増）です。このうち金融部門の売上高は三三三一億円（一一・五％増）、営業利益は七二八億円（一一％増）。金融事業は売上高の三五％、営業利益の四三％を占める大黒柱に成長しています。

中でも、カード部門は売上高一六〇八億円・営業利益三二一億円と金融事業の中でも抜きん出た実績を維持している稼ぎ頭です。楽天は、楽天銀行、楽天証券、楽天生命と金融の主要業態をすべて抱えていますが、同社の主戦場である楽天市場でのショッピングは利益の源泉であり、それを支えるカードの存在は揺るぎません。楽天市場における楽天カードの決済比率は一六年一二月末時点五六％と、高い利用率を継続しています。

しかし、アマゾンなどネット通販大手が台頭して競争は激化。楽天カードの魅力をより高める商品性の改善が求められます。

楽天カードの業績推移

単位：億円、％

		2013年度	2014年度	2015年度	2016年度	2017年度
営業収益		1,114	1,336	1,706	2,015	2,345
	増減率	30.1	19.9	27.7	18.1	16.4
経常利益		134	109	164	225	238
	増減率	1.5	▲18.7	50.5	37.2	5.8
当期純利益		81	65	103	142	166
	増減率	▲19.8	▲19.8	58.5	37.9	16.9
取扱高		27,978	37,562	44,556	53,141	64,172
	増減率	40.8	34.3	18.6	19.3	20.8

出所：同社決算公告などをもとに作成

14 クレジットカードを凌ぐ電子マネー

小額決済手段として誕生した電子マネー。三億枚ともいわれるクレジットカードに迫る勢いで伸びています。

現在電子マネーは、交通機関の乗車券や定期券、コンビニエンスストアなどでの比較的小額な買い物の決済ツールとして使われています。日本ではソニーが、一九八八年に開発を始めた非接触型ICカードの通信技術「FeliCa」が、九四年に香港の地下鉄で実用化されたのがはじまりです。

しかし、わが国ではなかなか普及せず、一部で実証実験が繰り返されるに留まりました。

流れが変わったのは二〇〇一年。鉄道最大手のJR東日本がこの方式を採用し、「Suica」として導入したことでした。先行していた「Edy」（現楽天Edy）は、「Suica」による電子マネー発売で勢いづき、駅ターミナルや周辺の施設で利用できる店を加盟店に引き入れ、チャージ機を設置して利便性を高めていきました。

こうした裾野の広がりを見たクレジットカード各社は、現金を先払いして使う前払いのプリペイド方式をカード特有の後払いに対する危機と判断。カード決済による後払い方式（ポストペイ）の電子マネーの発行を急ぎました。

日本銀行が公表した「決済動向（一七年一月）」によれば、主要八社における一六年の電子マネー（前払い式）の決済額は初めて五兆円を超え、決済件数は五〇億件を突破しました。

楽天Edy、1億枚突破 スイカ・ワオンが急追

楽天Edyは一六年一一月に電子マネーとしては初めて一億枚を突破しました。〇七年にわが国初の電子マ

用語解説

＊**ビットワレット**　2001年にソニー、NTTドコモ、トヨタ自動車など11社が出資して設立された電子マネーの運営会社。その後、再三の増資で株主が60社以上に増えるなど経営は不安定だった。

ネー運営会社「**ビットワレット***」をソニーなどから買収し、一〇年に楽天の子会社にしました。

楽天ポイントとの相互交換や地方スーパーへの導入に注力した結果、ライバルを圧倒する発行枚数を積み上げることに成功しました。近年はスマホアプリを使い、銀行口座からチャージできる提携銀行を増やしています。

スーパーやコンビニなど全国各地に小売りの現場を持つ流通二強の電子マネーがこれを追っています。〇七年四月にイオン、セブン＆アイホールディングスの流通二大大手が同時に電子マネーを発行。イオンの「ＷＡＯＮ」は、クレジットカード大手のイオンカードを持ち、同カードに付けて利用者を拡大しています。セブン＆アイホールディングスの「ｎａｎａｃｏ」も五六〇〇万枚とワオンを猛追しています。

交通系の電子マネーは、利便性の点から主要な鉄道会社一〇社が導入しています。しかし主要な交通系の電子マネーは利用できる地域が限定されており、地方で交通事業を展開している会社の地域独自カード（三七種類）との相互利用を進めて電子マネーの空白地を解消していくことが必要です。

主要電子マネーの発行枚数（2017年度）

単位：万枚

種類			発行開始時期	発行枚数	主要発行会社
プリペイド	専業	楽天 Edy	2001年11月	10,480	楽天 Edy
	交通系	Suica	2001年11月	6,371	JR東日本
		PASMO	2007年3月	3,399	パスモ協議会
		ICOCA	2005年10月	1,567	JR西日本
		manaca	2011年2月	565	名古屋市交通局、名鉄
		nimoca	2008年5月	328	西鉄
		TOICA	2010年3月	242	JR東海
		SUGOCA	2009年3月	220	JR九州
		Kitaca	2009年3月	118	JR北海道
		はやかけん	2010年3月	99	福岡市交通局
	流通系	WAON	2007年4月	6,660	イオン、イオンフィナンシャルサービス
		nanaco	2007年4月	5,609	セブン&アイ HD
		uniko	2013年11月	194	ユニー GHD、UCS
ポストペイ	カード会社	iD	2005年12月	2,541	NTT ドコモ、三井住友カード
		QUICPay	2005年4月	587	JCB、トヨタファイナンス
	交通系	PiTaPa	2004年8月	310	スルッとKANSAI協議会

15 スマホがカードに取って代わる!?

携帯電話で一〇〇%近いシェアに達し、世界を席巻しているスマートフォン。この万能端末がいま、クレジット決済の現場に革命を起こそうとしています。

ある調査会社の調べによれば、二〇一七年における携帯電話の国内出荷台数は三四〇九万台。このうちスマートフォンは三三四三万台と九八%を占め、携帯電話(端末)イコール「スマホ」の時代になっています。

携帯端末がクレジットカードのような決済アイテムになったのは、〇五年にNTTドコモが開発し三井住友カードが「iD」というクレジット機能を搭載して販売した「おサイフケータイ」が始まりです。ITの進歩は目覚しく、現代人の情報検索は、モバイルパソコンからタッチ式のタブレット端末に移行。スマホは個人が多様なコンテンツを楽しむエンターテイメントツールから、日々の生活シーンに役立つ貴重なインフラに格上げされてきたといってよいでしょう。

スマホの驚異的な普及と、決済端末としての研究開発が同時進行し、いまやスマホは保有する個人の決済手段としてだけでなく、安価な初期費用で小規模のショップにおいてオーソリ(信用照会)端末の機能を十分に発揮するようになりました。

これに、電子マネーの登場と同様、クレジットカード会社は決済の仲介や加盟店ネットワークを提供することで、新時代の決済インフラが独走することを阻止し、共存していく道を模索しています。

安価な手数料も、課題は加盟店管理

スマホ決済に参入したのは、米国ペイパル社が最初です。その後三年が経過して主要三社が後発組として凌ぎを削っていますが、加盟店にとっては対応端末を購入すれば初期費用、月額費用とも無料で、導入までの期間

ワンポイントコラム

【その他のスマホ決済会社】 ペイゲート、エニウェア、ペイメント・マスター、セラシーのほか、いわゆるインターネット関連のベンチャー企業も、自社がこれまで運営してきたポータルショップを有効利用するため、この分野に進出しています。楽天スマートペイの“二匹目のドジョウ”狙いといえるでしょうが、クレジットカードとの連携なしには加盟店確保は難しいと思われます。

が遅くても五日程度なのが好評の理由です。最も恩恵を受けるのは、ショップでの売り上げが最短で翌日に入金されることでしょう。

規模の小さいショップは資金繰りも厳しく、クレジット会社から立替払いの入金期間を短期間にしてもらう契約をすれば、加盟店手数料は割高になります。

スマホ決済は手数料が三%台と、従来のクレジットカード会社の手数料(五%～七%)と比べて半分近い設定になっているのも、普及の原因です。決済はクレジットカードを、端末に装てんする小型のカードリーダに読み込ませます。ふだんはスマホとして利用する端末がPOSレジ、オーソリ端末になるのです。

しかし、こうしたスマホ決済は各社で微妙に異なり、カードリーダも違います。ペイパルヒアはICカード対応を断念したことから一六年一月にサービスの提供を中止。事業から撤退しました。生活インフラになっているスマホですが、カードに代わる決済ツールとして定着するにはしばらく時間がかかりそうです。

スマートフォン決済サービス比較

	スクエア	ペイパル ヒア	コイニー	楽天スマートペイ
提供元	スクエア	ソフトバンク	コイニー	楽天
サービス開始時期	2010年	2012年	2013年	2013年
提携契約先	三井住友カード	―	クレディセゾン	楽天カード
利用可能カード	Visa・マスター	Visa・マスター・アメックス	Visa・マスター・セゾン	Visa・マスター・楽天カード
手数料	3.25%	3.24%		3.24%

2016年1月に撤退!

16 偽サイト相次ぐフィッシング攻撃

カード会社を装ってカード情報などを騙し取ろうとするフィッシングメールが増えています。手口が巧妙化しており、警戒が必要です。

フィッシング(Phishing)とは、クレジットカード会社などと偽ってメールを送信し、「必ずお読みください」「重要なお知らせ」などと巧みに案内して、偽のWEBサイトに誘導し、クレジットカード番号や暗証番号・住所・氏名などの個人情報をだまし取る行為のことです。

誘導先になっている偽のWEBサイトは本物と同じデザインになっている場合が多く、見た目では判断は難しくなっています。

クレジットカード利用者の多くは、カードの盗難やカード番号の漏えいに対する警戒感を持っています。偽サイトによるフィッシングは、利用者のこうした心理を突き、「第三者による不正アクセスがあったので登録IDを変更しました。ログインして再登録をお願いします」と促します。

各社の対応策にも問題点あり

大手クレジットカード各社では、フィッシングメールに対する注意喚起をしていますが、この本物のWEBサイトに偽サイトを引用しているものがあり、利用者を混乱させている可能性があります。利用者に偽サイトの存在を呼びかけて騙されないよう注意しているはずが、偽サイトを閲覧させているようにも映るからです。

また、カード各社から送られてくる正規のメールのアドレスやURLを間違えないよう確認したり、暗号証明書のドメインを確認したりすることを勧めていますが、IT知識のある人でなければ、こうしたチェックは容易ではありません。クレジットカード業界全体の課題として、抜本的な対策が求められます。

ワンポイントコラム

【ログイン連携】 ヤフーや楽天、アマゾンにはIDを持った多数の会員がいて、すでに個人情報を登録しています。こうした大手ポータルサイトでのIDを共通化し連携すれば、利用者は登録の無駄が省け、IDやパスワードを増やさないで、多くのサイトが利用できるメリットがあります。

フィッシングメールに対する注意喚起は紛らわしい？

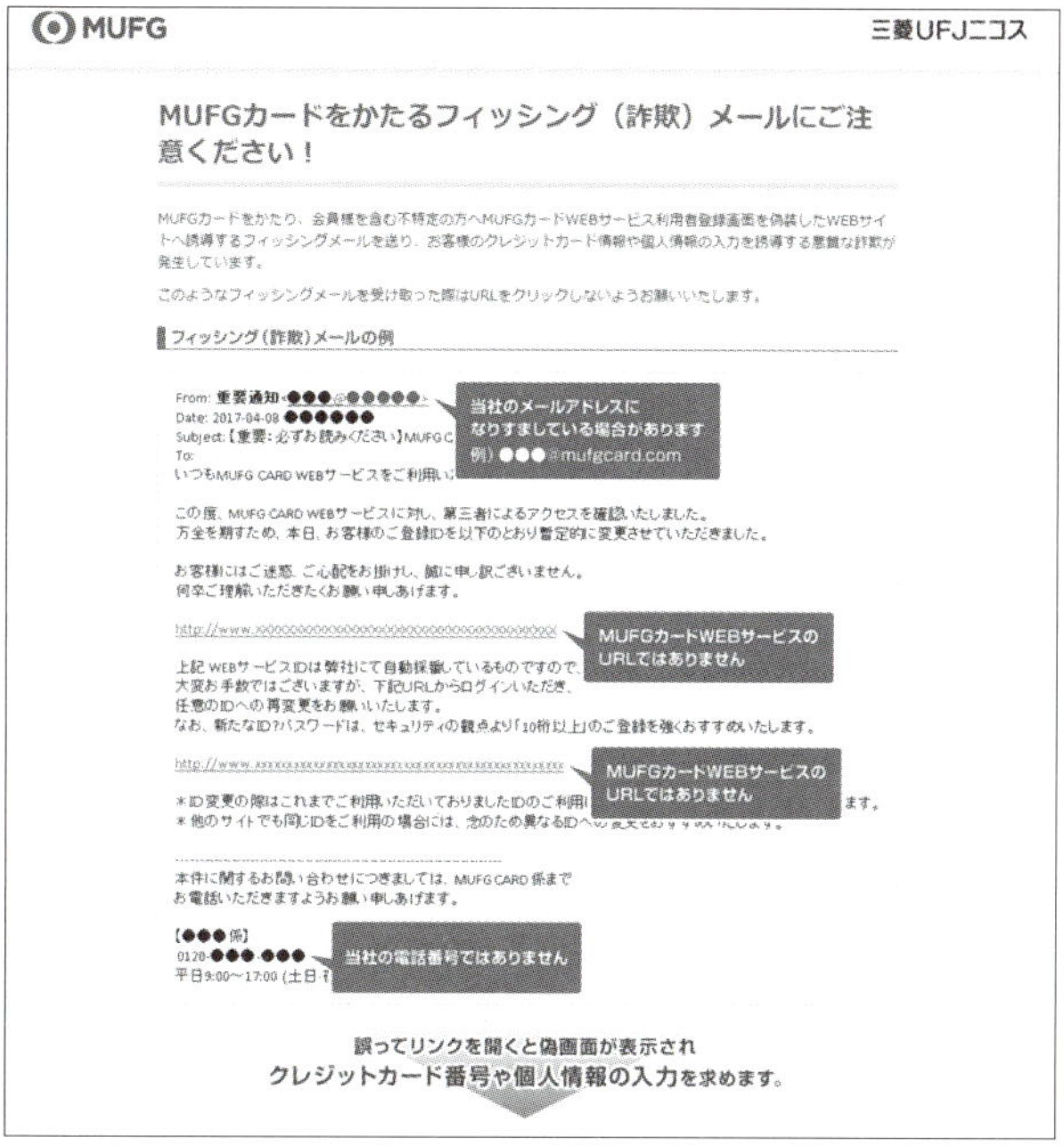

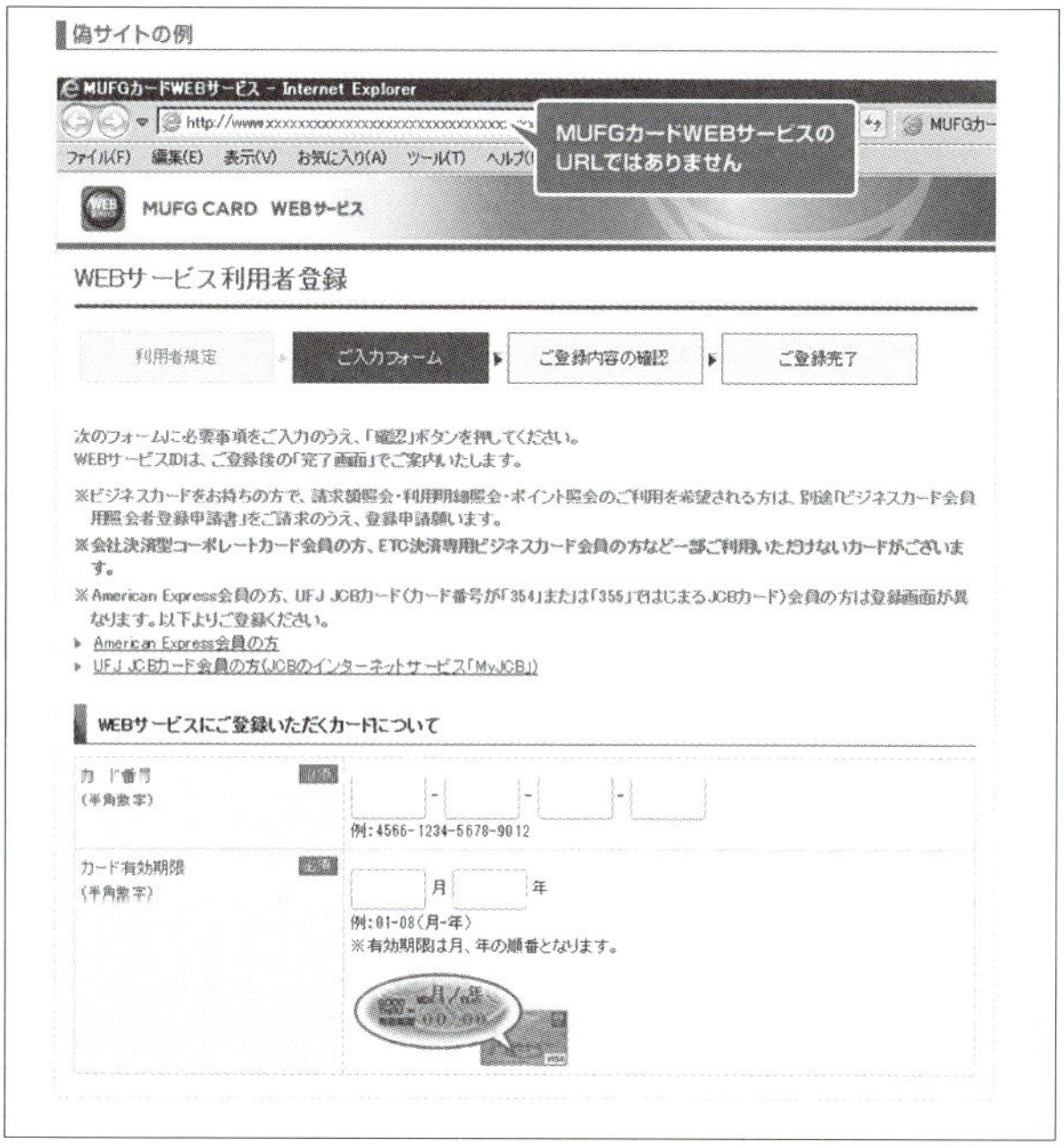

出典：三菱UFJニコスのWebサイト
http://www.cr.mufg.jp/member/notice/fishing/index.html

17

デビットカード、復権

我が国でデビットカードが誕生して一八年。これまで普及が進みませんでしたが、近年、増加傾向にあるようです。

デビットカードは、買い物代金を店のレジで自分のキャッシュカードを使って即時に銀行口座から引き落とす仕組みです。日本では二〇〇〇年にデビットカード推進協議会が「J-Debit」サービスを開始。家電量販店などにキャッシュカードの暗証番号を入力する端末を置いて支払いを済ませる、クレジットカードとは違う新時代のキャッシュレス決済として話題を集めました。

銀行はデビット加盟店からショッピングなどにかかる手数料が見込め、またデビットサービスは現金を使わないため、ATM（現金自動預け払い機）における現金装てんや維持管理コストを削減できるなど、金融機関にとって導入メリットがありました。

しかし、利用者の使い勝手から見れば、二四時間利用できるわけではなく、レジでキャッシュカードの暗証番号を読み取られる（スキミング）怖さがありました。また一部の量販店を除けば、クレジットカードのようにポイントが付く恩典がないので、サービスが始まってわずか数年で尻すぼみになっていきました。大手銀行では東京三菱銀行（当時）が唯一、デビットカードサービスを実施せず、金融界の足並みが揃わなかったことも、普及の足かせになりました。

電子決済ブームで再登場

その後、〇六年にスルガ銀行がデビットカードを発行して導入銀行が増え始め、一三年にはデビット消極派だった三菱東京UFJ銀行（現・三菱UFJ銀行）がサービスを開始。一八年四月現在では約五〇行が導入しています。

これらの銀行が発行しているデビットカードは、**ブランドデビット**と呼ばれています。VISAやマスター、JCBなど国際カードブランドと提携しているので、世界中の加盟店で利用できます。

銀行によってデビットカードはキャッシュカードと一体になっているか、そうでないかの違いがあります。

一時は尻すぼみに終るかに見えたデビットカードが、なぜいま復活してきたのでしょうか。それはインターネットによるショッピングが隆盛を迎え、日常生活では交通系電子マネーが飛躍的に普及して、電子決済が広範に認知されるようになったからといえます。

電子マネーは年間五兆円市場に成長しました。クレジットカードは五〇兆円を超えてキャッシレス決済の王座に君臨していますが、利用者は様々な生活シーンに応じて、複数の決済手段を使い分けるようになっているのです。「今後、デビットカードと電子マネーの決済件数・取扱高は、クレジットカードを上回る」(カード関係者)との指摘もあります。

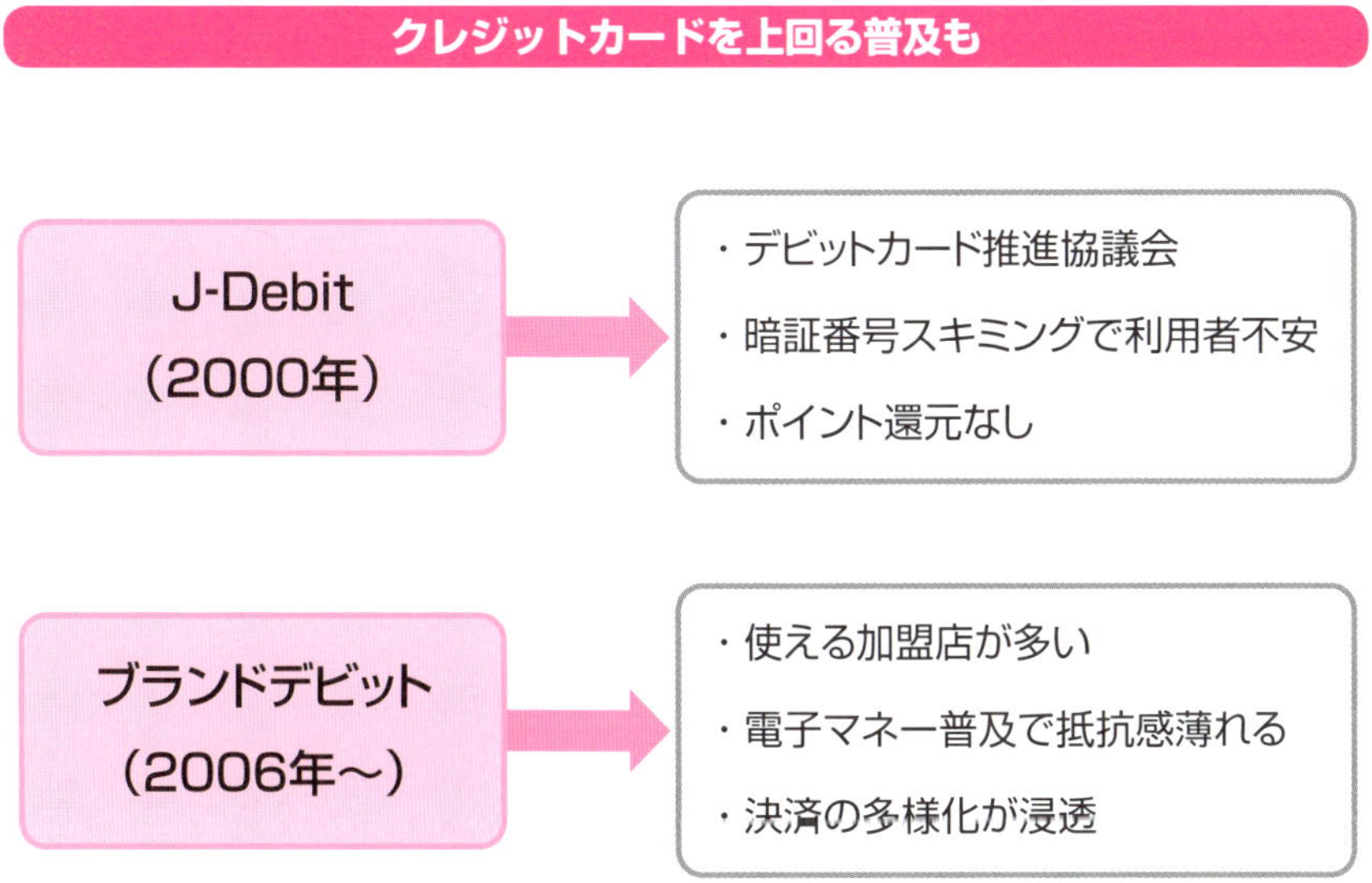
クレジットカードを上回る普及も
J-Debit
(2000年)
・デビットカード推進協議会
・暗証番号スキミングで利用者不安
・ポイント還元なし
ブランドデビット
(2006年～)
・使える加盟店が多い
・電子マネー普及で抵抗感薄れる
・決済の多様化が浸透

18 悩ましいシステム統合

メガバンクグループの傘下にある大手ノンバンクで、基幹システム*統合が計画どおりに進んでいません。何が原因になっているのでしょうか。

クレジットカード、信販、消費者金融のノンバンク各業態の大手は、そのほとんどがメガバンクグループの傘下にあるか、メインバンクとして強い影響力を受けています。メガバンクでは、得意分野ではないリテール業務の先兵として事業をけん引してもらい、個人金融ビジネスでの収益を上げるよう支援しています。

三菱UFJフィナンシャル・グループ(MUFG)には、三菱UFJニコス、ジャックス、アコムがあり、ジェーシービー(JCB)が旧三和銀行との関係からMUFGに近いカード会社と見られています。三井住友FGは、三井住友カード、セディナ、SMBCコンシューマーファイナンス(旧プロミス)を有し、みずほFGはオリエントコーポレーション、クレディセゾン、UCカード、イオンクレジットサービスと太いパイプを持っています。

個人相手のノンバンクビジネスは薄利多売。量をこなす必要があり、業務システムを構築して効率化を追求しなくてはなりません。そのためには業務分担を明確にし、カードブランドを統一することが不可欠です。

例えばMUFGは、三菱UFJニコスの信販業務を同じ信販会社のジャックスに移管し、業務の効率化を図りました。しかしニコスにはニコスカードのほかMUFGカード、DCカードがあり、それぞれのカードで異なる業務システムが稼働しています。このほど、ようやく二〇二一年三月までにシステム統合するプロジェクトが動き出しました(3-7節参照)。

三井住友カードとセディナのシステム共同化は、〇九年発表の時点では一四年稼働の予定ですが、いまだ実現していません。

用語解説

*基幹システム　業務の根幹となる大本のコンピュータシステムのこと。金融機関では「**勘定系システム**」と呼ばれ、利用者の口座や預金、融資の全体量などの総合的な情報がデータ保管されている。

顧客離れと巨額予算、業務効率低下のジレンマ

従来は、複数のノンバンクを抱えているならば同じ業務のシステムを共同利用することは当然で、貸金業法などでビジネス環境が厳しいノンバンクにとって、システム統合による効果は大きいと見られていました。

しかし、同じメガバンクグループの中にいるといっても、ノンバンク各社がこれまで再三にわたって合併を繰り返してきただけに、クレジットカードの統一もできないうちにシステムを統合することは現場の混乱を招き、利用者の利便性を低下させて顧客離れが起きる、との懸念が出るようになりました。

銀行の合併と同様、ノンバンクの再編統合は利用者の意向ではありません。システム統合をすることで顧客離れが起きるのは最も避けたいところで、巨額の経費がかかるため決断が鈍りますが、先送りにすれば、そのぶん業務効率が低下するジレンマがあり、悩ましいところです。

無理なシステム統合は顧客離れを招く？

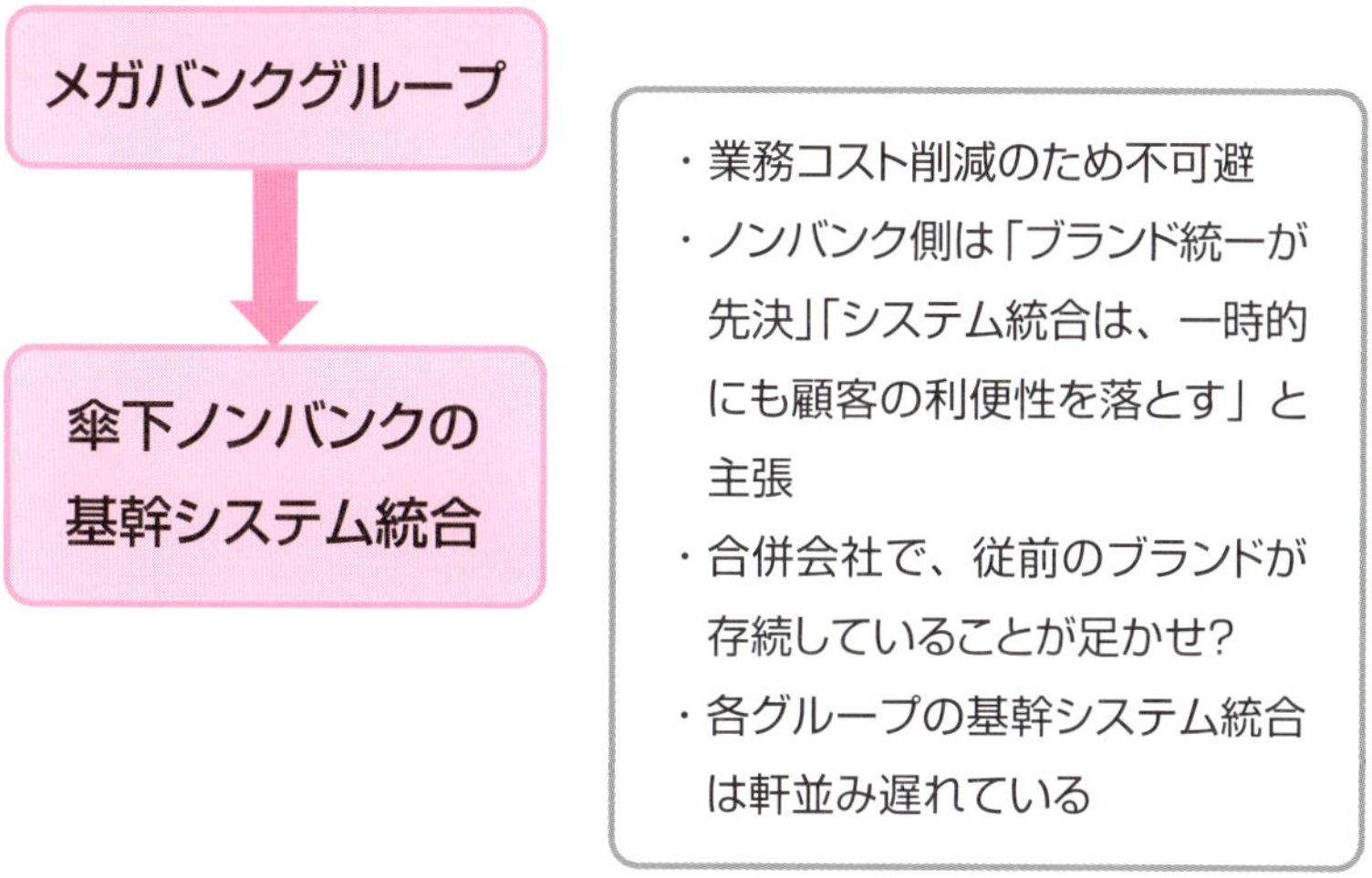
メガバンクグループ
傘下ノンバンクの
基幹システム統合
・業務コスト削減のため不可避
・ノンバンク側は「ブランド統一が先決」「システム統合は、一時的にも顧客の利便性を落とす」と主張
・合併会社で、従前のブランドが存続していることが足かせ?
・各グループの基幹システム統合は軒並み遅れている

column

小手先の会員サービス

ゴールドカードの年会費が従来に比べて大幅に安くなっています。いわゆるVIPカードは、年間を通じて多額のショッピングをする人が保有すれば、年会費に見合ったサービスを享受することができるステイタスカードです。

もともと通常カードが、他社のクレジットカードと比べて審査が厳しく年会費も高かったアメックスやダイナースのカードは、それ自体がゴールドカードの価値を持っていました。こうしたカードを持つということが、カードホルダーのプライドをくすぐるわけです。

ところが、カード会員の獲得競争が行き着くところまで行き、ついには年会費無料という禁じ手が出てきて、利用者の大半がそちらにどっと流れ込みました。この動きは誰も止められず、クレジット会社は年会費収入を諦めざるを得なくなりました。

ところが貸金業法の施行でキャッシング収入が激減したため、各社とも戦略の見直しに着手。年会費、加盟店手数料、金利の3大収入源を追い求める、原点回帰に立ち返りました。

年会費を再度徴収するため、ゴールドカードを安くして、付帯サービスをいろいろと付けました。空港ラウンジの無料開放がその典型でしょう。

しかし、こんなサービスが利用者の心を捉えるのでしょうか？

海外旅行に出かける人は年々増加しています。その人たちが、「空港で、自分だけの休憩室が使えたら、どんなに素晴らしいだろう！」と考えるでしょうか。

年に2回、海外旅行に出かけるとしましょう。空港でVIPルームを使うために、年会費無料から年間2000円を負担するカードに代えるのは、お得でしょうか。

自社のカード会員にアンケートを取り、その結果、要望の多かったのがこのサービスだったならば理解できますが、その種の調査を実施したと耳にしたことはありません。思い込み、小手先のサービスは、差別化の決め手にはならないのではないでしょうか。負担の少ないカードが最も喜ばれる気がします。

第4章

信販業界の現状と問題点

「分割払い」ができるクレジットカードとして庶民に欠かせないのが信販会社のカード。提携カードにも強いのが特色です。メガバンクの金融支援後、再編・統合や売却など、激動の時代を経て、生き残りに懸命な業界の現状を追いました。

1 信販大手ランキング（二〇一七年度決算）

信販大手四社の二〇一七年度決算は、営業収益ベースで全社が前年度増を記録しました。業界では、家賃決済など新たなビジネスも出てきています。

大手信販四社の一七年度業績は、売上高にあたる営業収益は四社とも前年度に比べて増加しました。伸び率は二社がふた桁増、最大手のオリエントコーポレーションは五％に留まりました。

信販会社の主力業務である**ショッピングクレジット（個品割賦）**は、注力してきた太陽光発電に関連したリフォームローンが低調。自動車・二輪などのオートローンも若い世代のクルマ離れが響いて、それまでの勢いがみられません。

個品割賦は、増改築や自動車購入など一括払いでは支払が厳しく、金額的に値の張る商品の購入に利用されます。住居や自動車の所有に関する考え方が変化している現在の風潮が、個品割賦業務に影響を与えているのかもしれません。

それに対しカード事業は伸びています。カードショッピングは、自社カードの会員増強のためのポイント増量などキャンペーンや量販店などとの提携カードが奏功し、収益に貢献しています。

各社、銀行ローン保証に注力

貸金業法の完全施行で利息制限法が適用され、貸付金利が下がったことにより、それまで収益のかなりの部分を占めていたキャッシング収益は減少し、全体の利益を押し下げました。過払い金請求に備えた利息返還損失引当金も、まだまだ準備する必要があります。

信販業界が近年力を入れているのは、金融機関のローン保証とカードショッピングでのリボルビングです。銀行ローン保証は、優良顧客が多いことから延滞や返済不

ワンポイントコラム

【信用保証残高】 銀行は、個人ローン分野で回収不能のリスクを回避するため、手数料を支払って他の保証会社に代行させます。つまり、信用保証残高は保証会社から見た保証対象の融資残高で、最近は消費者金融が銀行の保証業務受託を伸ばし、信販、クレジットカードが追走しています。

能時の弁済のリスクが低いため、保証料は低く薄利多売のサービスですが、提携金融機関の数を増やせば信用保証残高は積み上がり、規模メリットが得られます。

貸金業法の制定によるキャッシングでの金利収益の低下を補う観点から、従来にもましてリ**ボルビング**に重点を置いています。リボは、分割払いを「存在意義」としている信販業界にとって、高額商品を除いては年々減少している個品割賦に取って代わるべきサービスだけに、カード事業の収益増には欠かせないものといえます。

信販業界は、新たな事業領域を目指す必要があります。これまで個品割賦とクレジットカードを事業の両輪としてきましたが、消費者の所有概念が希薄になるなど生活形態が変化している現在、ビジネスモデルの転換が求められます。

例えば業界では、家賃決済保証などの事業が伸びています。消費に直結するビジネスから、消費の「周辺」にあるビジネスへの模索が始まっているようです。

信販大手４社　2017年３月期　決算概況（連結）

単位：億円、％

		オリエントコーポレーション	ジャックス	アプラスフィナンシャル	ライフカード
営業収益		2,243	1,340	743	429
	増減率	5.0	12.0	3.4	48.8
営業利益		300	126	60	41
	増減率	▲10.2	7.5	▲14.6	42.0
経常利益		300	127	61	42
	増減率	▲10.2	7.8	▲20.0	31.6
当期純利益		280	78	71	27
	増減率	▲2.3	▲9.9	▲0.7	▲9.4
総取扱高*（単体）		44,941	40,839	25,435	6964
	増減率	4.4	9.3	5.0	2.2

注：カッコ内は前年同期比。ライフの決算は単体
出典：各社の決算資料

用語解説

*総取扱高　信販会社の各部門における契約残高のこと。包括信用購入あっせん、個別信用購入あっせん、信用保証、融資などがあり、銀行でいえば企業規模を端的に表す預金（融資）残高に当たる。しかし「割賦」販売は一定の期間内では未収のまま利益に計上する場合もあるので、預金残高と同じ見方はできない。

2

信販会社の「むかし」と「いま」

戦後から経済成長期にかけて個人消費を手助けしたのが「月賦」といわれる販売方式で、これが信販会社の設立に発展していきました。

戦後間もない時期、国民は等しく貧しい暮らしを余儀なくされてきました。しかし、経済成長期に入って、ミシンや電化製品が登場したころ、これを購入する手段としてメーカーが月賦販売を開始し、丸井などの月賦百貨店とは別に、代金を立て替える専業の**月賦**（割賦）会社が誕生しました。五一年、わが国初の割賦会社である日本信用販売（旧日本信販、現三菱ＵＦＪニコス）が設立されます。官公庁や一流企業の職場で、百貨店の顧客向けに**クーポン券**の発行をスタートさせました。

旧日本信販のこうした躍進ぶりに対し、チケット販売を行う地方商店街の専門店会で組織する日専連（日本専門店会連合会）やエヌシー日商連（日本商店連盟）は、旧通産省に信販会社と百貨店に対するクーポン規制を訴えました。これが信販会社の広域営業を規制する「昭和三四年通達」（割賦販売の自粛に関する通達＝異なる都道府県に所在する百貨店の店舗に共通して利用できるクーポンの発行禁止、一定金額以下での割賦販売の禁止）といわれるものです。専門店会に加盟する中小・小売り業者の保護は達成されましたが、日本信販は営業基盤の縮小・分割を余儀なくされました。

しかし六三年、日本信販は月賦販売の債権を商店から買い取り、それを回収し集金する仕組み「**ショッピングクレジット**」を開発しました。全国どこでも自由に分割払いができる画期的な商法で、割賦販売機能を自社で持たない中小の百貨店や専門店、メーカーが同社と次々に業務提携を結び、信販会社発展の大きな原動力となりました。信販業界の歴史は、旧日本信販の歴史といっても過言ではありません。

ワンポイントコラム

【日本信販の営業縮小・分割】 それまで広域展開していた日本信販は、「昭和34年通達」によって各地の大手百貨店で共通利用できるクーポンの発行を禁止されたため、会社を分散させて対応しました。これらの会社は、2008年に一部を除いて三菱UFJニコスに吸収されました。

割賦からカードへのウェートシフト

しかし、六八年から日本信販が全国展開したのを機に、大手他社も相次いで追随し、競争が激化していきました。信販会社は、加盟店で利用者が商品を購入した場合、速やかに購入代金を立て替えなければならないので、豊富な資金力が求められます。業容拡大のために都銀や信託、長信銀などの大手金融資本とのパイプを一段と強化し、バブル期には不動産担保金融、住宅ローンなどにも手を広げていきました。大手銀行は、自行では融資審査に通らない顧客を友好先の信販会社に紹介するなど、その絆は深いものがありました。

バブル崩壊後、そうした「**負の遺産**」は大手信販の経営に重くのしかかり、貸し手としてのメインバンクも連鎖的に不良債権の山を築くことになりました。現在は、メガバンクの再編で旧日本信販は〇七年四月に三菱UFJニコスとなって信販事業から撤退。信販の草分けはメガバンクの一〇〇％子会社になるなど、大きな様変わりを見せています。

信販の歴史

西暦	元号	出来事
1949	昭和 24	リッカーミシン、月賦販売を開始
1950	昭和 25	丸井百貨店、月賦販売を再開
1951	昭和 26	日本信用販売（旧日本信販、現三菱 UFJ ニコス）設立 松下電器、「ナショナル・ラジオ月販会社」設立
1952	昭和 27	広島職域指定店会（現ライフ）設立
1954	昭和 29	デパート信用販売（現ジャックス）を函館に設立 協同組合広島クーポン（現オリエントコーポレーション）設立
1956	昭和 31	大阪信用販売（現アプラス）設立
1959	昭和 34	旧通産省、信販の広域営業を規制（昭和 34 年通達）
1960	昭和 35	中部日本信用販売（現セントラルファイナンス）、名古屋で発足 丸井が「月賦」をクレジットと改称し、丸井のクレジットというキャッチフレーズを使用し始める。
1961	昭和 36	割賦販売法施行
1963	昭和 38	日本信販、ショッピングクレジットを開始
1968	昭和 43	日本信販、全国に営業展開開始。（大手他社も昭和 50 年代初頭に全国展開へ）
1984	昭和 59	割賦販売法改正。中小信販への保護を強調。銀行系クレジットカードに割賦機能の付与認めず。 日本信販、郵貯と業界初の提携カードを発行
1985	昭和 60	日本信販、ビザジャパンに加盟。翌年信販業界初のクレジットカードを発行。
1993	平成 5	旧通産省、銀行系クレジットカード会社に割賦機能の一つである「リボルビング」を認め、銀行 ATM を信販へ開放させる。
2001	平成 13	「総合割賦」方式が銀行系クレジットカード会社に対して認められる
2007	平成 19	三菱 UFJ ニコス誕生
2008	平成 20	割賦販売法・特定商取引法改正（2010 年完全施行）
2014	平成 26	経済産業省が反社問題でオリコに業務改善命令

出典：日本クレジット協会HP「クレジットの歩み」などをもとに作成

割賦販売法・特定商取引法改正を知る 3

二〇〇九年六月に割賦販売法および特定商取引法が改正されました。改正の趣旨は①規制の抜け穴の解消②訪問販売規制の強化③クレジット規制の強化―の三点。消費者保護に重点が置かれています。

割賦販売法はわが国が高度成長期にあった一九六一年に制定され、幾度となく改正されています。特定商取引法とセットで改正されるのは、ふとんや住宅リフォームなどの商品・サービスを提供する訪問販売会社などの加盟店が、高齢者に対して信販などクレジット会社の分割払いを勧めて不当販売する事例が増加したためです。

また特商法は、消費者に提供可能な商品・サービスが登場するたびに経済産業省が認可していたので、毎年のように販売対象が拡大していきました。今回から販売可能な商品はこれまでのように限定列挙しないで「すべての商品・サービス」と根底から変わりました。これによって訪問・通信販売などの加盟店が扱うモノすべてが割販法・特商法の網にかかることになり、規制の抜け穴は解消されました。

ショッピング利用枠で年収調査も

クレジット会社は加盟店の経営実態をこれまで以上に厳格に管理することが求められ、加盟店が不法行為をした場合は共同責任を取らされることになります。

一方、貸金業法と同様に利用者の家計に配慮し、支払い可能な範囲での**ショッピング利用枠**（**極度額**）を法律で定めました。利用者の年収調査も義務付けられました。

一六年に加盟店管理強化を主眼にした割賦販売法が改正されました。クレジットカードを取り扱う加盟店は、カード番号などの情報を適切に管理し、決済端末のＩＣ対応化などのセキュリティ対策を講じることが義務付けられました。一八年六月までに施行されます。

改正割賦販売法の段階的施行

第1次施行（2009年12月）

- 信販などクレジット業者を登録制とし、最低純資産額を5000万円に定める
- 立ち入り検査や改善命令など行政の監督・規制を強化
- 加盟店の管理強化（与信厳格化、定期的調査、調査書の保管義務など）
- 訪問販売などにおける指定商品役務制を廃止し、原則としてすべての商品・サービスを対象にする
- 指定信用情報機関制度の創設
- 自主規制団体の設立（➡日本クレジット協会）
- 「分割払い」の概念を「2カ月以上かつ3回払い以上」を「商品購入から支払まで2カ月を超える場合」に変更
- 訪問販売での過量販売の契約解除
- 訪問販売業者の不実告知など不適切販売においては、クレジット業者は立替払額を消費者に請求できない。
- 販売業者は、立替金を個別クレジット業者に返還しなければならない。
- 購入者及び個別クレジット業者に支払った既払い金については、返還請求できる。

完全施行（2010年12月）

- 分割払いにおけるショッピング極度枠（支払い可能見込み額）の設定➡下図参照
- 支払い可能見込み額（利用者の年収など）調査を義務付ける

注：第1次施行には特定商取引法改正の内容も含む

包括支払い見込み額と極度額の算出式

包括支払見込額

年収－生活維持費－年間請求予定額（他社分を含む）	×0.9≧	極度額

生活維持費（単位：万円）

	4人世帯	3人世帯	2人世帯	1人世帯
持ち家あり	200	169	136	90
持ち家なし	240	209	177	116

ワンポイントコラム

【悪質なリフォーム業者】 05年5月、埼玉県で認知症の高齢者ばかりを狙い、不必要でずさんな改築処理を行って支払契約を強要した悪質な訪問販売住宅リフォーム業者が摘発されました。このうち数件で信販会社と加盟店契約を結んでいる業者がいることがわかり、業界では加盟店管理の質的向上が議論されました。

4 割販法改正、加盟店管理会社の規制強化

二〇一八年に割賦販売法が改正されます。安心してクレジットカードが利用できるよう、加盟店に対する管理強化を狙いにしたものです。

クレジットカードは、カードを発行する会社(**イシュア**)と加盟店を見つけて契約を結ぶ会社(**アクワイアラ**)の共同作業によって成り立っています。

従来は、カード会社が加盟店獲得も行っていましたが、アクワイアラ業務を外部に委託するようになり、分業制が進んでいます。

加盟店管理会社(アクワイアラ)は、カード発行会社に代わって加盟店を管理していますが、近年加盟店におけるカードの不正使用が増加していることから、加盟店管理会社に対する行政が強化されたのです。

登録制導入、違反なら取り消しも

法改正では、アクワイアラに対して登録制度を導入し、アクワイアラとの間で決済代行を行う業者も登録が義務付けられました。

法改正ではアクワイアラによる加盟店の調査も義務付けています。加盟店契約を結ぶ際の初期審査から、契約締結後には情報漏えいなど不正使用の発生状況を調べる途上審査をしなければなりません。

一方、加盟店はクレジットカード情報を適切に管理し、IC対応など不正使用対策を行うよう義務付けました。加盟店におけるIC対応は、スーパーなど大手の小売業がPOS端末のシステム構築で巨額の経費負担が生じるために難色を示していたことから、進んでいませんでした。

経済産業省では、IC対応をしている大手小売業者を公表して、POSレジのIC化を促進させたい意向です。

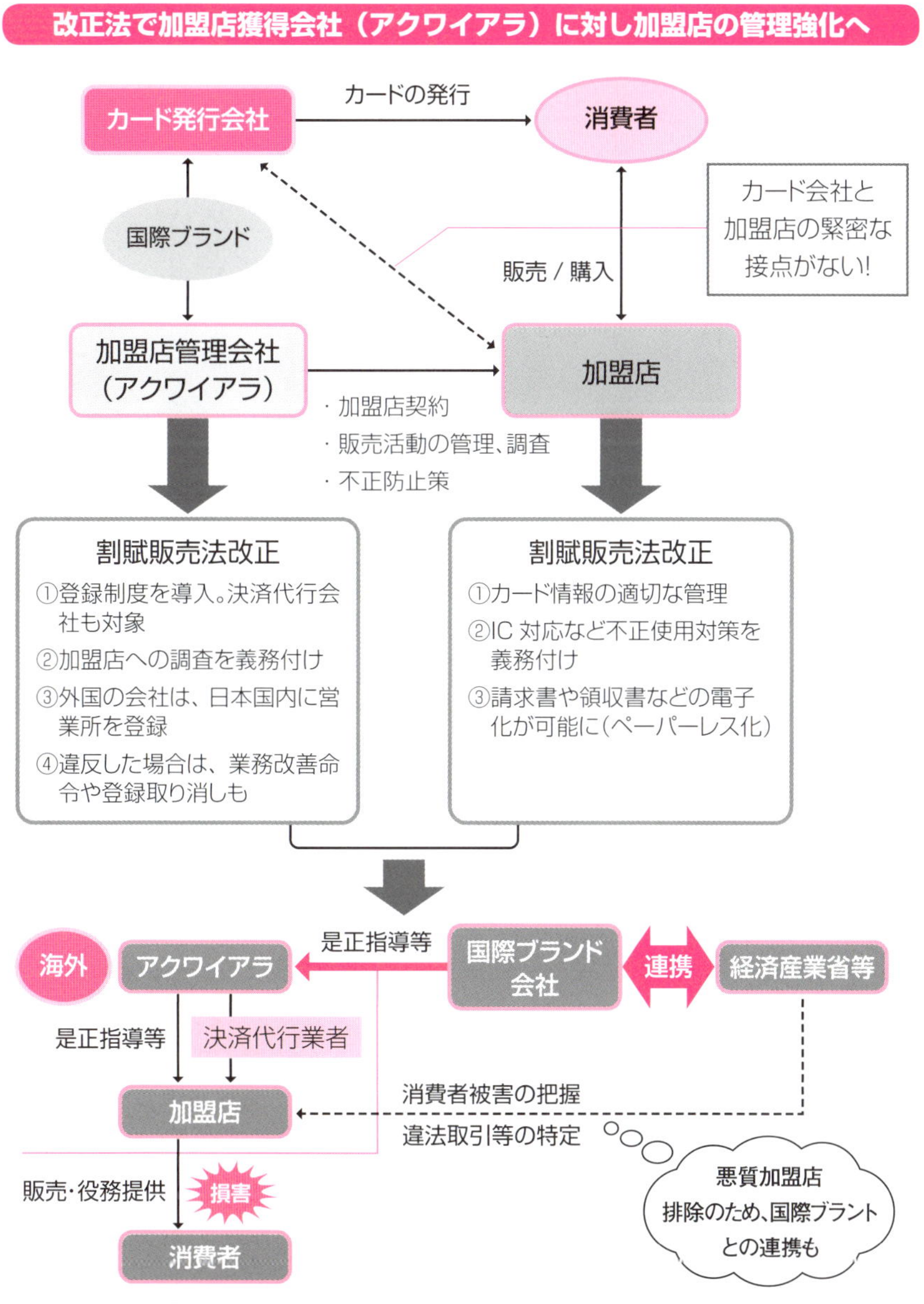

この部分の出典：「割賦販売法の一部を改正する法律について」（平成28年12月商務流通保安グループ商取引監督課）

5

量販店との提携カード化

信販のクレジットカードは、量販店を中心にした提携カードが多いのが特色です。信販は全国に支店がありますが、売り場を持たないため、消費者が集まる拠点との提携が不可欠です。

信販業界の場合、毎年新規に発行されるクレジットカードの多くは、提携カードです。提携先企業または団体が数多くの会員や利用者を抱えており、集客力のある提携先と専用のカードを作ることで、カード会員の拡大が期待でき、売り上げの増加が見込めるからです。

信販の場合、伝統的に**提携カード**が多いのには理由があります。それは、一般消費者と直に接する拠点がないためです。銀行系クレジットカードは、出資先の銀行があり、多くの銀行支店が会員募集を展開しています。流通系クレジットカードはスーパー、百貨店という「売り場」を拠点にしています。

しかし、信販会社は加盟店と利用者との間に存在する仲介業者であり、エンドユーザーの顔が見えません。このため、顧客獲得はいきおい提携先に頼らざるを得ない事情があるのです。

提携カードは、信販の取り扱い業務のうち「総合あっせん」(包括信用購入あっ旋)に該当します。ショッピングとキャッシングの両方が使える点で利便性が高い反面、高額商品をターゲットにしている「個品あっせん」(個別信用購入あっ旋)に比べて単価は低くなります。そのため、大量の商品をさばく量販店とのカード提携は取引規模のメリットをもたらします。

店内にカード申し込みの常設コーナーも

提携カードの中でも、パソコンや電化製品を扱う家電量販店との提携は、信販会社にとって大きな魅力です。二〇〇〇年に**大規模小売店舗立地法***が施行されて以降、各都市郊外に続々と家電量販店がオープン、売上高

用語解説

*大規模小売店舗立地法　総合スーパーなど大型店の出店を規制する法律で、地域商店街の保護などを定めた。通称「大店法」で1974年施行。大型店と地域商店の共存を目的とした大規模小売店舗立地法(大店立地法)が2000年に施行し、大店法は廃止された。背景には、玩具大手「トイザらス」の日本進出を主張する米国などからの圧力もあった。

一兆円を超す企業も誕生しています。売り場面積は老舗のデパートをしのぐほどで、破たんした百貨店を丸ごと買い取ったり、日本一の電気街・秋葉原に巨大な売り場を作って地区の集客力を高めたりしている家電量販店もあります。

信販は、家電量販店が登場したころから積極的にカード提携交渉を行い、家電量販店との単独提携に成功しました。関係が深まり、店内にカード申し込みの常設コーナーを与えられている信販もあります。こうした強みの背景には、両社の付き合いの長さもありますが、信販は**与信基準**を比較的低くして顧客を取り込むよう工夫し、量販店はポイント還元でリピーターを増やすなどの企業努力があるといわれています。

また、年会費無料で書面による申し込みも簡略化しているので、商品購入の際にレジ係が加入を進めやすいことも提携カードの増加に一役買っているといえます。

ただし、カード提携の恩恵を受けている見返りとして、量販店側から商品の長期保証など利用者サービスを引き受けるケースもあるようです。

信販は昔から量販店との関係が深い

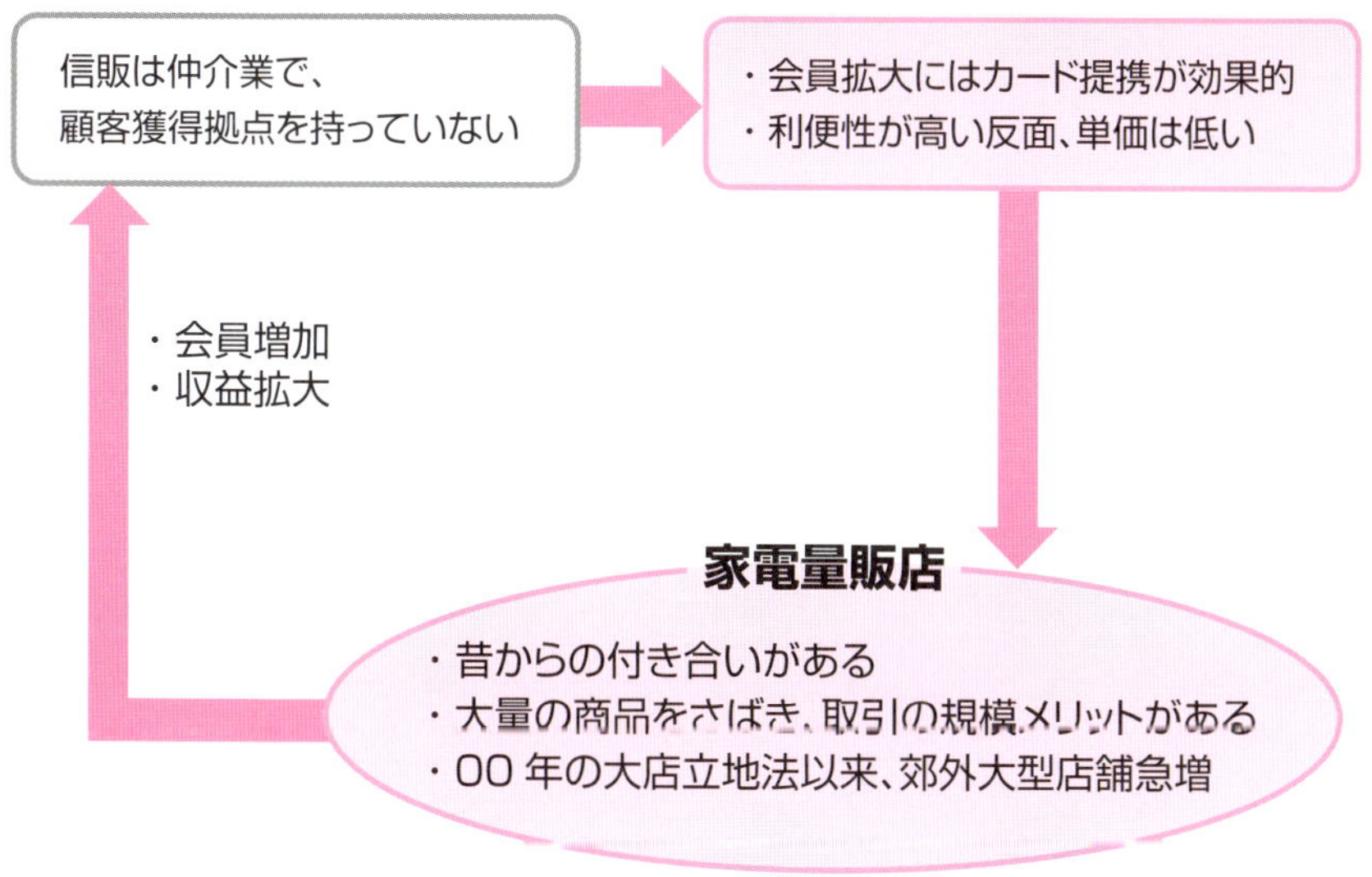
信販は仲介業で、
顧客獲得拠点を持っていない
・会員拡大にはカード提携が効果的
・利便性が高い反面、単価は低い
・会員増加
・収益拡大
家電量販店
・昔からの付き合いがある
・大量の商品をさばき、取引の規模メリットがある
・00年の大店立地法以来、郊外大型店舗急増

ワンポイントコラム

【割賦解禁】　01年に信販業界の「専売特許」ともいわれた割賦販売方式が、銀行系クレジットカード会社にも認められました。しかし、クレジットカードの分割返済方法は「リボルビング」（定額返済）が主流で、元利金定額返済の割賦を展開する信販業界への実害はほとんどなかったといわれています。

6 ショッピングは経産省、キャッシングは金融庁

信販会社の業務は、商品やサービスの提供（ショッピング）に関しては経済産業省、融資（キャッシング）については金融庁が管轄していて、監督官庁が二つあります。

商品購入やサービスの提供に関しては、消費者と販売店（加盟店）との間に立って立替払いをします。そこでは、きちんとした売買行為が行われているかどうかをチェックする必要があることから、消費生活を監視する経済産業省が監督官庁になっています。

一方、キャッシングは金融業務なので、金融庁の管轄です。信販、クレジットカード、消費者金融のいわゆるノンバンク三業態のなかでは、消費者金融だけが金融庁の管轄下にあり、その他は経産省、金融庁という二つの監督官庁の行政のもとで営業活動をしています。

金融庁には金融会社室、経産省には取引信用課があり、ノンバンクにおける諸問題に対応しています。クレジット業務の一部は割賦販売法に基づく登録が必要で、経産省に許認可権があります。近年、訪問（通信）販売業者と消費者とのトラブルが増えていますが、特定商品取引法（旧訪問販売法）に基づいて、こうした課題に取り組んでいるのが経産省です。金融庁は、キャッシング業務に必要な貸金業免許を交付する権限があります。簡単にいえば、ショッピングは経済産業省、キャッシングは金融庁が業務を管轄していることになるのです。

利用者の立場に立った行政を

こうした「両省管轄」がいまだに続いているのは、ノンバンク業界の裾野の広さに起因している、との指摘もありますが、「省益*」を競い合ってきた両省の思惑にあるといえます。

特に旧大蔵省（現財務省）は、財政と金融という国政の重要な柱を握り、「省庁の中の省庁」といわれて絶大な

用語解説

*省益　国の行政を執行する各省庁にとっての利益のこと。国民および国家に対する利益を指す「国益」と対をなしている。

権限を持っていました。この最強官庁がにらみを利かす大銀行のもとで誕生したのが、クレジットカード会社。わが国のクレジットカード普及に大いに貢献したこともあって、保護行政をモットーにしてきた旧大蔵省の意向は、旧通産省といえどもなかなか口が出せませんでした。九三年、銀行系クレジットカードに割賦機能の一部であるリボルビングを認める代わりに、信販系クレジットカードなどに銀行のATMを開放するといった政策も「大蔵VS通産」の妥協の産物です。

問題なのは、二つの監督官庁がにらみを利かせていることが、果たしてノンバンクの利用者にとって有益かどうかです。貸金業法によってノンバンクのキャッシング上限金利は金融機関と同じ利息制限法の範囲内になり、総量規制が設けられました。改正割賦販売法では世帯構成別にショッピングの限度枠が定められました。

キャッシングもショッピングも、返済行為に変わりはありません。ところが年収の三分の一を限度にする融資枠(**総量規制**)とショッピング限度枠は別物。多重債務防止の観点からすれば、合算して借り過ぎ・買い過ぎに歯止めをかけるべきではないでしょうか。

2つの監督官庁のもとにある信販業界

ショッピング
➡ 販売店と利用者
・割賦販売免許

→ 経済産業省(旧通産省)

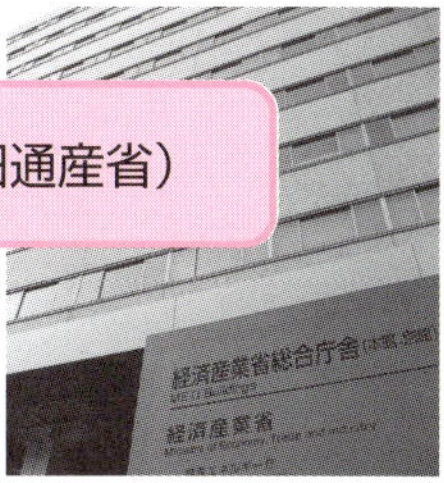

キャッシング
➡ 金融機能
・貸金業免許

→ 金融庁(旧大蔵省)

"省益"よりも利用者利便を優先すべき

ワンポイントコラム

【大蔵vs通産】 現在の経済産業省と金融庁による対立の構図は、ノンバンク業界で最も顕著に表れています。信販のリボルビングと銀行のATM開放を互いに認め合ったりするなど、利害調整を図ってきましたが、ノンバンクの資金調達問題でも両省の対立が起きたことがあります。

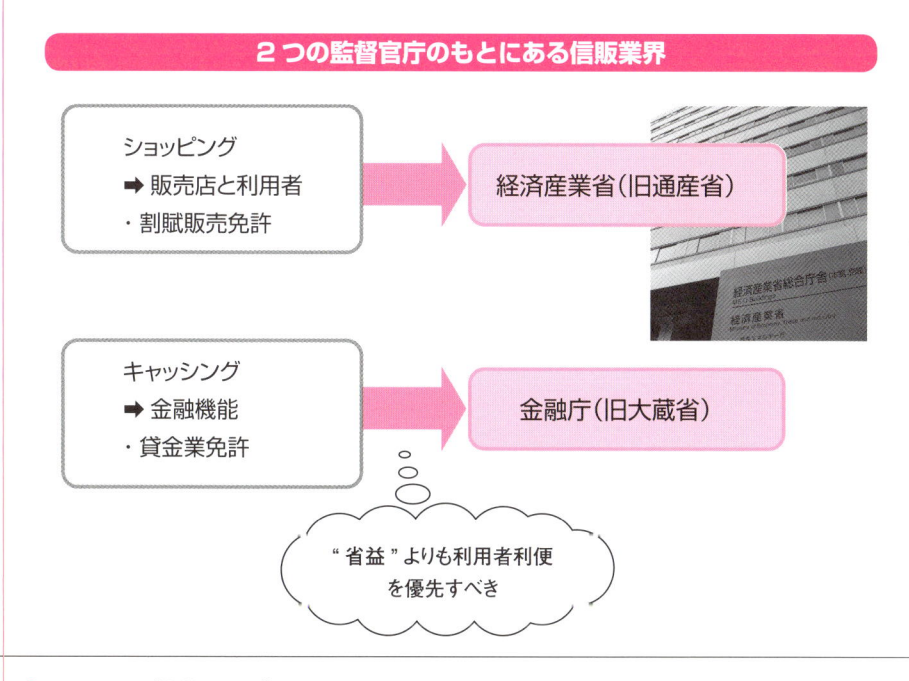

7

不況期にこそ強い「個品割賦」

一部の信販会社は個品割賦事業に見切りを付け、カードビジネスに傾斜していますが、不況のもとでは個品割賦の強みが生かされます。

分割払い(**個品割賦**)は戦後、低所得者の消費における利便性を高めたばかりでなく、家電や自動車などを製造する国産メーカーの売上にも貢献しました。個品割賦は戦後日本の経済成長に大きな役割を果たし、信販会社も割賦によって成長していきました。

銀行系クレジットカード会社では、長期間で小額の返済に頼る利用者は少なく、大半が分割払いには消極的でした。しかし個品割賦は長期返済で金利収入が見込めるため、のちに割賦機能の一つであるリボルビングが銀行系クレジットカード会社の要望によって解禁され、**バーター取引***として信販業界に銀行ATMの利用を認める見返りに、信販の「総合割賦」方式(カードを使った分割支払い)が銀行系カード会社に認められました。

個品割賦と総合カード化は経営戦略の分かれ道

二〇一〇年一二月に完全施行された改正割賦販売法では、証書契約方式の個品割賦は「個別信用購入あっ旋」、クレジットカードで個品割賦ができる「総合あっ旋」は「包括信用購入あっ旋」と名称が変わりましたが、内容は変わりません。どちらにしても、個品割賦は信販の専売特許である現実は変わらないのです。

「個品割賦は返済が終了すれば利用者を失うリスクもはらんでいる。経営の安定のためにも、総合カード化を目指していくのが信販の生き残り策としては賢明ではないか」(カード業界関係者)との指摘があります。総合カード化(総合あっ旋、または包括信用あっ旋)は小口

用語解説

＊バーター取引 現金を介さず、商品やサービスを交換することによって成立する取引。わかりやすくいえば物々交換のこと。

の売り上げになりますが、利用者との長い付き合いができ、会員拡大が軌道に乗れば規模メリットが享受できます。しかし、カードは使われなければ何の利益ももたらさず、膨大な会員管理のためにシステム構築費用がかさむばかりです。個品割賦は高額商品なだけに、積み上げていけば多額の加盟店手数料と金利収入が入ります。

どちらも分割払いができるなら総合カード化を目指すのが賢明な策だろう、と思うでしょう。カードによる分割を推進すれば、稼働率の悪いクレジットカードを抱えるリスクが生じます。逆に個品割賦は証書契約ですから、事務処理は面倒です。

しかし、〇八年のリーマン・ショック以降、景気は浮揚しません。所得も年々下降しています。月々の家計支出を考えれば、一回払いのカードではなく、多少の金利は取られても個品割賦は大衆に支持される要素を持っています。カードか割賦か。信販各社はその戦略バランスに悩んでいますが、賢く使えば個品割賦は生活に優しい返済方式です。ただし近年、業界が強力に推進しているリボルビングに対しては、多重債務防止の観点から注意喚起が必要でしょう。

不景気時は分割払いでショッピング

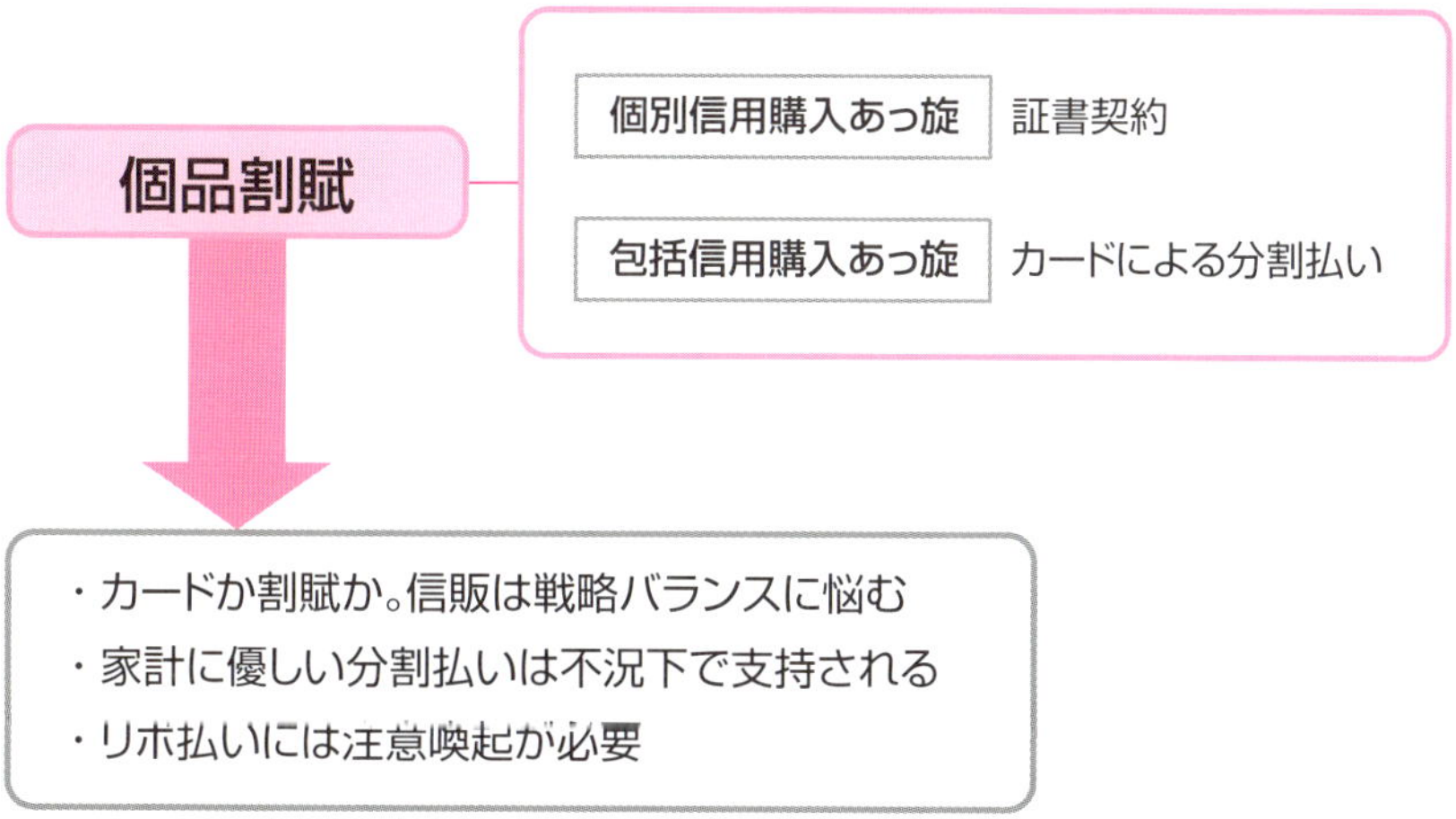
個品割賦
個別信用購入あっ旋
証書契約
包括信用購入あっ旋
カードによる分割払い
・カードか割賦か。信販は戦略バランスに悩む
・家計に優しい分割払いは不況下で支持される
・リボ払いには注意喚起が必要

ワンポイントコラム

【割賦を捨てた信販会社】　07年に3社合併した三菱UFJニコスは、個品事業を同じ三菱UFJフィナンシャル・グループ系の信販大手・ジャックスに全面譲渡し、銀行系クレジットカードに生まれ変わり、ライフも個品業務から撤退し、大手家電との提携カードを業界トップのオリエントコーポレーションに譲渡しました。

8 信販を活用できていないメガバンク

メガバンクは、リテール業務を推進するため傘下にノンバンクを抱えています。信販会社に関してメガバンクはどんな戦略を立てているのでしょうか。

メガバンクグループが、信販をリテール戦略の有力な一員として有効活用していくのは間違いありません。なぜなら、信販会社がリテールのオールラウンドプレーヤーだからです。クレジットカードや割賦、消費者金融、信用保証、融資など多彩な事業部門を持ち、会員数、加盟店数とも抜群の規模を有しているからです。

しかし過払い金請求と貸金業法施行で系列の消費者金融は業界存亡の危機にあり、メガバンク本体の収益を圧迫しています。信販・カードも一向に下火にならない過払い金請求に頭を抱えています。

主要なノンバンクはその大半がメガバンクグループの支援を受けており、それなしには経営は成り立ちません。このところ、メガバンクはグループ内のノンバンクを再編・合併させて業務効率を上げる戦略に転換。さらに完全子会社化して上場廃止にする動きが出てきました。

無理な再編統合の後に完全子会社化

〇七年に誕生した三菱UFJフィナンシャル・グループ（MUFG）の三菱UFJニコスは旧日本信販が主力ですが、〇八年に同じMUFG系列の信販大手・ジャックスに信販会社の専売特許ともいわれた個品割賦業務を全面譲渡したのちMUFGの完全子会社になって上場廃止しました。

三井住友FG（SMFG）傘下で国内カード大手のセディナは、過払い金請求の引当金不足でSMFGから五〇〇億円の出資を受けて完全子会社化され、一一年五月に上場廃止となりました。同社は信販大手・**セントラル**

ファイナンス（CF）とOMCカード、旧住友銀行系の信販・クオークの三社が〇九年四月に合併してできました。

わずか二年でメガバンクの子会社になったことは、ニコスもセディナも合併そのものに無理があり、合併させて経営再建を図るためだったのか、あるいは旧三社の経営内容をメガバンクが正確に把握していなかったのか、といわざるを得ません。

信販最大手のオリエントコーポレーションもみずほFGと伊藤忠商事の金融支援を受けています。みずほFGには資本・業務提携関係にあるクレディセゾン、親密先のイオンクレジットサービスがありますが、オリコ以外に同業の信販はありません。

同社はみずほ銀行のカードローンの保証や、セゾンが会社分割で一部吸収したUCカードのみずほ銀行向けカードローンの保証債権を譲り受けるなど、三メガの中では唯一、信販を有効活用しています。

MUFGやSMFGのように強引な再編統合では、オールラウンドプレーヤーの信販をグループのリテール戦略に役立てることはできないことを示しています。

強引さが目立つメガバンクの「信販」活用

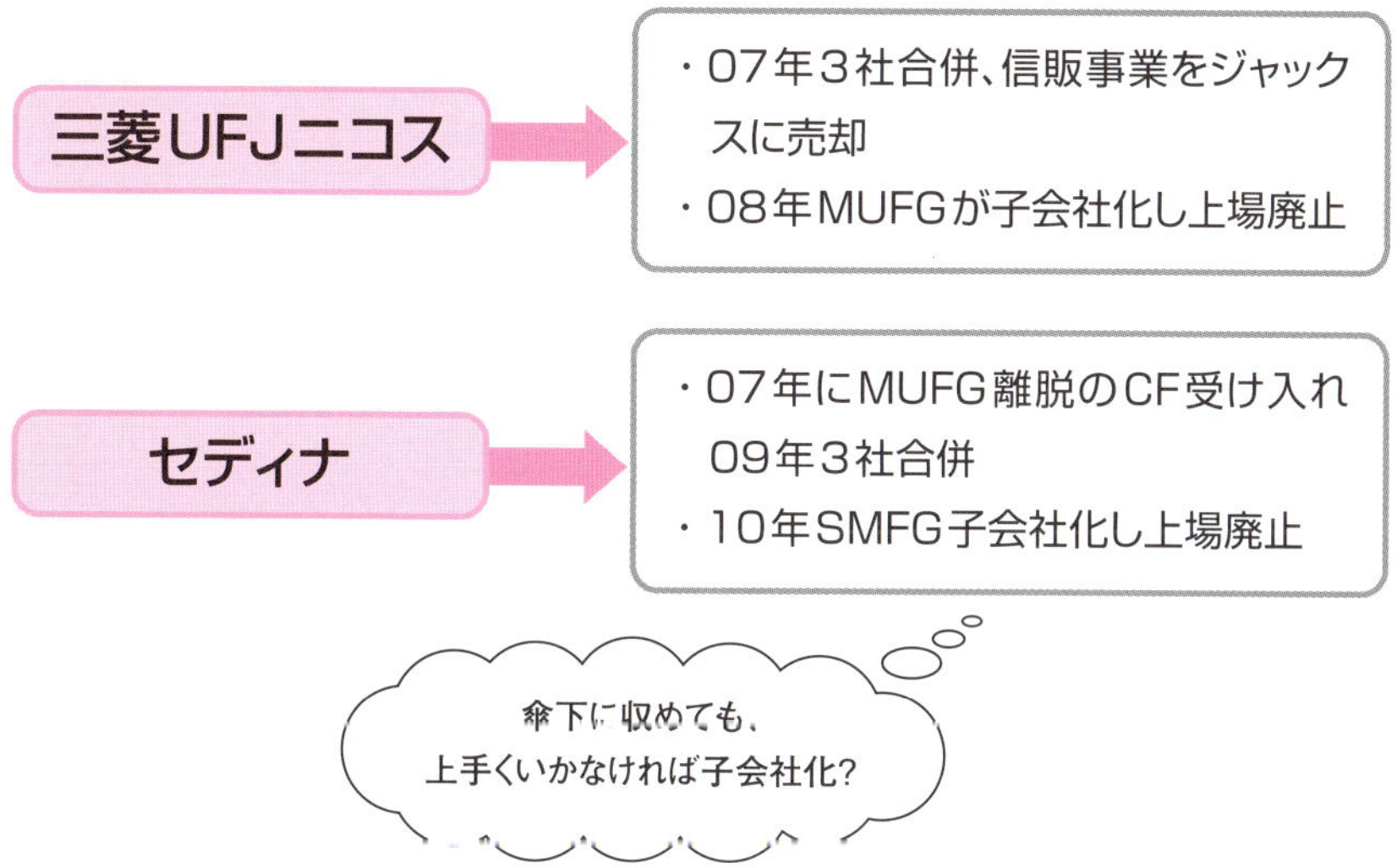
三菱UFJニコス
・07年3社合併、信販事業をジャックスに売却
・08年MUFGが子会社化し上場廃止
セディナ
・07年にMUFG離脱のCF受け入れ
09年3社合併
・10年SMFG子会社化し上場廃止
傘下に収めても、
上手くいかなければ子会社化?

ワンポイントコラム

【セントラルファイナンス（CF）】　07年にMUFGから離脱しSMFG入りしましたが、この離脱はトップダウンによるもので、CF内部では大きなしこりが残り、3社合併後では旧3社のなかで真っ先にリストラの対象になるという憂き目に遭った、との指摘もあります。

9 キャッシングの代替ビジネス「保証業務」

信販業界では、貸金業法の施行で利益が減少したキャッシング業務に代わって、手数料が見込める銀行保証業務に力を入れています。

銀行保証とは、マイカーローンや教育ローンなど、使途限定型や使途自由のフリーローンといった、金融機関が取り扱う融資商品を、信販会社が融資を申し込む個人に代わって保証人になることです。

金融機関のこうしたローンは、そのほとんどが無担保融資のため、「返済困難のリスクは負いたくないが、企業の資金需要が冷え込んでいる現在、個人ローンでの利ざや稼ぎは、重要な収益源」(地方銀行関係者)とのスタンスにあるので、信販会社に多少の手数料を支払ってでも個人ローンの取り扱い件数を増やすことに懸命になっているのです。

金融機関がいわゆる個人向けローンに進出した歴史は、それほど古くはありません。住宅ローンでさえ、「住専問題*」が起きる前に始まったもので、教育ローンやフリーローンも、品揃えとしては存在していましたが、積極販売する商品ではありませんでした。大きな理由の一つは、銀行が個人の信用度(返済能力)を推し量る物差しを持っていなかったこと、延滞者の自宅を訪問して債権回収することに及び腰だったことなど、一連の回収ノウハウがなかったことが挙げられます。

個品割賦、カードと並ぶ収益源

保証といっても、銀行が融資審査をしたあとに、焦げ付いたときのリスクを被るだけではありません。信販会社は、銀行から送られてきたローン申込書をもとに審査し、自社で個人の返済能力を判断。審査に通れば銀行に連絡してローンが開始されます。

用語解説

＊**住専問題**　個人向け住宅ローン専門会社(住専)7社は、1980年代後半の好景気に乗って不動産担保融資に傾斜していた。しかし90年代前半のバブル崩壊による地価暴落で巨額の不良債権を抱え破綻寸前に陥った。このため国は6,850億円の公的資金を導入して救済した。

一九八〇年から九〇年代にかけて、金融機関が取り扱う個人ローンには、信販会社の保証が付いていました。しかし、当時はフリーローンで一五％から二〇％と金利が高く、信販の保証率も三％と低かったのですが、そのぶん審査が厳しかったのです。

近年の低金利下では、ローンの保証率は銀行が設定したローン金利のうちの三分の一程度と思われますが、銀行、とりわけ地域経済が疲弊気味で利ざやが稼げない地方銀行や信用金庫にとっては、企業融資の落ち込みをいくらかでも挽回しようと、信販会社との保証提携で、金利収益が増加することに期待しています。

一方、信販会社は貸金業法の施行でキャッシングが減って金利収入が激減しています。代替業務としての保証事業は、リテールビジネスを長年続けてきた信販の得意分野であり、個品割賦、カードと並ぶ重要な事業部門として位置付けています。

業界最大手のオリエントコーポレーションは一九八三年から金融機関と提携し、保証業務を開始しました。一六年三月末で、全国五六四の金融機関と提携を結んでおり、保証残高は一兆三〇〇〇億円を超えています。

個品割賦、カードと並ぶ収益源

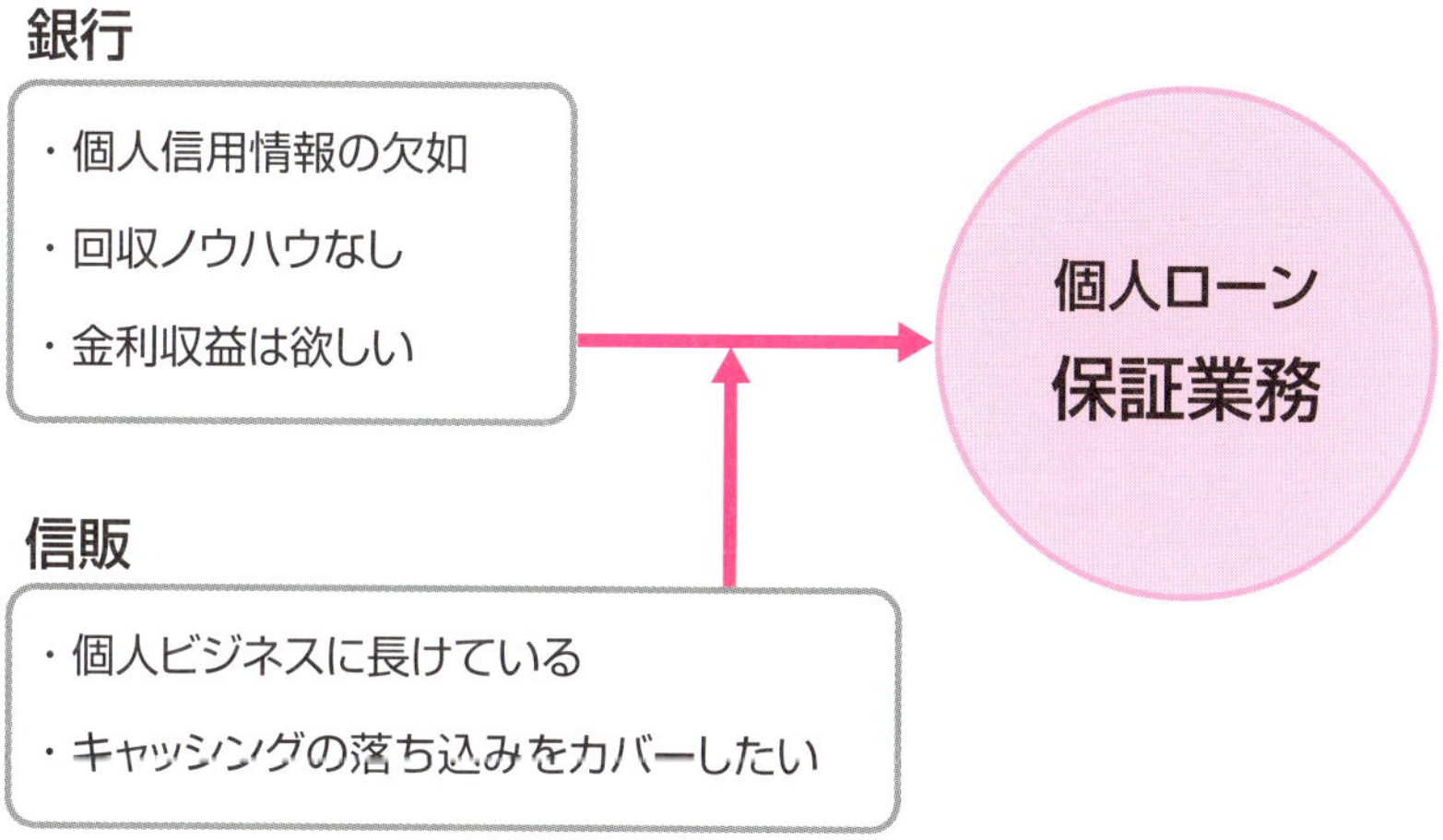
銀行
・個人信用情報の欠如
・回収ノウハウなし
・金利収益は欲しい
信販
・個人ビジネスに長けている
・キャッシングの落ち込みをカバーしたい
個人ローン
保証業務

10

「学費ローン」で収益補う

信販業界では学費ローンの取り組みが活発になっています。少子化や不況の影響で授業料支払い手段の多様化が求められていることが背景にあるようです。

これまで私立大学などを運営する学校法人は、入学金や授業料などの納付に関しては入学予定者や在学生の意向に委ね、自ら関与することはありませんでした。

しかし景気低迷で所得が減少する中、親元を離れて都心の大学に子息を送り出すために下宿代や授業料の払い込みや仕送りをするとなると、家計に占める教育費の負担はますます重くなってきます。

大学や専門学校としても、少子化時代を迎えて入学者の減少に歯止めをかけるため、入学から卒業までの学費に対してある程度のサービスを用意する必要に迫られています。銀行の教育ローンは提出書類などが多く審査も厳しいとあって、「大学の教務課などは手間のかかる事務処理を敬遠しがちだった」(クレジット業界関係者)ようです。

一方、信販などクレジット会社が全国の私大との間で続々と提携している状況を見て「『本学でも学費ローンを用意しないと入学志願者がシフトする』と大学側は危機感を募らせてきた」(同)ため、信販を中心とした学費ローン導入競争が激しさを増しています。

メガバンクとの協業で提携校が急増

学費ローンでは実績のあるオリエントコーポレーションは、これまで五〇〇以上の大学、一五〇〇以上の専門学校と提携し、この分野では業績トップ。みずほフィナンシャルグループ(FG)や伊藤忠商事からの紹介で提携に至ったケースも少なくありません。同社はもともとオートローンを主力商品としていたことから、自動車学校との関係が深く、古くから自動車学校との提携ローン実績がありました。

信販業界二位のジャックスも約八〇〇の学校法人と提携しています。主力のオートローンの金額帯である一〇〇万から三〇〇万円程度の無担保貸付ノウハウと即日与信が、学費ローンに生かされていると思われます。三菱UFJ・フィナンシャルグループとのパイプを利用した提携も少なくありません。

両社ともメガバンクグループとの提携関係を利用して、大学とのパイプを深めています。信販会社が学費ローンを改めて推進しているのは、貸金業法で総量規制や上限金利の引き下げが決まり、キャッシング収益に多くを望めないからです。個品割賦では返済回数が多ければ、金利はより低くなりますが、一人暮らしならば四年間で一〇〇〇万円近くかかる学費や生活費は、個品割賦ならではの高額商品といえます。

「大学サイドも一社単独ではなく、複数のクレジット会社と提携することで、経済的な支援サービスを用意しているとPRしたい狙いがあるのではないか」(信販関係者)との声もあり、今後も学費ローン競争が激しさを増しそうです。

信販と大学の学費提携ローン

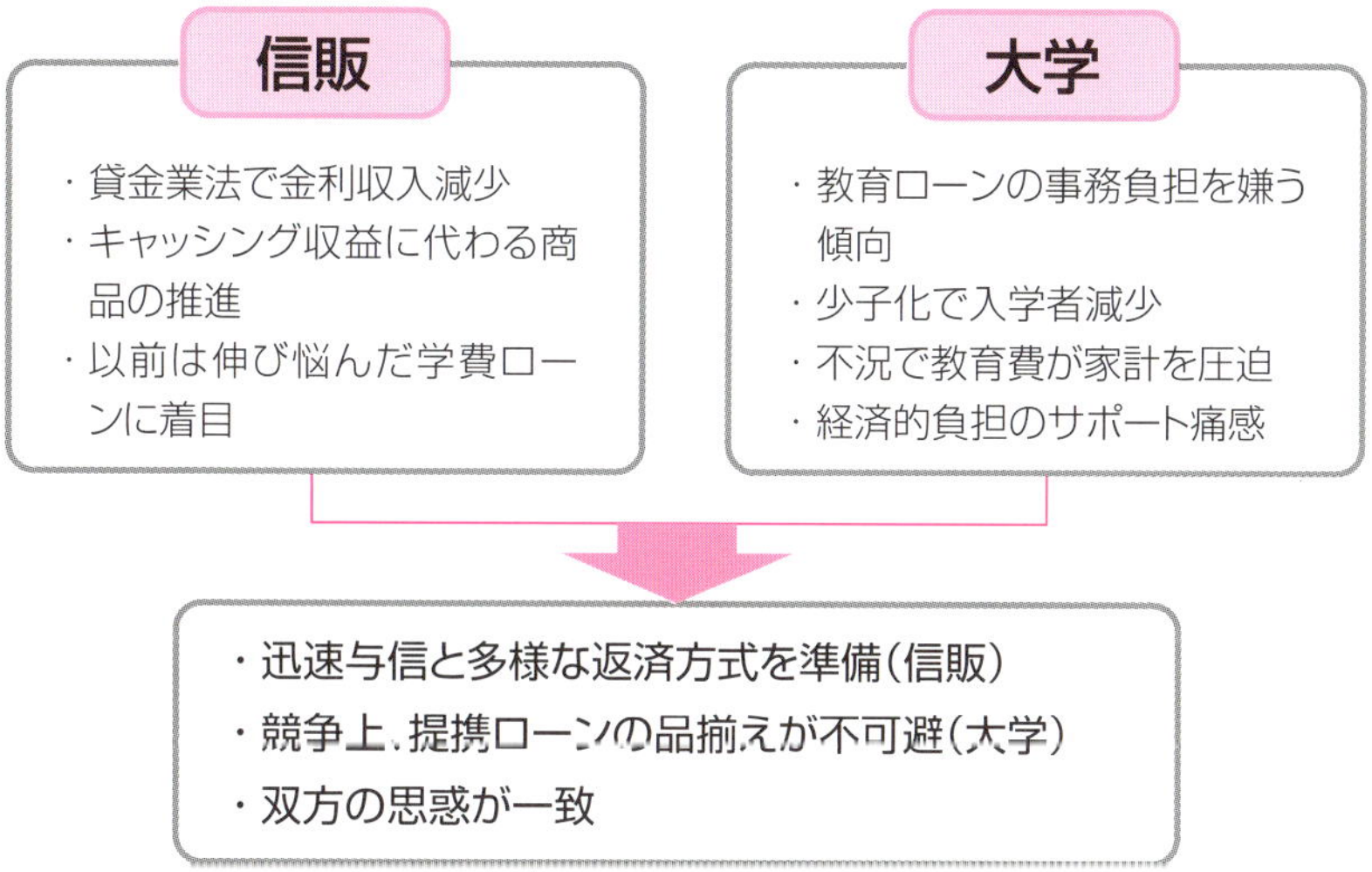
信販
・貸金業法で金利収入減少
・キャッシング収益に代わる商品の推進
・以前は伸び悩んだ学費ローンに着目
大学
・教育ローンの事務負担を嫌う傾向
・少子化で入学者減少
・不況で教育費が家計を圧迫
・経済的負担のサポート痛感
・迅速与信と多様な返済方式を準備(信販)
・競争上、提携ローンの品揃えが不可避(大学)
・双方の思惑が一致

ワンポイントコラム

【学費ローンの返済方法】 在学中から返済する通常返済や、卒業時までは金利部分だけ返すステップアップ、在学中は親が支払い卒業後に本人が返済する親子リレー、繰り上げ返済など返済方式が多様化し、利用しやすくなっています。

11 再建にメドで配当復活（オリコ）

信販業界最大手のオリエントコーポレーションは二〇一七年三月、業績の安定を背景に久しぶりに配当を復活、経営再建にメドを付けました。今後は海外事業などに注力していきます。

オリエントコーポレーション（オリコ）は二〇一七年三月期決算で、今後の企業業績が安定的に推移するとの見通しから、〇六年三月期以来となる配当（期末二円）を復活させました。復配は企業業績が好転したことを受けて実施する株主還元策であり、同社が経営再建にメドを付けたことを内外に印象付けることになりました。

オリコは〇七年三月、利息返還損失引当金の積み増しなどにより〇七年三月期決算で約四六〇〇億円の当期損失になると発表しました。記録的な赤字額の発生で約一四〇〇億円の資本不足に陥ることから債務超過の恐れが生じ、経営破たんのリスクが浮上しました。

このためメインバンクであるみずほコーポレート銀行（現みずほ銀行）が総額一八五〇億円の金融支援を実施、オリコは再建に着手しました。経営危機の原因は他の信販会社と同様、過払い請求に備えた損失引当金が巨額だったからです。同社の個人向け消費者ローン残高は〇六年九月末で約九〇〇〇億円。このうち利息制限法の金利を上回る融資残高は約四〇〇〇億円ありました。

その後は過払い請求が一段落して経営が安定。一〇年振りに配当を実施して、攻めの経営に転じることをアピールしました。

海外に活路、課題は基幹システム稼働

同社の収益の源泉は、分割払い（個品割賦）での金利収入。特に自動車購入のオートローンは業界トップです。これにクレジットカードによるショッピングを二大事業として、銀行の消費者ローンに関連した信用保証業務が第三の中核事業として貢献してきました。

用語解説

＊**カーシェアリング**　自動車を共同利用すること。レンタカーに比べて利用時間が短い傾向があり、より安価な場合が多いとされる。利用者は会員登録し、会員同士で車の貸し借りを行う。

ただ、こうした主力事業は一方で将来の不安材料も抱えています。

自動車ローンは、若者のクルマ離れが進み、カーシェアリング*が人々の注目を集めるようになってきていることから、オリコが得意とするオートリースも安泰ではありません。信用保証業務は一七年に銀行の個人ローン問題が起きて、銀行の融資姿勢に変化が表れています。このためオリコでは今後、信用保証業務の残高減少を見込んでいます。

今後の有望市場として力を入れているのが海外事業。一五年に営業を開始したオリコオートリーシング（タイ）は、人員を増強するなどテコ入れを図ったことが奏功して取扱高が上昇しています。タイでの成功体験をもとに、中国やインドネシアなどアセアン諸国への進出を検討しています。

課題は、一九年上期にも稼働予定の基幹システム。ノンバンク業務は消費者と加盟店を結ぶ取引が大半を占め、ライバルも多いだけに、安全確実な高速の業務処理に耐えられるシステム構築が必要です。

オリエントコーポレーションの業績推移

単位：億円、％

			2013年度	2014年度	2015年度	2016年度	2017年度
営業収益			2,075	2,063	2,118	2,136	2,243
		増減率	▲1.5	▲0.5	2.6	0.8	5.0
営業利益			267	207	294	335	300
		増減率	567.5	▲22.4	42.0	13.9	▲10.2
経常利益			267	207	294	335	300
		増減率	559.1	▲22.4	10.1	13.9	▲10.2
当期純利益			267	226	245	286	280
		増減率	559.1	▲15.3	8.4	16.7	▲2.3
総取扱高（単体）			38,748	39,294	41,632	43,061	44,941
		増減率	9.8	1.4	6.0	3.4	4.4
	総合あっせん		14,851	14,923	15,483	16,570	18,263
		増減率	4.8	0.5	3.8	7.0	10.2
	個品あっせん		7,556	8,530	10,802	12,276	13,511
		増減率	35.6	12.9	26.6	13.6	10.1
	信用保証		13,307	12,879	12,435	11,347	10,344
		増減率	6.0	▲3.2	▲3.4	▲8.7	▲8.8
	融資		1,776	1,708	1,645	1,619	1,560
		増減率	1.3	▲3.9	▲3.7	▲1.6	▲3.6
	その他		1,255	1,253	1,266	1,248	1,262
		増減率	0.8	▲0.2	1.0	▲1.4	1.2

出所：同社決算資料をもとに作成

12 アジアを第四の事業に育成（ジャックス）

ジャックスは二〇一八年度からに新中期経営三カ年計画を策定し、アジアにおける個人金融のトップブランド確立を掲げて業容拡大を推進しています。

二〇一八年度は新中計「RAISE　二〇二〇」の初年度に当たります。「アジアのコンシューマーファイナンスカンパニーとしてトップブランドを確立する」との長期ビジョンを設定し、主要三事業（個品・カード・ファイナンス）の活性化と海外事業への取り組みを強化しています。

信販業界は個品割賦を主力事業にしていますが、ジャックスは特にその色合いが強い信販会社です。個品割賦は、ショッピングクレジット、または単に**クレジット**とも呼ばれますが、ジャックスでは独自に「**一般月販**《いっぱんげっぱん》」と呼ぶ習慣があるほど強いこだわりがあり、月賦販売を重視しています。

個品割賦は高額な買い物になることが少なくありません。同社では一七年度、主力業種である二輪車や高級時計が順調に伸びました。インターネットによる申し込みが増加しています。柱の自動車ローンは新車の取り扱いは減少しているものの、中古車や輸入車の専門店と関係を強化しました。

しかし、ここ数年伸ばしてきた太陽光関連のソーラーローンは、二〇一四年度に国の補助金と太陽光発電導入支援補助金が廃止されたため低迷。信販各社はオール電化住宅*、太陽光発電に代わるヒット商品探しに懸命です。例えば住宅建築メーカーなどと提携し、リフォーム需要に対応したローン商品や、国や自治体などの補助金対象で、太陽光に代わる**蓄電池***を使った住環境エネルギー商品の融資に期待を込めています。

用語解説

* **蓄電池**　充電などを行うことで繰り返し利用できる電池のこと。国や自治体の補助金が出ることがあり、蓄電池容量（1キロワット）につき3万円と工事費1台につき5万円などが支給される。

海外事業を第四の収益の柱に

ジャックスでここ数年目立つのは、海外事業、特に東南アジアにおける積極展開です。二〇一〇年にベトナムで設立したオートバイのクレジット事業の現地法人は、営業活動の範囲拡大により新規加盟店が増加し、取り扱い件数が増えました。

また、一二年にインドネシア、一六年にはフィリピンにも進出しています。なかでも、ベトナムは九〇〇〇万とアジア有数の人口を抱え、安定的な経済成長を続けています。特に二輪・家電・自動車などの耐久消費財の需要は高い伸びを示しており、同国の二輪販売市場は日本に比べて八倍のマーケット規模があります。

一八年にはカンボジアに現地法人を設立、アセアン圏内では四カ国目の進出になります。カンボジアもベトナム同様、高い経済成長率を維持して中間層の所得水準が上昇していることから、二輪や家電のクレジットカード需要が高まっています。

ジャックスの業績推移

単位：億円、％

			2013年度	2014年度	2015年度	2016年度	2017年度
営業収益			1,041	1082	1136	1196	1,340
		増減率	1.1	3.9	4.9	5.3	12.0
営業利益			122	119	122	117	126
		増減率	29.8	-2.5		▲3.6	7.5
経常利益			122	119	120	118	127
		増減率	30.0	▲2.4	0.8	▲2.3	7.8
当期純利益			122	71	75	87	78
		増減率	4.1	▲41.8	5.6	15.3	▲9.9
総取扱高（単体）			38,748	39,294	33,846	37,372	40,839
		増減率	9.8	1.4	10.8	10.4	9.3
	総合あっせん		14,851	14,923	11,279	11,968	12,477
		増減率	4.8	0.5	9.8	6.1	4.3
	個品あっせん		7,556	8,530	4,373	6,255	7,356
		増減率	35.6	12.9	44.1	43.0	17.6
	信用保証		13,307	12,879	7,857	8,217	9,016
		増減率	6.0	▲3.2	4.3	4.6	9.7
	融資		1,776	1,708	766	711	719
		増減率	1.3	▲3.9	▲2.5	▲7.2	1.1
	その他		1,255	1,253	9,568	10,218	11,270
		増減率	0.8	▲0.2	7.4	6.8	10.3

出所：同社決算資料をもとに作成

第4章　信販業界の現状と問題点

13 協業で収益拡大(アプラスフィナンシャル)

新生銀行グループのアプラスフィナンシャルは、信販大手・アプラスと消費者金融子会社を有する事業持株会社です。

アプラスフィナンシャルは事業持株会社で、傘下に信販・クレジット、カードキャッシングを担うアプラスと、一部消費者金融事業を展開するローン会社・アプラスパーソナルローンの二社があります。

元をたどれば、アプラスは関西で生まれた信販会社で、旧三和銀行系の有力ノンバンクでした。三和銀行がUFJ銀行となり、経営が悪化して東京三菱銀行(現三菱UFJ銀行)と合併したのを機に、新生銀行グループ入りした経緯があります。

アプラスは親銀行である新生銀行のリテール事業の一翼を担うと共に、レンタルCD／DVDショップ「TSUTAYA」などを運営している「カルチュア・コンビニエンス・クラブ」(CCC)と、他のクレジット会社に先行して提携関係にあり、ポイント事業「**Tポイント**」を軸に、他のカード・信販会社との差別化を推進しています。

Tポイントは、広範に利用できる共通ポイントサービスで、一七年八月末現在で会員数は約六四〇〇万人。Tポイント提携企業は全国一八二社・八二万七〇〇〇店舗(一八年三月末現在)にのぼる日本最大の共通ポイントサービス。アプラスの「Tカードプラス」は一〇年から発行されており、同社の会員数を押し上げる大きな原動力になっています。

家賃決済、中古住宅ローンなど提携で稼ぐ

アプラスでは近年、業務提携を通じて収益を拡大する傾向が顕著になっています。同社の**事業セグメント**は「ショッピングクレジット」「カード」「ローン」「ペイメント」

の四つ。

ショッピングクレジットは個品割賦のこと。同社は一六年に同新生銀行の子会社である昭和リースと提携し、事務機器などのリース事業に進出。一七年には自動車リースも開始しています。

カード事業では、マンション販売のレオパレス二一と組み、Tポイント付きの提携カードを発行して家賃決済ビジネスを強化しています。

ローン事業は、住宅ローン専門会社と提携して投資マンションローンを取り扱っています。また、ペイメント事業は中国最大のSNSサービス会社ウイチャット(微信)の中国人向けモバイル決済の国内加盟店を拡大するなど、事業領域を広げています。

一七年度における部門別の取扱高を見ると、ペイメント事業が一兆四七〇〇億円と突出し、個品割賦の六〇〇〇億円の二倍以上になっています。しかし収益的には個品が一九一億円と稼ぎ頭。ただ、どの部門の収益も拮抗しており、バランスの取れた収益構造になってきています。

アプラスフィナンシャルの業績推移

単位：億円、％

			2013年度	2014年度	2015年度	2016年度	2017年度
営業収益			630	656	682	718	743
		増減率	▲0.3	4.1	4.0	5.3	3.4
営業利益			55	52	56	70	60
		増減率	▲39.9	▲5.3	7.8	25.0	▲14.6
経常利益			54	50	60	76	61
		増減率	▲39.7	▲7.0	17.8	27.3	▲20.0
当期純利益			55.0	40	53	71	71
		増減率	▲34.8	▲26.9	29.9	35.3	▲0.7
総取扱高			22,551	23,072	23,464	24,206	25,435
		増減率	1.0	2.3	1.6	3.1	5.0
	総合あっせん		6,255	6,236	6,058	6,031	6,145
		増減率	5.2	▲0.3	▲2.8	▲0.4	1.8
	個品あっせん		1,173	1317	1347	1,082	951
		増減率	21.5	12.2	2.2	▲19.6	▲12.1
	信用保証		2,161	2,074	1,996	2,125	2,325
		増減率	▲15.0	▲3.5	▲3.7	6.4	9.4
	融資		662	663	898	1204	1,219
		増減率	▲5.8	0.1	35.4	34.0	1.2
	その他		12,308	12,780	13,162	13,787	14,794
		増減率	1.0	3.8	2.9	4.5	7.3

出所：同社決算資料をもとに作成

14 法人取引に傾斜する(ライフカード)

二〇一五年に親会社アイフルの事業再生計画が終了し、ライフカードは業績向上に取り組んでいます。他社との差別化を図るため、法人ニーズの掘り起こしに懸命です。

ライフカードの前身「ライフ」は、旧日本長期信用銀行が主力銀行だった一九九〇年代からキャッシングに強く、一回払いがカード決済の主流になり始めた二〇〇〇年代には〝脱個品〟を目指して個品あっせん事業からの撤退を進めていました。

利用者にとって割賦販売の魅力が薄れたと判断。キャッシングで金利収入を増やすことができれば、個品割賦の事業縮小で失う分割払いの金利収入を補てんできると考えました。親会社が消費者金融専業のアイフルに代わったことで、こうしたビジネスモデルへの転換に拍車がかかりました。

しかし、〇六年に始まる過払い金請求と貸金業法がこうした将来へのビジネスモデルを壊しました。前年にアイフルが行政処分*を受けて営業自粛したこともライフの事業推進に暗い影を落としました。

〇八年九月から、同社のキャッシング拠点だった「ライフキャッシュプラザ」などの店舗を次々に閉鎖。一〇年三月には貸金事業を停止しました。

一一年四月にライフとアイフルグループの他三社と共に会社分割および吸収合併を実施してグループ再編がありました。アイフルは営業自粛などで資金繰りが急激に悪化したため、事業再生ADRの適用を受けて事業再生計画を実行。一五年にアイフルは調達した資金の返済猶予を受けたのちに返済を完了させ、事業再生計画が終わりました。

メインバンクの戦略支援の意味合いも

ライフは一〇年七月に設立した新会社「ライフカード」

用語解説

＊**行政処分**　行政機関が企業に対して、関連法規の違反事実があった場合、営業の一時停止などを求めること。アイフルの場合は貸金業規制法違反による行政処分だったが、06年制定の貸金業法には、登録取消など厳しい処分を伴う「業務改善命令」が導入された。

（新ライフ）が個品事業を除く事業を引き継ぎ、アイフルの一〇〇％子会社になり、現在に至っています。

ライフカードがいま力を入れているのは、法人向けビジネス。一七年一月に法人向けのローン専用カードの取り扱いを開始。急な運転資金など企業の短期資金ニーズに応える商品です。銀行やコンビニのＡＴＭから借り入れ・返済ができます。またクラウド型会計ソフト大手との間で提携カードを発行するなど、法人カードの顧客獲得に注力しています。

こうした事業性融資に傾斜する背景には、同社の親会社アイフルのメインバンクである三井住友信託銀行の存在が大きいと思われます。信託銀行は個人取引よりも法人取引が多く、ライフカードの法人戦略は、三井住友信託の法人戦略をサポートする意味があると思われます。

クレジット業界のなかで存在感が希薄になったライフカードとしては、競合を生き延びるには独自色を確立していかなければなりません。法人取引の強化は、まさにその一環です。

ライフカードの業績推移

単位：億円、％

	2013年度	2014年度	2015年度	2016年度	2017年度
営業収益	273	273	283	288	429
増減率	3.8	▲0.1	3.8	1.9	48.8
営業利益	14	16	11	29	41
増減率	▲47.4	17	▲32.6	161.3	42.0
経常利益	32	46	11	32	42
増減率	▲34.6	43.5	▲75.3	183.9	31.6
当期純利益	24	35	18	30	27
増減率	▲27.1	45.9	▲47.3	63.1	▲9.4
カード買い上げ額	5,390	5,847	6,369	6,813	6964
増減率	8.7	8.5	8.9	7.0	2.2
ショッピング	4,987	5,437	5,959	6,405	6,559
増減率	9.6	9.0	9.6	7.5	2.4
キャッシング	402	410	409	407	404
増減率	▲1.5	1.8	▲0.1	▲0.5	▲0.8
営業債権残高	1,502	1,489	1,579	1,635	1,696
増減率	▲1.0	▲0.9	4.0	5.6	3.7
割賦売掛金	824	825	889	962	999
増減率	0.7	0.1	7.8	8.2	3.8
営業貸付金	453	445	441	455	467
増減率	▲6.3	▲1.8	▲0.8	3.2	2.6

出典：同社決算資料をもとに作成

ワンポイントコラム

【個品事業からの撤退】　自動車や貴金属などの個品割賦は、高額商品で長期分割であるだけに利益は高いものの、加盟店に立替払いしたあとの返済リスクが伴うため、的確なリスク管理をしなければ収益が低下する恐れがあるといわれています。

column

庶民の生活消費を支え続ける 信販の割賦機能

昭和30(1955〜1965)年代に生まれた人ならば、「月賦」という言葉は馴染み深いと思います。東京オリンピック(64年)を境とした我が国の高度成長期まで、日本人の大半が貧しい生活をしていました。テレビや冷蔵庫、自動車は、あれば便利とわかっていたのに手が出ず、庶民の「高嶺の花」で、とても現金で買える代物ではありませんでした。みな等しく貧しかったのに、「月賦で買った」と他人に漏らすのは少しはばかられる、といった感覚はなかったでしょうか？

その気遅れする感覚を一掃してくれたのが、月賦百貨店や信販会社による分割払いの普及でした。

80年代、GNP(国民総生産)が世界第2位となり、わが国は先進国の仲間入りを果たしました。国民の生活は、より豊かなものになっていきます。空前の土地ブーム、株価の上昇などで企業も人も浮かれ出し、バブルに突入していきました。中流階級意識がまん延し、所得も向上して「月賦」の存在は希薄になっていきました。

大手の信販会社は70年代後半から全国展開を始め、クレジットカード会社とし烈な会員・加盟店獲得競争に明け暮れます。バブル時代には大手銀行の巨大資本をバックに、事業金融に手を染めます。

企業が利潤を追求することに何の不思議もありません。しかし、信販会社がこの時点で「庶民の味方」という本来の役割を忘れ、大手銀行とスクラムを組んでバブルに躍ったことが、のちに至る苦しみを味わうことになったのです。

信販などのノンバンクやゼネコン、不動産に資金を拠出して利ざやを稼いだ大手銀行は、90年代後半、瀕死の状態でした。ノンバンクの倒産も相次ぎます。しかし、信販は銀行に比べて行政からの指導が甘かったといわざるを得ません。それは、国民の消費生活に欠かせない存在であるという理由からでもあるでしょう。

時代は移り21世紀。個品割賦に将来はない、マンスリークリアが主流の世の中で、長期分割払いは利用されない、という声があります。しかし、景気は相変わらず停滞しており、分割払いに頼る庶民は少なくありません。信販の社会的使命は、むしろ高まっているのではないでしょうか。

第5章

消費者金融業界の現状と問題点

少子高齢化の影響で低成長期に入った消費者金融業界は、過払い金の返還と貸金業法の施行によって収益が低下しています。消費者ローンに過度に依存するこれまでの経営体質から脱皮するため、活躍の場を海外に求めている業界の現状を紹介します。

消費者金融大手ランキング(二〇一七年度決算)

1

消費者金融業界は市場規模が縮小している中、貸出や新規申し込みが増加しつつありますが、引き続き厳しい環境が続いています。

二〇一〇年六月に貸金業法が完全施行し、上限金利が二〇%に引き下げられ、年収の三分の一までを貸金業者からの総融資額とする、総量規制が始まりました。その後も過払い金は終息せず、利息返還請求は続いていました。しかし、この数年で徐々に請求件数は減少し、冬の時代と言われた厳しい環境からは抜け出しつつあります。

業界トップで三菱UFJフィナンシャル・グループ(FG)のアコムは、ローン事業、信用保証事業、海外金融事業を中核三事業と位置付け、個人ローン市場でのシェア拡大を狙っています。

一七年度は利息返還損失引当金繰入額の計上がなかったことから営業費用が減り、一転して増益となりました。その結果、連結経常利益は八一六億円となりました。信用保証残高はこれまで二ケタ成長を続けてきましたが、銀行ローン問題の影響を受けて前年度と比べて五%と小幅増に留まっています。

三井住友フィナンシャルグループ傘下のSMBCコンシューマーファイナンス(CF)は、アコムとは逆に利息返還損失引当金を計上したために、連結経常利益は対前年比四六・七%減の三五九億円と大幅に減少していいます。Web広告を強化したことで、新規顧客は二二万人と二二%の伸長率を記録しました。

反転攻勢に向かうアイフル

一五年に二八〇〇億円の元本返済猶予(事業再生ADR*)の適用を受けて経営再建に取り組んでいたアイフルは、一五年に返済を完了しました。

用語解説

*事業再生ADR　経営不振の企業が事業再生を目指すため、会社更生法や民事再生法(和議)、破産法など裁判所の法的な手続きを使わずに、当事者間の話し合いで解決する手続きのこと。2007年に産業活力再生法を改正して生まれた制度。債権放棄する場合、損金算入が認められ債権者は無税償却できる。

一〇年に経営破たんした武富士を含めて業界大手四社のうち最後発だった同社は、一時は信販大手のライフを買収するなど日の出の勢いで連結収益では一時期業界トップに立ったこともありました。〇五年に起きた過剰取り立て問題などによる営業自粛などで資金繰りが悪化して経営難に陥りましたが、事業再生ADRの終了で息を吹き返しつつあります。

とはいえ、アコム・SMBC－CF（プロミス）との業績格差は歴然で、営業収益は二社の半分以下。単体の営業貸付金残高も、追い付くにはまだ相当の時間を要すると思われます。

信用保証業務は一七年に銀行ローン問題が浮上して、銀行業界との業務提携が鈍化傾向にあります。国内ではローン・クレジット市場は大きく好転しておらず、業界大手三社はこのところ、アジアを中心とした海外金融に活路を見出そうとしています。

過払い請求は鈍化傾向にありますが、各社とも利息返還損失引当金の隔年ごとに計上しているため、営業費用が一年ごとに増減を繰り返し、業績のブレが続いています。

消費者金融大手3社2017年度決算概況

単位：百万円、%、1千人

			アコム	SMBC-CF	アイフル
連結	営業収益		263,453	273,799	115,389
		増減率	8	5.8	26.2
	経常利益		81,694	35,948	2,823
		増減率	—	▲46.7	▲61.8
	当期純利益		70,572	24,564	3,958
		増減率	—	▲77.9	▲45.6
単体	営業貸付金残高		797,284	760,770	341,777
		増減率	2.5	1.7	13.5
	顧客数		1,483	1,341	788
		増減率	3.1	3.0	11.4
	信用保証残高		1,056,532	1,258,815	87,970
		増減率	5.1	3.9	9.9

注：単体の数値は個人向け無担保ローン。顧客数は1千人単位以下、切り捨て。
出所：各社決算資料

2 貸金業法を知る

二〇〇六年一二月に貸金業法が施行されて一〇年あまり。利用者や業者が法改正によって混乱を起こすのを防ぐため四段階に分けて適用され、一〇年に完全施行となりました。

貸金業者が利用者に貸し付ける際の金利は出資法に定められていましたが、一九八〇年代に借金苦から自殺者が急増して「**サラ金キャンペーン**」が展開され、八三年に「貸金業規制法」ができ、九一年までに四段階に分けて金利引き下げが実施されました。

その後、借り入れの保証人になった人が強引な返済を迫られる「商工ローン問題」や、反社会的勢力によるヤミ金問題、**貸金業懇談会***の議論を経て〇六年に改正法が成立。四段階に分けて施行されました。法的には法律名が「貸金業規制法」から「貸金業法」に変更されました。

貸金業法制定の趣旨は、多重債務問題への解決と、行政当局では監督・監視の目が届かなくなるほど増加した業者の整理・淘汰にあります。夜間の取り立ては、一部の中小業者を除いては人件費増につながるため、業界ではほとんどなくなっていました。

貸金業法ができるまでは、貸金業は都道府県に営業開始のための登録を済ませるだけで認可されるので、〇四年は二万三〇〇〇社ありましたが、一八年四月末には一七六〇社と一割以下に激減。ようやく当局による行政指導の及ぶ適正数になったといえます。

業界正常化には今一歩

金融庁や各財務局、都道府県に寄せられた貸金業者に対する苦情（一六年度）を見ると、苦情受付件数は約七六〇〇件と年々減少しています。このうち無登録業者に対する苦情が二三〇〇件あります。苦情の内容では、取り立て行為や契約内容、広告や勧誘などに対する件数が多く、業界正常化はいま一歩のようです。

用語解説
＊**貸金業懇談会**　05年から3月から06年8月まで、19回におよぶ議論を重ね法改正の骨子をまとめあげた。ややヒステリックな意見が懇談会の土台を作り、拙速な結論を導き出した、との批判もある。

貸金業法の段階的施行

第1次施行（2006年12月公布）

・ヤミ金融に対する罰則強化（懲役5年➡10年）

第2次施行（2007年12月）

・行為規制の強化
　①夜間に加えて日中の執拗な取立行為など、取立規制を強化
　②貸金業者が借り手の自殺などを想定して（借り手に対して）保険金支払い契約を結ぶことを禁止
・業務改善命令の導入
・新しい自主規制団体の設立（2007年12月に日本貸金業協会設立）

第3次施行（2009年6月）

・貸金業務取扱主任者試験の実施
・指定信用情報機関制度開始
・業者の財産的基礎引上げ（2000万円）

完全施行（2010年6月）

・上限金利引き下げ（29.2%➡20%）
・総量規制（総借入残高が100万円を超える者に返済能力調査を義務付け、年収の3分の1を超える貸付を禁止）
・業者の財産的基礎引上げ（5000万円）

貸金業法改正の歴史と上限金利

年	法改正と出来事	上限金利（年利、%）
1982		109.5
1983	貸金業規制法（上限金利の段階的引き下げ。1991年まで）	73.0
1987		54.75
1991		40.004
1999	商工ローン問題	
2000	貸金業規制法改正	29.2
2002	ヤミ金問題	
2003	貸金業規制法改正（3年後メドに見直し）	
2006	貸金業法制定（4段階施行）	
2010	完全施行	20.0
2014	貸金業法見直しで、上限金利引き上げ議論	

ワンポイントコラム

サラ金キャンペーン　80年代前半に「サラ金3悪」として、過剰取り立て・過剰融資・高金利に対する批判がマスコミ紙上で大きく取り上げられて社会問題になり、国会で防止策が議論されました。その結果、議員立法で成立したのが貸金業規制法です。

3 再浮上するか 貸金業法改正

貸金業法の見直しについての議論が浮上しては消えています。自民党が法改正案を作って検討していますが、成案には至っていません。

二〇〇六年にできた**貸金業法**は、一〇年までの五年間、**激変緩和措置***として段階的に施行されました。法律が制定された際、完全施行後「おおむね二年半をめど」に法律を見直すと付記されました。政府・自民党を軸に見直しの議論が出ているのは、このためです。

自民党は、一定の条件を満たす貸金業者を「**認可貸金業者**」と認定し、この業者に限って現在利息制限法の金利である一五～二〇％の上限金利を、貸金業法以前の消費者金融業の貸付金利だった「上限二九・二％」に戻すことが大きな特徴になっています。また認可業者には、貸金業者が最も見直しを求めている、個人の総借入額を年収の三分の一以内にと定める「**総量規制**」から例外的にも除外します。

自民党の改正案によれば、認可業者になるには、①貸金業務取扱主任者を支店に一定割合以上配置させている、②研修体制が整備されている、③過去三年間に業務停止命令を受けていない、④過去五年間に認可を取り消されていない、⑤純資産額が一定以上ある、⑥返済能力調査やカウンセリングなどの体制が整備されている、⑦二年ごとに認可を更新する—などとなっています。

一四年にも改正の機運があったが…

自民党は二〇一二年四月、党内に「小口金融市場に関する小委員会」を立ち上げて貸金業法見直しの議論を開始。当時野党だった自民党はその年の衆議院選挙の公約に「適正な規模の小口金融市場の実現と真の返済困難者の救済」を掲げました。

用語解説

＊**激変緩和措置**　新たな法律や大幅な法改正などを一斉に施行すれば、業界の経営環境などが大きく変化して企業や利用者に悪影響を及ぼす恐れがあると判断された場合、法律の施行を段階的に実施したり、施行時期を遅らせたりすること。

当時政権の座にあった民主党は、中小・零細企業や個人事業主に対する少額短期のつなぎ融資に限って上限金利を引き上げる見直し案をまとめましたが、日本弁護士連合会の反対などに遭い断念。選挙後政権に就いた自民党も改正案を先送りしました。

その後、一四年にも銀行融資を受けにくい中小零細企業に対して、消費者金融の融資を借り入れやすくする狙いから、改正案の議論が出ましたが国会への法案上程には至っていません。

認可貸金業者制は、メガバンクグループや大手銀行などの強い影響下にある一部の業界大手だけを優遇するもの、と批判されても仕方のない法改正案です。

貸金業法は、借り手である個人を多重債務のリスクを守る観点から、業者に抑制的な業務の遂行を求めた法律。中小零細の事業者に対する融資の拡大を主眼に置いた法律ではありません。そこを履き違ってはいけません。業法のブラシュアップは必要ですが、法成立の趣旨を逸脱した議論には、注意委を払うべきではないでしょうか。

政権交代で迷走？　業法改正の議論

2012年

自民党金融部会
「小口金融市場に関する小委員会」

↓

適正な規模の小口金融市場の実現と真の返済困難者の救済

2006年12月の改正貸金業法の成立、2010年6月の同法の完全施行という一連の流れの中で、市場収縮・マクロ経済への悪影響、新種のヤミ金の暗躍、返済困難者の放置といった様々な影響が顕在化しています。

そのため、上限金利規制、総量規制といった小口金融市場に対する過剰な規制を見直すことによって利用者の利便性を確保します。

同時に、多重債務者に対する支援体制を強化するとともに、ヤミ金融業者の摘発強化、適正業者の育成を図り、健全な借り手と健全な貸し手による適正な規模の小口金融市場の実現と真の返済困難者の救済を目指します。

（J-ファイル 2012 自民党総合政策集）

民主党　改正貸金業法検討
ワーキングチーム（作業部会）

↓

日本弁護士連合会が
反対のロビー活動

自民党が
政権奪還、民主党
下野で貸金業法
改正案は
お蔵入り

2014年

自民党財務金融部会
貸金業法改正法案作成に動くも沙汰やみ…？

4 ヤミ金は減少したか

業者の締め付けを強化すれば、ヤミ金は減少するといわれました。無法者といわれる悪徳業者は法施行後減ったのでしょうか。

高金利、過剰融資、過剰取り立ての「三悪」といわれた貸金業者。二〇〇六年に制定、施行された新たな業者法が業界の悪弊をなくす、との期待がありました。

貸金業者大手の中でも違法な融資や督促をしていたところはありますが、業界が成長していくに従い、収益の観点から反社会的勢力などに貸付債権を売って回収するようなことは、コスト的に見合わないので廃止していました。問題は、金利がいくらになろうとも、しょせんは法を遵守しない無法者の業者の存在です。彼らは貸金業法により営業行為が困難になり、自然淘汰されていくとの判断がありました。

貸金業法の効果は見られるが

警察庁が二〇一八年に発表した資料によると、ヤミ金融関連事犯の検挙件数は、一三年の一七三件から一七年には六〇八件と三・五倍に増加していいます。無登録・高金利刑事犯は同じく一六八件から一三五件に減少しており、業界の自主規制団体である日本貸金業協会への登録は定着していることがうかがえ、貸金業法が一定の効果を発揮しているようです。被害額を見ると、一三年は三万人強で百五〇億円、一七年は一万三〇〇〇人で九一億円と被害者数が半数以下に減っている割に、被った被害金はそれに比例して減っていません。

これは一件あたりの被害金額が多くなっていると見ることができます。まとまった額のお金が必要と推測されますが、「事業性資金として高金利の悪徳業者から借り入れた個人事業主が少なくないのではないか」（貸金業関係者）との指摘もあります。

最近５年間におけるヤミ金融事犯の検挙件数の推移

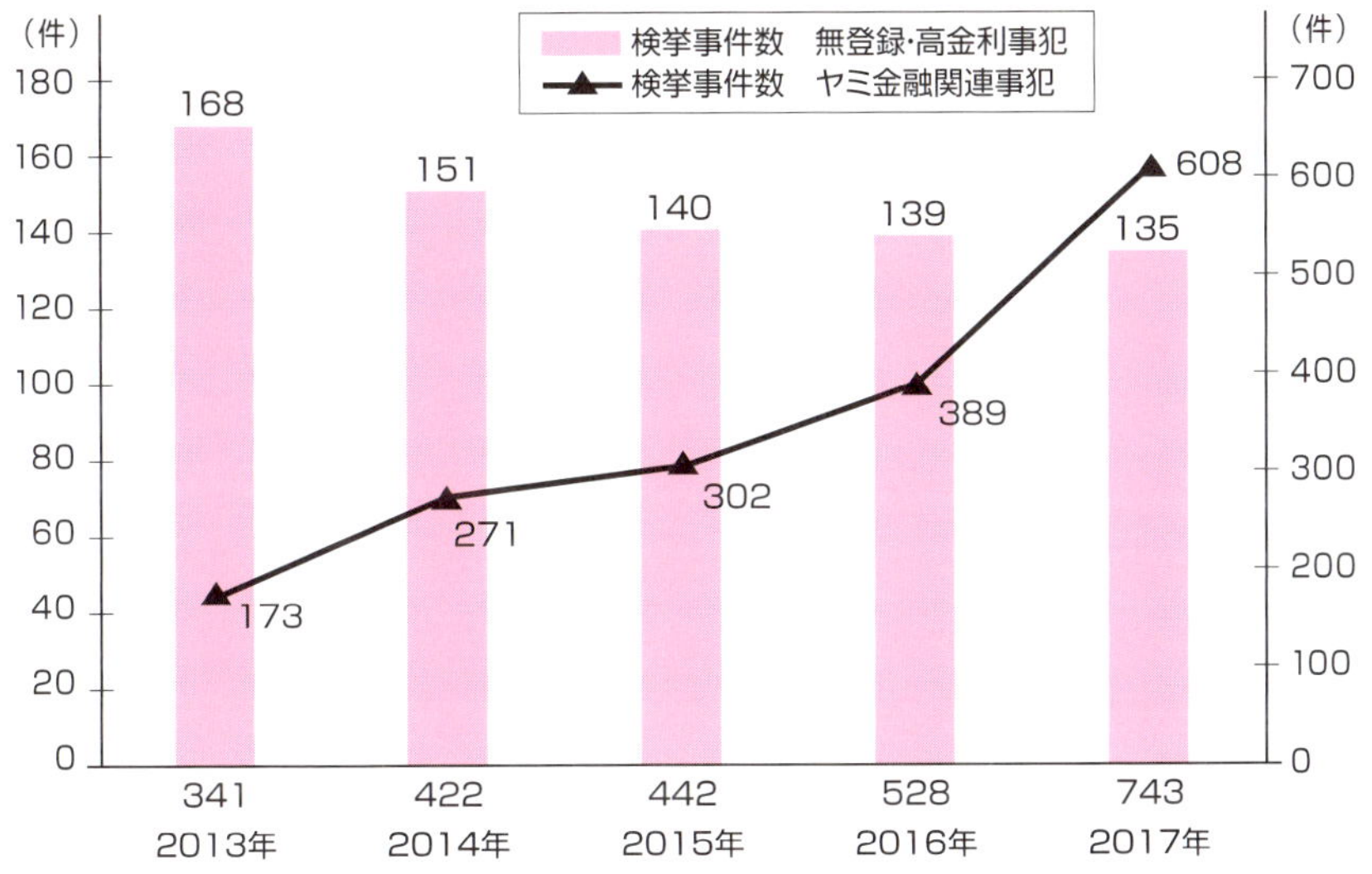

最近５年間におけるヤミ金融事犯の被害者数と被害額

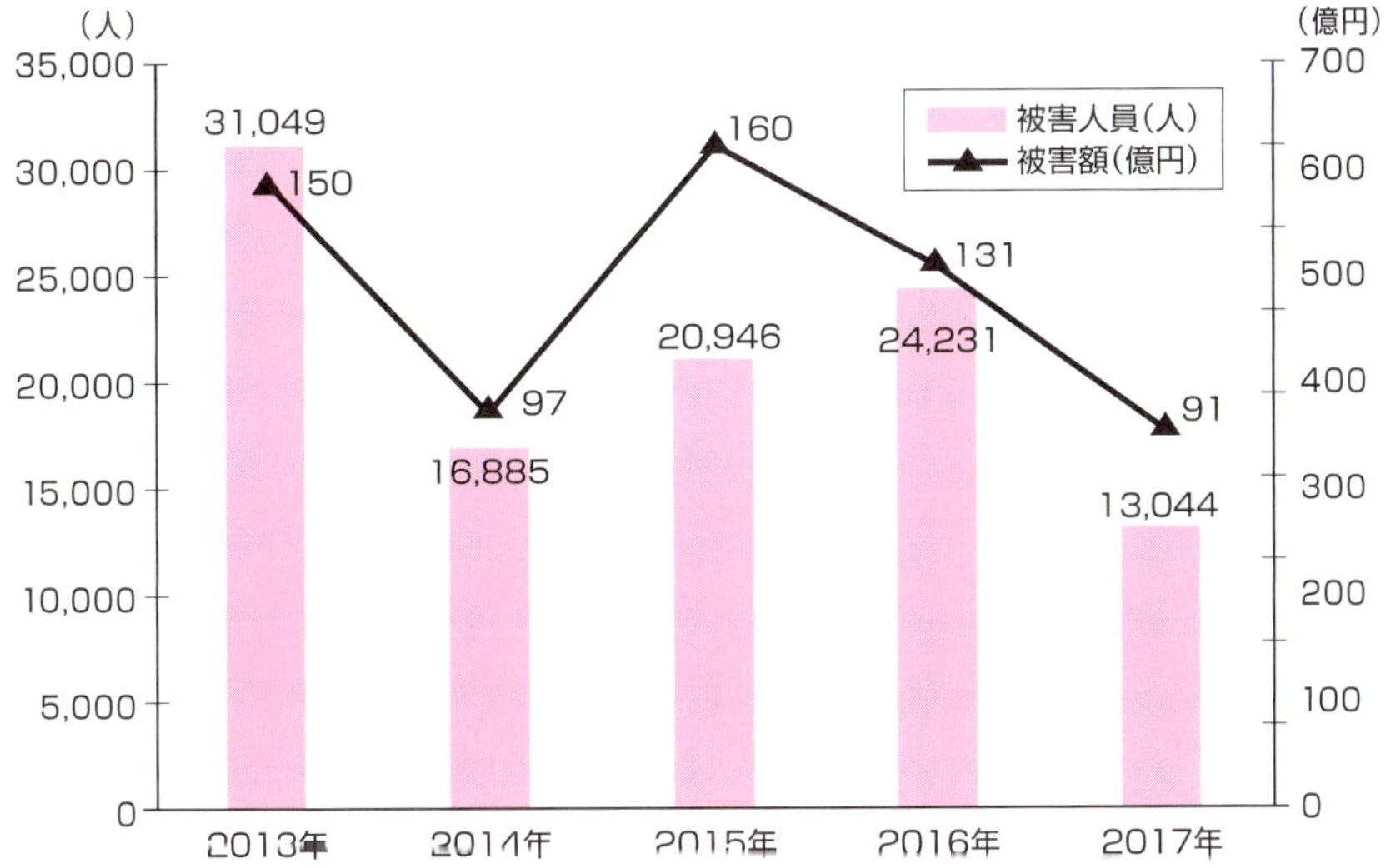

出典：平成29年における主な生活経済事犯の検挙状況等について（警察庁生活安全局）

5 銀行カードローン攻勢にどう対応するか

銀行カードローンの残高がこのところ増加し、消費者金融業界の存在感が希薄になっています。業界としてはどう対応すべきでしょうか。

日本銀行が一七年八月に発表した調査によると、国内一三八銀行のカードローン残高は前年度八・六%増の約五兆七〇〇〇億円。四兆円の貸金業界との差をますます広げています。二〇一〇年に貸金業法が完全施行し総量規制が実施されて以降、消費者金融専業をはじめとした貸金業界の個人向け無担保ローンの残高は、急激に減少していきました。銀行のこうしたローン攻勢に貸金業界は、どう対応していけばいいのでしょうか。

一六年から一七年にかけて、消費者ローンにおける過剰融資や過度な広告宣伝などが批判を浴びて銀行ローン問題が起きました(1-6節参照)。一八年一月、全国銀行協会は銀行カードローンに関する意識調査の結果を公表しました。それによると、消費者金融は借入先として考える人の割合が最大一六%、利用しない比率は八割強です。これに対して銀行借り入れを希望する人は最大四六%、利用しない比率は五割。各業態の利用経験者のうち、現在も借り入れ中の人は銀行やクレジットカード会社に多く見られます。

好感度向上が課題

全銀協の調査結果によれば、借入先の選択理由は、①借入金利が低い②会社が安心・信頼できる③返済方法(場所・時間など)が便利である④申し込み手続きが簡単⑤企業イメージが良い—の順になっています。

金利と返済方法は経営努力で改善できるでしょう。しかし、企業イメージなどの好感度を高めていくには、広告宣伝などの訴求方法を転換していく必要があるのではないでしょうか。

借入種類別の利用意向（単一回答）

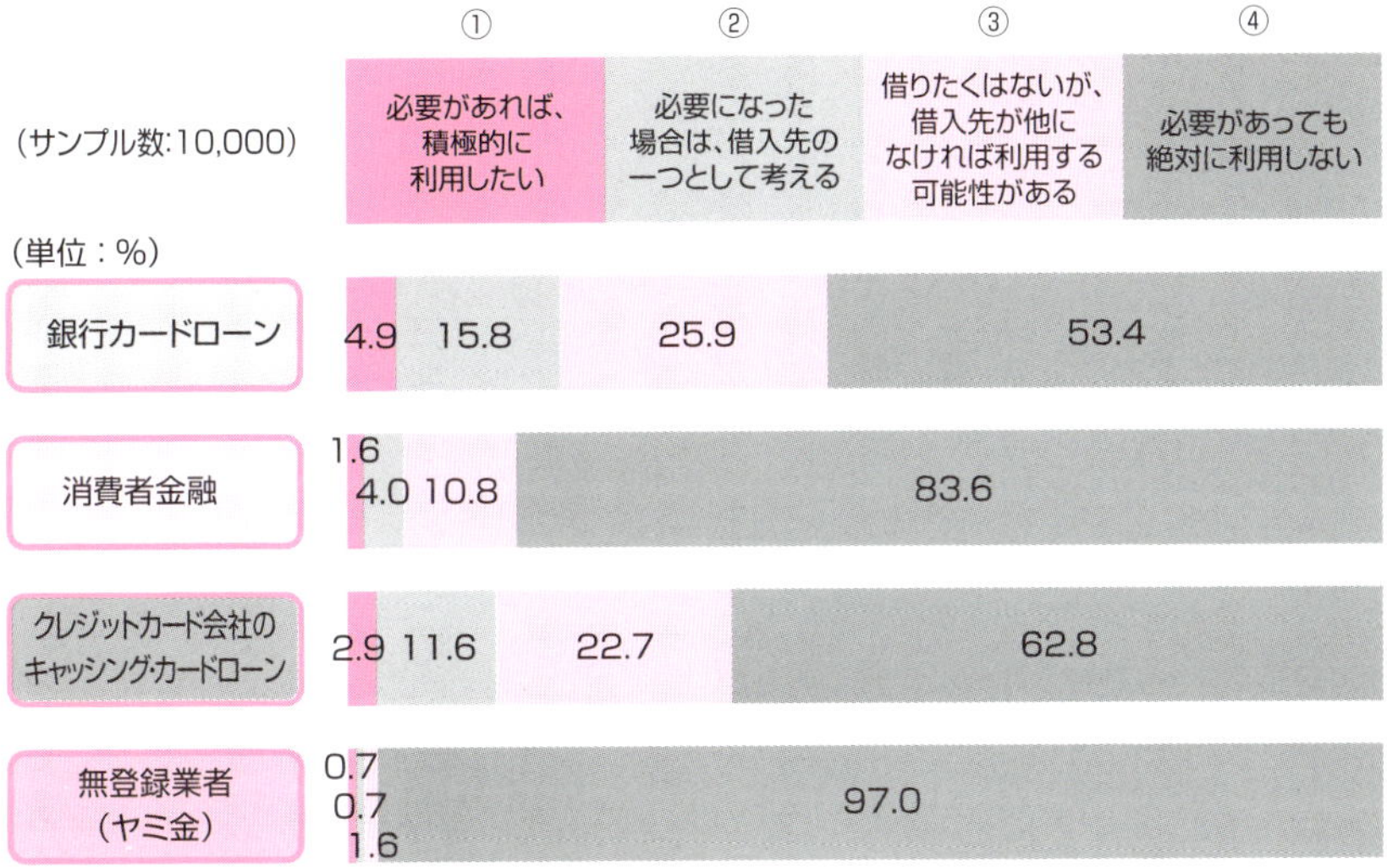

借入の利用経験および残高保有状況（単一回答）

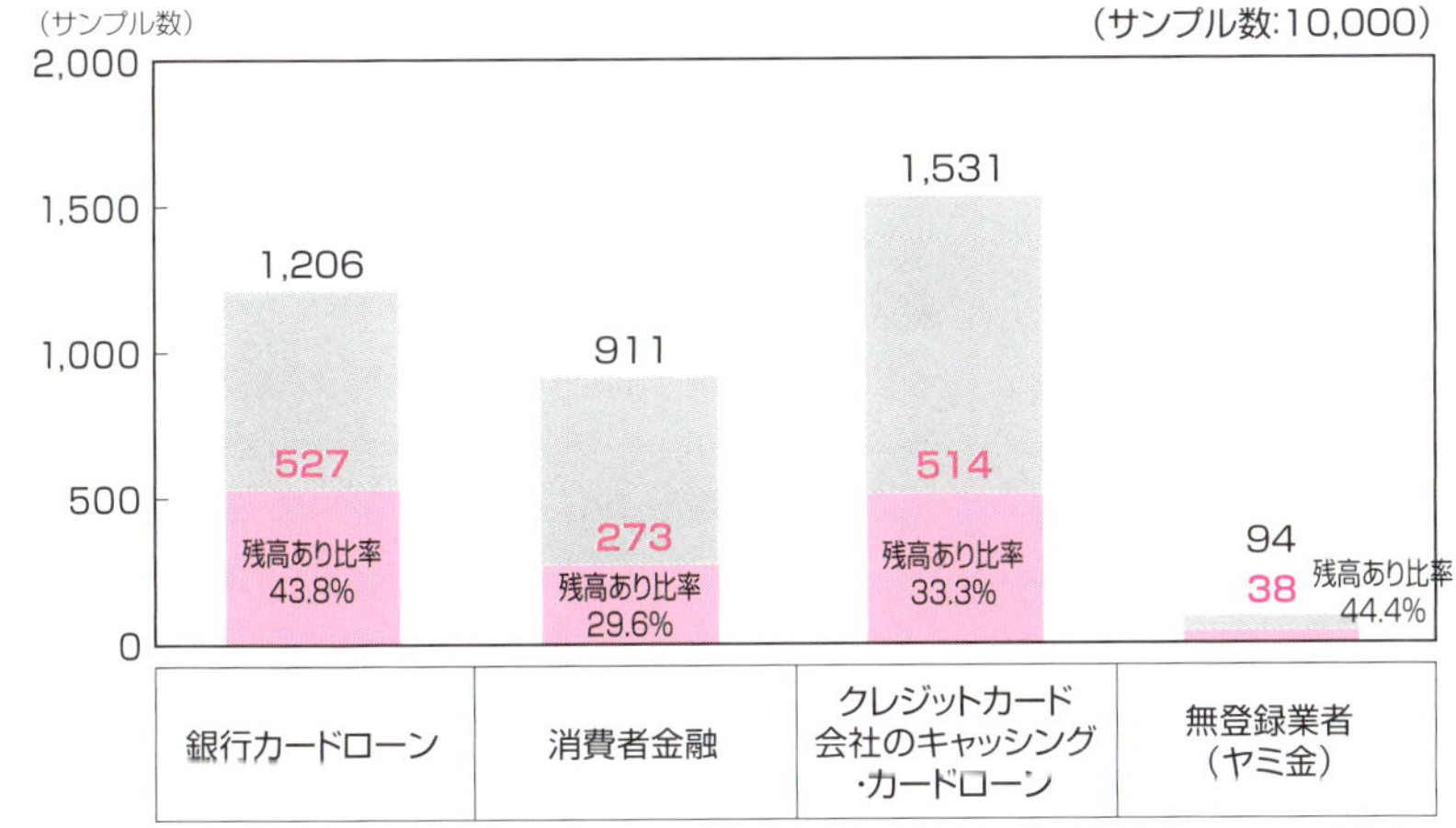

※黒字：経験あり・計　色文字：残高あり

出典:2018年1月18日　全国銀行協会「銀行カードローンに関する消費者意識調査に関する報告」より抜粋

6 ソーシャルレンディングは定着するか

新たな融資形態であるソーシャルレンディングは現在、個人から法人への融資が主流です。これまでの伝統的な貸付手段に対抗できるでしょうか。

消費者金融を筆頭とするノンバンクは、貸金業法の施行以来、上限金利が引き下げられ、年収の三分の一までしか借りられない総量規制ができたため、以前に比べて借りやすさの点で魅力が低下しました。

そんな状況の中で、伝統的な融資形態に風穴を開ける動きが出てきました。お金を貸してもいいという個人と、より低利の金利ならば借入先は問わず融資を受けたいと言う個人が出会う、個人間融資のマーケットが誕生しました。背景には、貸金業法による消費者金融市場の構造的な変化があります。しかし、そのこととは別に、個人に貸し付けて有利な投資をしたいという人の存在があるのがポイントです。

こうした融資は**ソーシャルレンディング**と呼ばれています。お金を借りたい人とお金を投資したい人がインターネット上で出会うようにする新しい金融サービスの仕組みです。二〇〇五年にイギリスのベンチャー企業「ZOPA」が始めたといわれていますが、米国やドイツ、中国、韓国など、世界各国で拠点ができて、今後の市場拡大が見込まれています。

個人間融資は頓挫し、法人融資に

日本のソーシャルレンディング事業者は、〇七年に設立された「**マネオ**（maneo）」が第一号です。個人間融資とは言っても、投資したい人がカネを出し、それを借りたい個人が借りる「場」を提供するので、貸金業法を遵守し、業者登録をしなければいけません。法的には通常の貸金業者と同じ扱いを受けます。

個人間融資とはいっても、マネオは事業性ローン貸付

用語解説

＊**ZOPA**　2005年3月に設立された英国のベンチャー企業。ネットオークション方式で、借り手と貸し手が出会う場を提供している。日本のほか、米国とイタリアに進出しているとの報道があるが、動静について不明な部分が多い。

に限定しており、消費者金融の代替サービスという色彩はありません。融資はオークションで実施されます。借り手と貸し手が金額や金利、返済期間などをやり取りして、実行されます。

同社の設立以降、国内には二〇社のソーシャルレンディング企業が誕生しました。マネオは一一年に事業不振で個人間融資から撤退して事業性融資に特化。約一〇〇〇億円の資金を個人から集め、主にベンチャー企業に貸し付けています。他の企業も事業性融資専門で、融資審査が難しい個人と個人の貸付は行っていないのが現状のようです。

またマネオとＳＢＩグループの「ＳＢＩソーシャルレンディング」を除いては、まだ設立して一〇年と経っていない企業が多く、金融庁など監督官庁からお墨付きを与えられた業界団体も発足しておらず、業界そのものの認知度は低いのが現状です。

銀行やノンバンクなどが長く行ってきた融資形態への抵抗勢力とは言い難く、新たな融資というよりは、新たな投資形態といったほうが当たっているかもしれません。

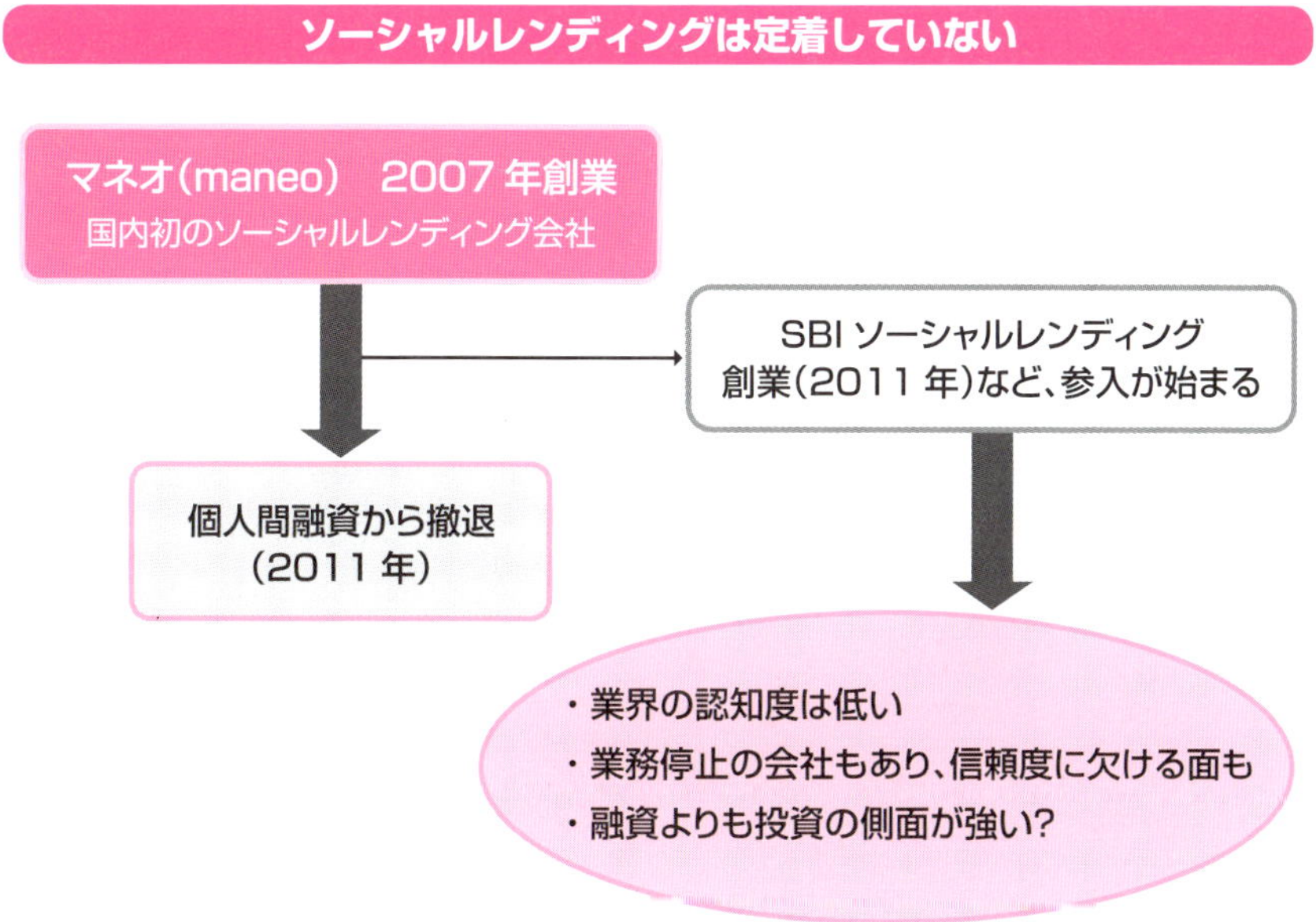
ソーシャルレンディングは定着していない
マネオ（maneo）　2007 年創業
国内初のソーシャルレンディング会社
SBI ソーシャルレンディング
創業（2011 年）など、参入が始まる
個人間融資から撤退
（2011 年）
・業界の認知度は低い
・業務停止の会社もあり、信頼度に欠ける面も
・融資よりも投資の側面が強い？

7 保証業務を第二の本業に育てる(アコム)

アコムは三菱UFJフィナンシャル・グループ(MUFG)との提携関係を軸に、業界トップの地位を維持しています。特に金融機関の個人ローン信用保証に注力しています。

アコムは、消費者金融を初めて利用する確率の高い会社です。好感度は高く、貸金業法施行以降も後に過払い請求がピークアウトすれば、再び収益力の高い企業に戻る可能性があります。

しかし、最大二〇%という利息制限法内で貸付することになり、個人ローンにおける長年の豊富なノウハウがあるとはいえ、無担保ローンだけでは収益増にはつながりません。

そこで力を入れているのが銀行カードローンの保証業務。MUFGにおける融資の信用保証をアコムが一手に引き受けることでグループ内の業務効率を上げる狙いもあります。〇九年に三菱UFJ住宅ローン保証の無担保カードローンの信用保証に関する事業を承継したのを皮切りに、一〇年一〇月には三菱UFJニコスの信用保証事業を引き継ぐなどして保証残高を伸ばし、一四年には「MU信用保証」を立ち上げるなどして一七年三月期には残高を一兆円の大台に乗せました。

現在、三菱UFJ銀行と友好関係にある地方銀行を中心に三〇行(MU信用保証の提携先銀行を含めれば五二行)の個人ローンの銀行保証提携先と業務提携しています。

信用保証の貸倒費用が増加

信用保証業務は、銀行の消費者ローンを審査から万が一の延滞・焦げ付きまでいっさいのリスクを背負うものです。信用の補完をするだけでは、応分の手数料はもらえません。

リスクの高い貸出債権は保証料が高く、ローリスクでは低く設定します。アコムは三菱ＵＦＪ銀行と友好関係にある名門の地方銀行との提携が多いので、顧客の信用度は高く債権リスクは低いと思われます。

したがって保証残高は増加するものの、得られる利ざやは必ずしも高くなりません。アコムにとっては、そこが痛し痒し。保証業務の提携銀行の数をひたすら増やすしかありません。しかし、信販やクレジットカードなど競合も多く、提携先数はどこも頭打ち。貸金業法の施行で業容が低迷するローン事業に代わる信用保証事業ですが、先行き不安は否めません。

信用保証事業はリスク経費も増えています。同社の信用保証における貸倒損失額（一八年三月期）は二五四億円で、ローン事業の二三九億円よりも多く、信用保証事業における債権の良質化も課題の一つになっています。

過払い請求に備えた利息返還損失引当金の繰り入れも経営を圧迫しています。一七年三月期には引当金を大幅に増額したため最終赤字に陥るなど、過払いリスクに頭を痛めているのが現状です。

アコムの業績推移

単位：百万円、%

			2013年度	2014年度	2015年度	2016年度	2017年度
連結	営業収益		202,240	219,289	237,683	245,148	263,453
		増減率	4.8	8.4	8.4	3.1	7.5
	経常利益		15,567	14,747	16,200	▲69,543	81,694
		増減率	▲28.7	▲5.3	9.9	—	—
	当期純利益		10,632	15,840	17,935	▲69,118	70,572
		増減率	▲49.0	22.3	13.2	—	—
単体	営業貸付金残高		713,242	736,430	758,278	777,531	797,284
		増減率	1.8	3.2	2.9	2.5	2.5
	顧客数（1千人）		1,393	1,393	1,406	1,439	1,483
		増減率	▲2.0	0.0	0.9	2.3	3.1
	信用保証残高		678,739	776,544	885,770	1,005,029	1,056,532
		増減率	15.7	14.4	14.1	13.5	5.1

注：単体の数値は個人向け無担保ローン
出所：同社決算資料をもとに作成

8 Web活用し顧客増やす（SMBCCF）

消費者金融大手のプロミスは、二〇一二年四月に三井住友銀行の一〇〇%子会社になり、上場廃止しました。これを機に社名変更し、メガバンクの豊富な資金力のもとで業務を展開しています。

消費者金融大手の中では、貸金業法施行後の業界を的確に予測していたのは、旧プロミスかもしれません。同社は二〇〇四年に三井住友フィナンシャルグループ（SMFG）と資本業務提携を実施。銀行主導の下で、数々の大胆な事業構造改革を断行してきました。

一一年三月に四支社一四八支店を全廃し、東西に保証センターと顧客管理機能を持つ「お客様サービスセンター」、国内一八カ所に「お客様サービスプラザ」を設置する一方、約一三六〇ある無人の自動契約機店のうち約一割の不採算店を廃止しました。一八〇〇台のローン申込機もすべて撤去するなど、利用者と直接向き合う対面営業を廃止し、顧客との接点を自動契約機やインターネット、電話に限定しています。

そして一二年、長年慣れ親しんできた「プロミス」はブランド名になり、正式社名は「SMBCコンシューマーファイナンス」（SMBCCF）になりました。

〇〇年に旧UFJ銀行との間で設立した銀行系消費者金融「モビット」は一一年に三井住友銀行の傘下になり、一七年にSMFGのグループ会社としての位置付けを明確にするため、「SMBCモビット」に商号変更しました。旧プロミスは、名実ともにSMFGの一員となり、メガバンクグループの強い影響力を受けることになったのです。

連結貸付残高一兆円 モビットと海外が貢献

プロミスは長年にわたってアコムと好感度争いを演じてきましたが、ここ最近はWebを活用した顧客獲得が

ワンポイントコラム

【モビットの帰属問題】 旧UFJ銀行との間で設立したモビットは、銀行系消費者金融の最大手でしたが、UFJ銀行が旧東京三菱銀行と05年に合併し、旧プロミスが三井住友FGの傘下になったことで、2つのメガバンクの間で“股割き”状態が続いていましたが、MUFGが消費者ローン、MUFGが信用保証を取ることで決着を見ました。

奏功して新規の利用者を増やすとともに貸付残高でもアコムをリードしています。

一七年にスマートフォンアプリを利用した「アプリローン」の取り扱いを開始。申し込みから契約、入出金など一連の取引を簡便に行うサービス機能を提供しています。

連結の営業貸付金残高では、銀行系消費者金融として名実ともにトップの座にあるSMBCモビットが残高を伸ばし、海外の消費者金融事業で貸付残高一〇〇〇億円を記録、久々に残高一兆円の大台を回復しました。〇九年三月期に単体で一兆一四八億円を記録して以来のことです。

海外事業では、アジア進出で活路を見出そうとしています。一〇年六月に同社完全子会社のプロミス香港と、中国・深圳市の現地資本企業との間で合弁会社を設立。深圳地区での消費者金融事業認可を得ました。消費者金融業が中国本土に進出するのは初めてで、一九九二年の香港を手始めに〇五年にタイ、一一年には瀋陽で事業を開始。海外事業は香港、タイ、中国本土での営業貸付金残高が一八年三月期で一〇〇八億円と初めて海外残高で一〇〇〇億円を突破しました。

SMBCコンシューマーファイナンスの業績推移

単位：百万円、％

			2013年度	2014年度	2015年度	2016年度	2017年度
連結	営業収益		194,808	228,321	245,842	258,818	273,799
		増減率	4.1	17.2	7.7	5.3	5.8
	経常利益		26,538	16,646	▲61,176	67,440	35,948
		増減率	▲48.8	▲37.3	—	—	▲46.7
	当期純利益		29,398	11,245	▲64,809	111,382	24,564
		増減率	▲38.9	▲61.7	—	—	▲77.9
単体	営業貸付金残高		699,609	711,748	728,804	747,891	760,770
		増減率	▲.5	1.7	2.4	2.6	1.7
	顧客数（1千人）		1,321	1,290	1,291	1,301	1,341
		増減率	▲5.5	▲2.4	0.1	0.8	3.0
	信用保証残高		752,596	915,351	1,079,864	1,211,657	1,258,815
		増減率	14.1	21.6	18.0	12.2	3.9

注：単体の数値は個人向け無担保ローン
出典：同社決算資料をもとに作成

9

ADR終了、反転攻勢へ（アイフル）

アイフルは二〇一五年に事業再生ADRを終了させ、営業自粛で落ち込んだ収益の回復に努めるため、攻めの経営に転じようとしています。

アイフルは〇六年から急増した利息返還請求に対応する資金負担が増加し、同時期に受けた行政処分による全店（約一七〇〇店）業務停止命令で営業自粛を余儀なくされて業績が低下しました。〇八年には総額一二〇〇億円の資本増強を実施しましたが、同年九月に起きたリーマン・ショック以降の金融不況による急激な市場の悪化もあって資金調達難に陥りました。

そこで同社は借入先金融機関との話し合いで返済猶予などについて協議。再生を図る私的整理の一種である**事業再生ADR**＊手続きを申請し経営再建に乗り出しました。

消費者金融事業はアイフル、クレジットカード事業は**「ライフ」**ブランドに集約し、それぞれの知名度を生かした事業展開を図って事業分野を集約するほか、事業者金融や不動産賃貸事業の子会社を本体に吸収合併するなどのグループ再編で本社機能や間接部門の統廃合を断行しました。そして一五年、六五行に上る金融機関からの総額二八〇〇億円の元本返済にメドを付け、事業再生ADRはようやく終了しました。

メインバンク二行との関係がカギ

ADRの終了後は、アイフルの貸付残高（単体）が急速に伸びています。一五年度は二六二六億円（前年比一四・五％増）、一六年度は三〇一〇億円（一四・六％）、そして一七年度には三四一七億円（一三・五％）と三年連続して二ケタ伸長を記録しました。

一七年度における新規の成約件数は一九万七千件で前年比八％増加しており、顧客数も七八万人と前年度

用語解説

＊**事業再生ADR**　07年に施行された「裁判外紛争解決手続の利用の促進に関する法律」（通称ADR法）と、改正産業活力再生特別措置法によってできた私的整理の一種。本業を継続しながら、取引銀行との協議によって金融支援による解決策を見出せるメリットがある。事業再生実務家協会は事業再生計画を公正に検討する第三者機関。

に比べて一一%増と堅調に推移しています。

信用保証ビジネスは、大手他社と比べて見劣りがします。業務開始が遅れたことと、〇六年の行政処分などによる企業イメージの低下で提携先が伸びず苦戦したためです。名門の地銀は競合他社に取られていることから、第二地銀や信金・信組が多いのが現状です。

海外事業もこれからです。一五年に中国のリース事業会社を買収してグループに入れたのを皮切りに、同年九月に初めてタイに消費者金融会社を設立して営業を開始。一七年にインドネシアに中古車ローン事業会社の株式四〇%を取得してアジアビジネスに本腰を入れています。

アイフルはメガバンクグループに属していない独立系の消費者金融ですが、メインバンクは三井住友信託銀行とあおぞら銀行の二行。特に三井住友信託銀は旧住友信託時代から極めて緊密な関係にあります。

預金金融機関ではないノンバンクにとって、資金調達は重要な経営課題。アイフルの一八年三月期における有利子負債の内訳で見ると、銀行借り入れが約四割。銀行との良好なパイプが経営のカギを握っています。

アイフルの業績推移

単位：百万円、%

			2013年度	2014年度	2015年度	2016年度	2017年度
連結	営業収益		91,858	86,352	87,708	91,450	115,389
		増減率	▲7.8	▲6.0	1.6	4.3	26.2
	経常利益		24,752	▲36,498	6,860	7,399	2,823
		増減率	40.3	—		7.8	▲61.8
	当期純利益		30,461	▲36,499	7,044	7,276	3,958
		増減率	34.2	—	—	3.3	▲45.6
単体	営業貸付金残高		216,072	229,391	262,655	301,063	341,777
		増減率	▲3.8	6.2	14.5	14.6	13.5
	顧客数（1千人）		565	592	647	707	788
		増減率	▲6.0	4.9	9.3	9.3	11.4
	信用保証残高		80,488	78,133	78,466	80,039	87,970
		増減率	57.6	▲2.9	0.4	2.0	9.9

注；単体の数値は個人向け無担保ローン
出所：同社決算資料をもとに作成

ワンポイントコラム

【総合金融会社を標榜した企業】 アイフルの福田吉孝社長は、信販大手・ライフを買収した2001年以降、連結ベースで消費者金融業界トップに立ったことで「総合金融会社」を目指すと豪語するようになりました。かつて信販最大手の一つオリエントコーポレーションも、ライバル日本信販（現三菱UFJニコス）と競い、総合金融会社を標榜しました。

10 アジアに目を向ける

貸金業法の施行で国内における消費者金融は事業としての魅力が減退したことから、大手三社は海外事業に注力しています。

SMBCコンシューマーファイナンスは一九九二年、他社に先駆けて「プロミス香港」を開業。国内で培ってきた無担保個人ローンのノウハウを活かしています。近年はインターネットを通じた取引ニーズの高まりに対応するため、一四年からWebによる申し込みチャネルを設けて利用者増につなげています。

貸金業法の施行以降は、香港での実績と経験を活かして中国本土に積極的に営業拠点を開いて、海外事業を経営の中枢に据えることを明確にしています。中国政府は〇九年に内外の金融機関に対して消費者金融業務を解禁しました。成長著しい経済大国ですが、広大な国土を持つ中国で、貸し付けたローンの返済督促や個人信用情報の未整備など、消費者金融を展開することは、ある程度のリスクを抱えます。

しかし、中国の消費者ローンは上限金利二四%に同程度の手数料が付加されて、実質四〇%近い金利になります。日本では望めない高金利が積極進出につながっています。同社の海外の貸付金残高は一八年三月末現在一〇〇八億円(前年比九・七%増)。国内大手三社の中では群を抜いています。

アイフルも二社を追って進出

業界トップのアコムは、タイに「EASY BUY」を設立。個品割賦を主力事業として業務を開始しました。〇一年にはローン事業にも参入、のノンバンクにおける市場シェアは二〇%以上を維持しています。

アイフルも一五年、タイに消費者金融専業の現地法人を設立し、海外事業に本腰を入れ始めています。

アジアで取り返す大手３社

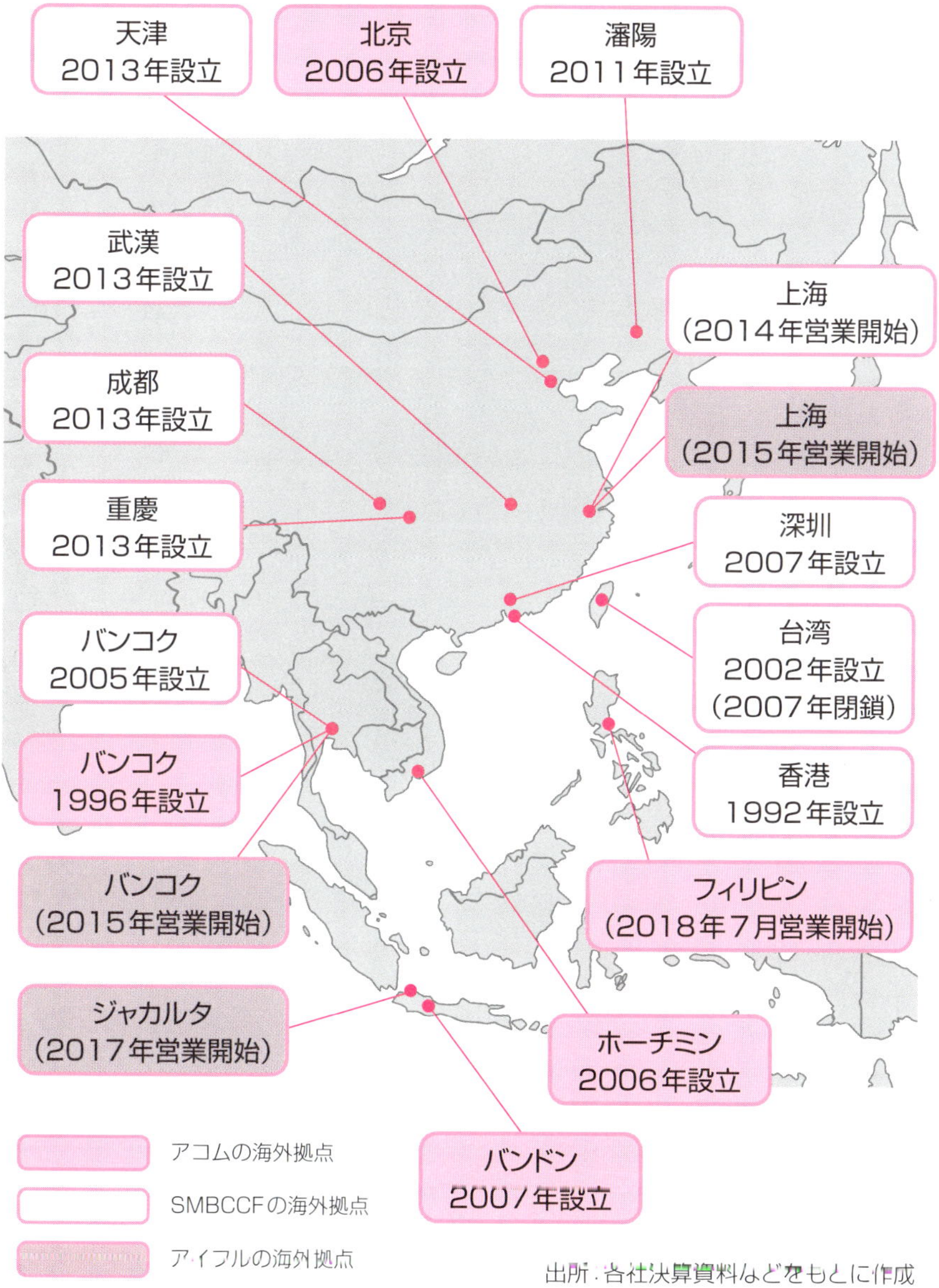

出所：各社決算資料などをもとに作成

11 銀行ローン保証業務が生き残りの生命線

厳しい経営環境にある消費者金融会社にとって、収益確保のカギを握るのが金融機関との提携による無担保ローンの保証業務です。

無担保ローンの保証業務とは、銀行・信用金庫などが取り扱う個人向け消費者ローンが回収困難に陥ったり回収不能になったりした場合、金融機関に代わって弁済する業務です。小口の個人ローンの審査や回収・督促が苦手な金融機関に代わって、消費者金融が代行します。

これまで金融機関は、七〇年代後半に消費者ローン分野に進出し、八〇年代にも自行の預金者などにカードローンを販売してきましたが、いずれも実績を上げることなく撤退していきました。

「貸金業者が実績を上げているくらいだから、銀行にもできると考えていたが、焦げつきが許されない銀行にとって、リスクのある顧客には貸せないし、貸しても返済の督促や回収事務に慣れていなかった。手間がかかる上にお客さんからは督促すれば文句を言われるなど散々で、現場の行員は販売に腰が引けていた」と、ある地銀の支店長は当時の様子を話しています。

銀行のローンは利息制限法の関係から、上限金利は最大二〇%までですが、八〇年代に登場したカードローンは金利一〇～一二%。そのうち一～二%が保証料で、保証を担うのは自行系の保証会社や都道府県の保証協会、信販会社や銀行系クレジットカードが大半でした。この程度の保証料では、受託するノンバンクにとってもリスクを取るだけのうまみはありません。いきおい、厳しい審査になって、借りられる人は少なくなります。

いまや主力事業の保証業務

毎月五〇億円から一〇〇億円近い過払い金が**キャッシュアウト***していく状況に加えて、貸金業法の総量規

用語解説
***キャッシュアウト**　文字どおり、現金が手元から出ていくこと。反対はキャッシュインで、そこからキャッシュアウトを差し引いた収支をキャッシュフローと呼ぶ。

制と上限金利引き下げで業界を長年支えてきた個人無担保ローンの貸付残高は激減しました。貸付金は今後も大幅な増加は望めそうにありません。

それに代わるメイン業務が金融機関との提携による無担保ローンの信用保証業務です。もともとは、〇七年に破たんした業界中堅の「クレディア」が、同じ静岡県にある第二地銀の中部銀行（〇二年破たん、〇二年に清水銀行など三行に営業譲渡）が販売する個人ローンの保証業務を受託したのが消費者金融と銀行による消費者ローン保証業務の始まりです。

旧プロミス（現SMBCコンシューマーファイナンス）は二〇一〇年に保証業務に熱心だった三洋信販を吸収合併したため、保証残高・提携先ともトップ。

アコムも三菱UFJフィナンシャル・グループ（MUFG）の一員として、友好地銀の多いMUFGとのパイプを利用して残高を伸ばしています。アイフルは事業性ローンを得意にしており、このノウハウを活かして事業性ローンの保証に力を入れています。

消費者金融と銀行などによるローン保証業務提携状況

2018年3月末時点

社名	保証残高（億円）	提携先数		提携ローン内容
			内訳	
SMBCコンシューマーファイナンス	12,588	188	地銀59、第二地銀9、信金80、信組36、その他4	消費者ローン
アコム	10,455	30	地銀23、第二地銀2、その他5	消費者ローン
アイフル	879	139	－	消費者ローン 事業者ローン

出所：各社決算資料などをもとに作成

12 消えない「過払い金請求」

過払い金請求が相変わらず経営を圧迫しています。一時の勢いはなくなったものの、終わりが見えない負の遺産の処理は今後も続きます。

○六年一月の最高裁判断以降、「過払い金請求」はマスコミが盛んに報道したことから、一気に火が点きました。中間決算を目前に控えた同年九月には、日本会計士協会が過払い金請求の急増を見越して、「利息返還損失引当金」の計上を要請。各社は突然降って湧いた引当金の準備に追われ、それ以降今日まで経営の屋台骨を揺るがす一大事になっています。

過払い金請求は、貸し付けた金が返還額より大きい場合には債権を一部放棄して返還し、貸付金が返還額よりも小さい場合には貸付金を全額放棄して差額を返還する方法がとられます。完済者には利息制限法で再計算し返還します。

したがって、過払い金請求には請求を見越した準備金と債権放棄による貸倒引当金の両方を毎年積み立てておく必要があります。過払い金請求の時効は、多くの判例から諸説ありますが、最後に完済したときから一〇年というのが定説になっています。

しかし利用者は数年かかって返済し、また借りて返す人も少なくないので、業者は絶えず巨額の引当金を積み増すことに追われます。

過払い金請求に時効期限を

例えば、業界首位のアコムは一七年度の営業利益八〇九億円に対し、利息返還金は五三四億円、貸倒関連費用が五九二億円。厳しい経営が毎年続いています。過払い金請求により短期の時効期限を設けなければ庶民金融は消滅します。ローン難民を増やして国が救済する最悪の事態になることは避けなければなりません。

消費者金融大手３社過払い関連概況

単位：百万円、%

		アコム	SMBC-CF	アイフル
2017年度	利息返還金	53,470	36,000	22,484
	増減率	▲9.1	−	3.7
	貸倒関連費用	59,253	58,062	20,497
	増減率	14.4	6.3	3.4
2016年度	利息返還金	58,852	−	28,545
	増減率	2.2	−	▲12.5
	貸倒関連費用	51,786	54,595	20,744
	増減率	18.3	5.0	28.6
2015年度	利息返還金	57,600	122,000	32,610
	増減率	▲2.0	172.3	9.1
	貸倒関連費用	43,780	52,015	16,126
	増減率	8.3	8.6	621.6

出典：各社決算資料をもとに作成

利息返還請求件数の推移（アコム）

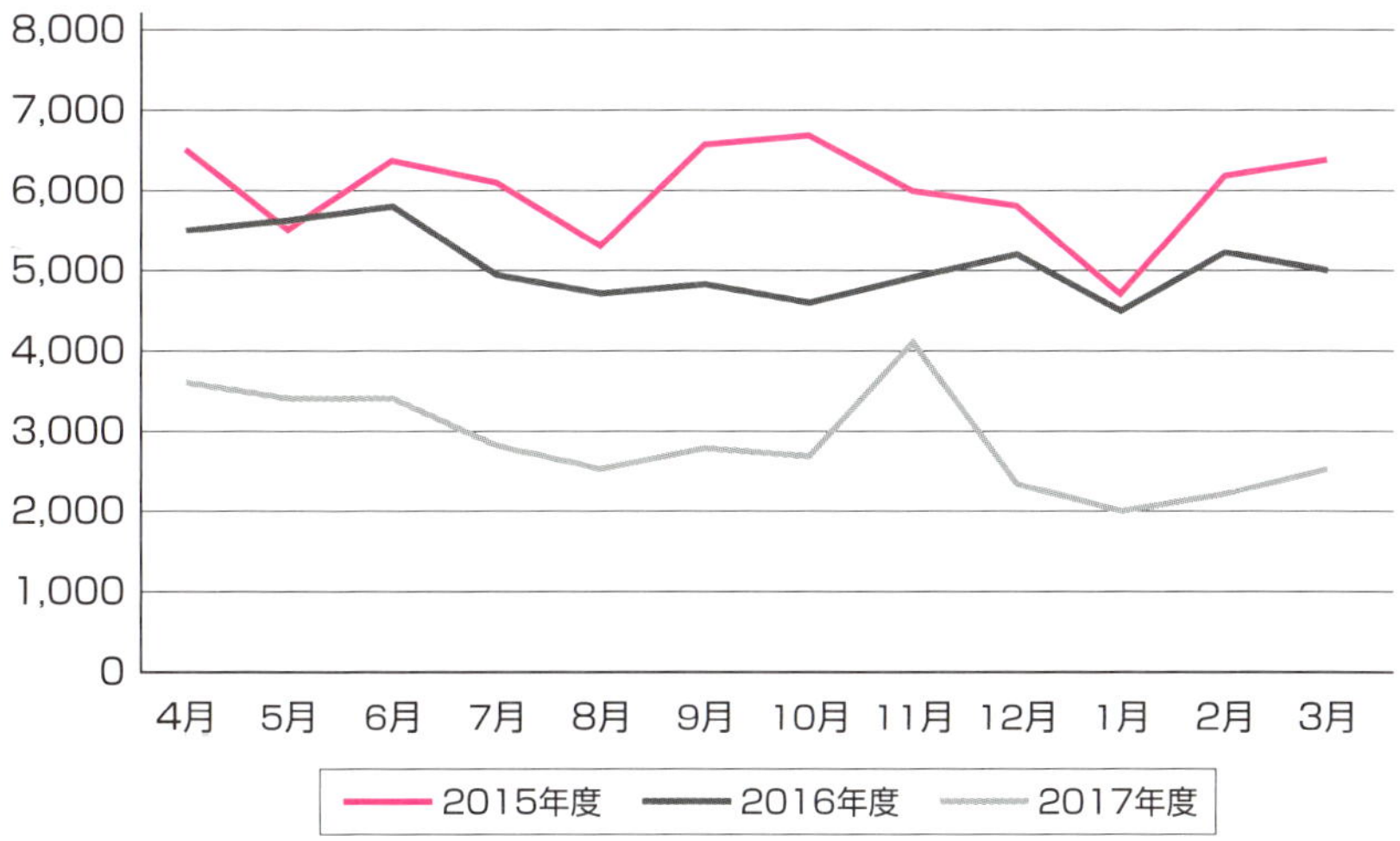

出所：各社決算資料などをもとに作成

13 利息返還金ビジネスは健在

過払い金請求が「合法化」されたことで、利息返還請求を専門に扱う弁護士・司法書士が急増。返還金を巡る苦情も増えています。

過払い金請求は、貸金業者から借りた貸付金の利息をそれまで出資法で定めていた貸金業向けの金利を利息制限法に引き直して再計算し、払い過ぎた返済金の返還を請求することです。こうした仕事は**債務整理**と呼ばれ、弁護士だけに認められた業務です。

過払い金請求は、いわゆる「サラ金問題」がマスコミに登場するようになった一九八〇年代から始まっており、「高金利・過剰融資・過剰取り立て」の〝サラ金三悪〟を追放する弁護士たちが長い間活動し、その中で「利息制限法と異なる高金利は認められない」と主張してきたのです。

地裁・高裁レベルで、こうした弁護士たちの手によって多くの訴訟が提起されましたが、司法判断は二分していました。それが〇六年一月に最高裁が「取り過ぎ」との判断を示したことで、過払い金請求はお墨付きを与えられたのです。

さらに〇四年から、訴訟金額一四〇万円以下の場合は司法書士に依頼して過払い金請求ができるようになりました。これで過払い金請求の代理業務を扱う担い手が増えたことが、過払い金請求ビジネスが拡大した大きな要因の一つです。

日弁連が報酬規制

〇六年に過払い金請求が「合法化」されたことで専門の弁護士や司法書士が登場し、テレビや新聞などに広告を出すようになったことで、過払い金請求件数は急激に増えました。

彼らは過払い金請求の実績を競うようになり、中には

用語解説

＊**日本弁護士連合会**　1949年設立。弁護士は日弁連のもとに各地の弁護士会がぶら下がる中央集権体制。弁護士会に所属しなければ活動できない。会長は東京・大阪の大規模弁護士会の会長が歴任してきたが、一連の司法改革で合格した若手弁護士が推す宇都宮健児氏が2010年、異例の当選を果たした。

多重債務者を食い物にする弁護士・司法書士も出てきました。本来、弁護士は多重債務者に対して債務整理業務を委任されれば、依頼人の立場に立って正当な返済金を渡した上で妥当な報酬を受け取るべきです。

ところが一部の弁護士は一任されている立場を悪用し、依頼人には僅かな金額を返還して自らは高額な報酬を得ているケースが出てきました。

多重債務者は返済状況や返還されるはずの金額など、過払い金請求の実態に対して知識が不足しています。それをいいことに、一〇〇万円戻ってくるべきところを五万円しかもらえなかったというケースがあとを絶ちません。「業者と交渉するのは大変だ。苦労してやっと勝ち取った五万円だから、有難いと思え」といわれて泣き寝入りする人もいたのです。

日本弁護士連合会*は、こうした事態を憂慮して二一年四月から、過払い金請求で、裁判を通じて解決した場合は訴訟額の二五%、業者との話し合いで解決したときは二〇%、返済金を減額して業者と借り入れ人との間を仲介して和解が成立したケースは五万円以内とする報酬規制を設けました。

弁護士を潤す過払い金請求ビジネス

過払い金請求
債務整理
弁護士・司法書士の固有業務

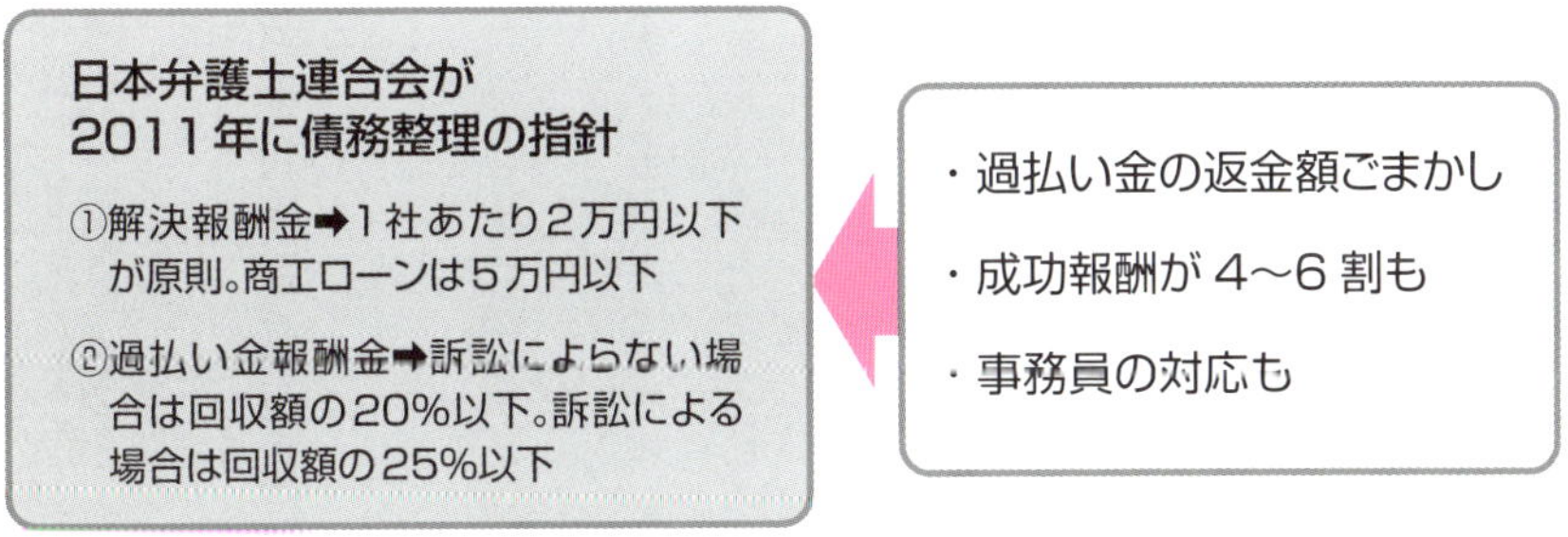
日本弁護士連合会が
2011年に債務整理の指針
①解決報酬金➡1社あたり2万円以下が原則。商工ローンは5万円以下
②過払い金報酬金➡訴訟によらない場合は回収額の20%以下。訴訟による場合は回収額の25%以下
・過払い金の返金額ごまかし
・成功報酬が4～6割も
・事務員の対応も

ワンポイントコラム

【過払い金弁護士の報酬】　弁護士に訴訟代理人を依頼する場合、通常は着手金と成功報酬の2種類がありますが、過払い金専門弁護士の中には04年の報酬自由化をタテに「着手金ゼロ、成功報酬40%」としている例もあり、「消費者ローンより高い"金利"ではないか」(貸金業者)との皮肉もあります。

14 個人信用情報機関で反社情報提供

貸金業法で利用者の信用度を測るため、業者は個人信用情報機関への信用照会が義務付けられ、機関も認可を受けることになったことで、生き残りに懸命です。

貸金業法の第三次施行（〇九年六月）で、融資の申し込みを受けた貸金業者は申込者の借入状況を把握するため延滞情報などのブラック情報*を蓄積した個人信用情報を蓄積している専門機関に信用照会することが義務付けられました。業法ではその専門機関を国が指定する制度を設けるので、貸金業者は指定された機関を利用しなければなりません。

加えて改正割賦販売法においても一〇年六月から、ショッピング枠を設けてその範囲内で適切な返済ができるかどうかを確認するため、利用者の信用情報を取得することが求められ、キャッシング・ショッピングクレジットの両分野で個人信用情報機関への加入が従来の努力規定から義務になりました。

法律で信用照会が義務付けられる以上、機関も国から「お墨付き」をもらわなくてはなりません。これが個人信用情報機関の指定制度といわれるものです。消費者金融会社系の「日本信用情報機構」（ＪＩＣＣ）、信販・カード会社系の「シー・アイ・シー」（ＣＩＣ）の二社が指定を受けました。

一四年七月から特定情報照会サービス開始

二〇一三年九月、信販最大手オリエントコーポレーションはみずほ銀行との提携ローンを通じて、いわゆる暴力団など反社会的勢力に融資したことが発覚。反社取引と知りながら二年以上対応を取っていなかったことで、みずほ銀行と共に業務改善命令を受けました。この問題は近年、産業界で叫ばれている反社会的勢力排除

用語解説

* **ブラック情報**　業界では「異動情報」とも呼ぶ。返済期限が過ぎても返済されなかったりするケースなど、借り入れた人にとって貸金業者がマイナスの判断を下す材料のある情報を指す。ブラックリストともいう。

方針に逆行するものとして、批判を浴びました。

金融当局は一四年六月、貸金業向けに「総合的な監督指針」、「業務運営に関する自主規制」などを発表。これを受けるかたちで日本貸金業協会とＪＩＣＣが連携して「特定情報照会サービス」の提供をスタートさせました。

全国暴力追放運動推進センターなどから反社情報を提供してもらい、反社会的勢力に関するデータベースを構築し、照会・照合ができるサービスです。

ただ、利用者の誰が反社会的勢力であると判定できるのか、情報の有効活用は難しい面が少なくありません。情報構築はできたものの、それを活かす運営方法は各社とも異なるでしょう。

個人信用情報機関は本来、利用者の個人信用情報を扱う情報センターであり、膨大な情報の中から反社会的勢力を特定することを目的にしていません。オリコの問題が起きたためにノンバンクが矢面に立たされていますが、金融業界全体の問題として捉えるべき課題ではないでしょうか。

個人信用情報機関の比較

2018年3月末時点

	信販・カード会社系	消費者金融会社系
	シー・アイー・シー（CIC）	日本信用情報機構（JICC）
設立時期	1984年9月	1986年6月
会員社数	938社	1382社
登録情報件数	7億1720万件	3億9466万件
月間照会件数	1869万件	912万件
情報登録頻度	取引発生時間	取引発生時間

出所：各社HP開示情報をもとに作成

column

「返せない」と「借りられない」

貸金業法の段階的施行から12年、完全施行から8年が経過しました。貸金業界は衰退の一途を辿り、主力の無担保個人ローンは総量規制のため伸び悩み、業界の主力事業は金融機関の保証業務に取って代わりつつあります。

保証業務は融資審査から回収までを請け負うビジネス。無担保ローンで培ったノウハウをそのまま生かせる点で、事業の軸はブレていないともいえますが、保証業務は受託事業であり、利用者は金融機関の顧客で、貸金業者は黒子の位置付けになります。

これは、いわば代理店事業で、貸金業者にとって、保証業務の対象は顧客であって顧客でない、中途半端な存在です。

2016年に貸金業法の改正が議論されたことがありました。貸金業者が審査を厳しくしたことで、短期の資金繰りが厳しい個人事業者などが資金難で苦しんでいます。法改正は、こうした事業者が借りやすくするようにする狙いでした。しかし、議論は先延ばしになっています。

彼らは返せなくなって追い込まれたのではなく、借りられなくて逼迫(ひっぱく)しているのです。法改正の議論は、業者と利用者の双方が「健全」になるために、生活者の実態をよく把握して見直し策を実行すべきではないでしょうか。

貸金業者の経営が苦しくては、銀行が貸さない人への支援はできません。緊縮財政で国がすべて面倒を見ることはできないならば、貸金業者に経営を維持できるだけの独自金利を認め、業者の財務基盤を崩壊させつつある過払い金返還請求を早急に停止させる措置が必要です。

他方、業者は自己の利益ばかりにこだわらず、利用者との間で長い期間にわたり貸付や返済の相談、およびカウンセリングを充実させることが望まれます。貸す人は借りる人に対してアドバンテージがあります。それを縮める努力をしないならば、お堅い銀行と変わるところがなく、ノンバンクの存在意義はありません。貸金業者は弱者のための金融機関であり続けることが重要でしょう。

第6章

クレジット／ローン業界の将来動向

クレジットカード、信販、消費者金融は業法改正後、厳しい経営環境のもとにあります。独自性の発揮が今後の生き残りにとって重要になるでしょう。「資金決済法」が施行され、新たなライバルも出現しています。

1

銀行従属の先にあるもの

信販・クレジットカード・消費者金融のノンバンク三業態は、大半がメガバンクグループの傘下にあります。ノンバンク業界は低迷しており、厳しい生存競争が続きます。

ノンバンク大手各社がメガバンクグループと資本業務提携を結んだのは、二〇〇〇年代前半。貸金業法の完全施行（一〇年）でキャッシング収益が頭打ちになり、過払い金請求に備えた損失引当金は現在も業績の足を引っ張っています。

かつて、メガバンクのトップは「消費者金融の与信能力は素晴らしい。グループ内の個人ローン審査はすべて消費者金融にやってもらいたいと考えているほどだ」と賞賛しました。しかし、過払い金請求が膨大な額に上り、消費者金融会社の株価は急落。ついに大手の武富士が経営破たんしたことで、消費者金融専業でメガバンク傘下のアコム、ＳＭＢＣコンシューマーファイナンス（旧プロミス）は主力業務をドル箱の無担保個人ローンから銀行との提携による保証業務に転換するなど、戦略を大幅に見直しています。〇九年に事業再生ＡＤＲの適用で二八〇〇億円の借入金返済の猶予を受けていたアイフルは一五年八月、ようやく返済を終えて生き残っているのが現状です。

三菱ＵＦＪフィナンシャルグループ（ＦＧ）傘下の三菱ＵＦＪニコス、三井住友ＦＧのセディナは完全子会社になり上場廃止になりました。いずれも過払い金請求圧力が大きな要因です。

メガバンクとの関係は変化するか

銀行にとってリテール専門のノンバンクは重要なビジネス部門です。消費者金融はいま、貸金業法のもとで厳しい経営環境にありますが、それでも利益率の高いキャッシングのノウハウを持っています。信販・クレジットカードの主力業務であるショッピングは、購買履歴を把握すれば個人情報が蓄積できます。

メガバンクが得意にしているは大企業取引。苦手な個人業務分野は、傘下のノンバンクに収益を上げてほしいと考えています。そのためには、信販、クレジットカード、消費者金融に共通している**基幹業務システムの共同化**などで経費を減らし、グループ内での稼ぎ頭になってほしいと願っています。これら三業種は事業部門が重複しており、キャッシングはその最たる分野です。このため、個人ローンに強い消費者金融会社にキャッシング部門を集約する可能性があります。

ただ、ノンバンク各社もメガバンクの傘下に入ったとはいえ、経営の独立性は保ちたいと考えています。グループ内にいれば資金調達の面では安心ですが、ここを押さえられると経営の独立性は揺らぎます。「金も出せば口も出す」ことになるのです。

メガバンクから離脱すれば資金調達難になりますが、従属すれば経営の独立性は薄れていきます。生き残りの最大のテーマは、メガバンクとの折り合いをどうつけていくかです。

メガバンクの支援なしに生き残れるか

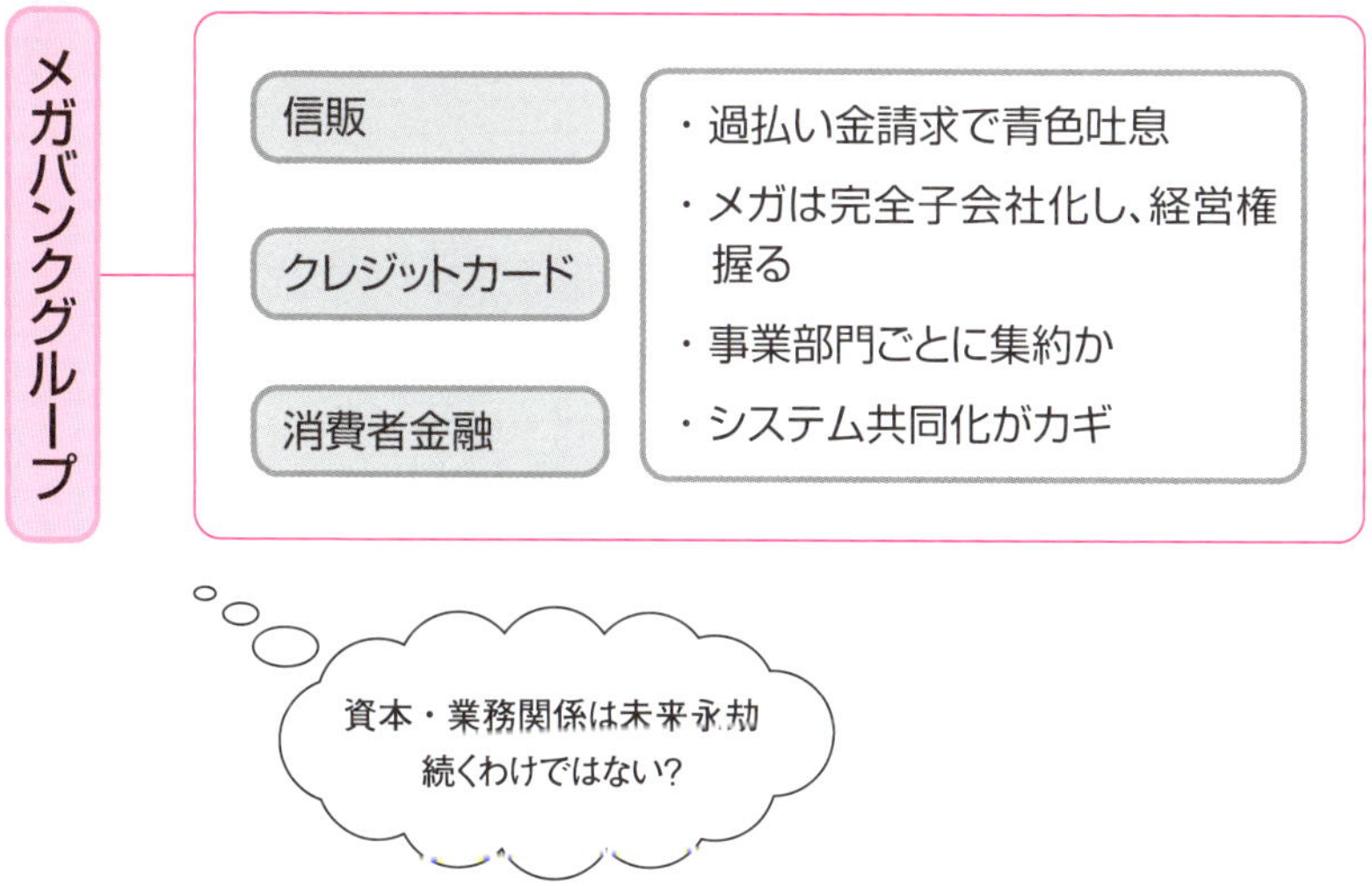
メガバンクグループ
信販
クレジットカード
消費者金融
・過払い金請求で青色吐息
・メガは完全子会社化し、経営権握る
・事業部門ごとに集約か
・システム共同化がカギ
資本・業務関係は未来永劫続くわけではない?

ワンポイントコラム　**【JCBとニコスのシステム共同化】**　05年に両社はシステム協業で合意していましたが、JCBの基幹システム構築が遅れたため計画にズレが出たこと、ニコスが財務悪化したことで11年2月、共同化は凍結されることになり、三菱UFJFGのノンバンク戦略に大きな狂いが生じました。

2 決済ツールの決め手は生体認証？

クレジットカードは与信をして消費者の決済を代行する業者です。決済手段が多様化し、カードに代わる新しいツールが登場しています。

クレジットカードは、後払いという決済の利便性によって普及してきました。一方で、セキュリティに対する不安を感じる人も多く、業界では安全で安心して使うことができるよう、ICカード化など対策を講じてきました。

わが国のクレジットカードは銀行口座から自動的に引き落されて決済が終了する仕組みによって、高い利便性が維持されています。

裏を返せば、クレジットカードの最大の特徴は個人に対する与信機能ですが、口座振替の「受け皿」になっていることが高い利便性を維持している原動力です。ノンバンクビジネスは、銀行口座と紐付きの関係にあることが宿命であり、新たな決済ツールの登場に敏感でなければなりません。

コスト増は利用者離れを招く

クレジットカードにおける決済ツールは少なくありませんが、将来的に見ると、どれも改善が求められる点を抱えています。

わが国の電子マネーは国内仕様で、海外では利用できず、海外からの訪日客も使えません。携帯・スマホも同様に日本独自の通信構造で世界標準になっていません。国内のクレジットカードの多くは国際的な仕様である「EMV」に準拠していますが、スーパーなどの加盟店の信用端末がEMVに対応していないのが現状で、国際化が遅れています。

携帯・スマホは電子マネーの受け皿として日常の利用頻度が高くなり、利便性は高いですが、個人の情報が集中しているため、決済ツールとして保有するにはリスクもまた高いと言わざるを得ません。

いま注目されているのが生体認証です。カード番号は加盟店端末やインターネットショッピングなどでの漏えいリスクがありますが、指紋や指静脈ならばセキュリティはより高度になります。

ジェーシービーは一八年四月、指紋認証機能が付いたクレジットカードの実証実験を始めると発表しました。カード券面にある指紋センサーに登録した指をのせて本人確認します。暗証番号の入力を指紋認証に代えて決済処理のスピードアップを図る狙いです。

課題は生体認証システムを導入することによるコスト増でしょう。セキュリティ面では、不正利用が減少するなど改善は期待できますが、指紋などの生体情報を登録するのは面倒で、システム負担が会員に転嫁されれば利用者離れを起こしかねません。安全安心が業績低下を招くようでは導入する企業は少ないでしょう。インターネットショッピングでは使いづらい難点もあります。

ノンバンクビジネスの宿命は銀行口座との紐付き関係にある

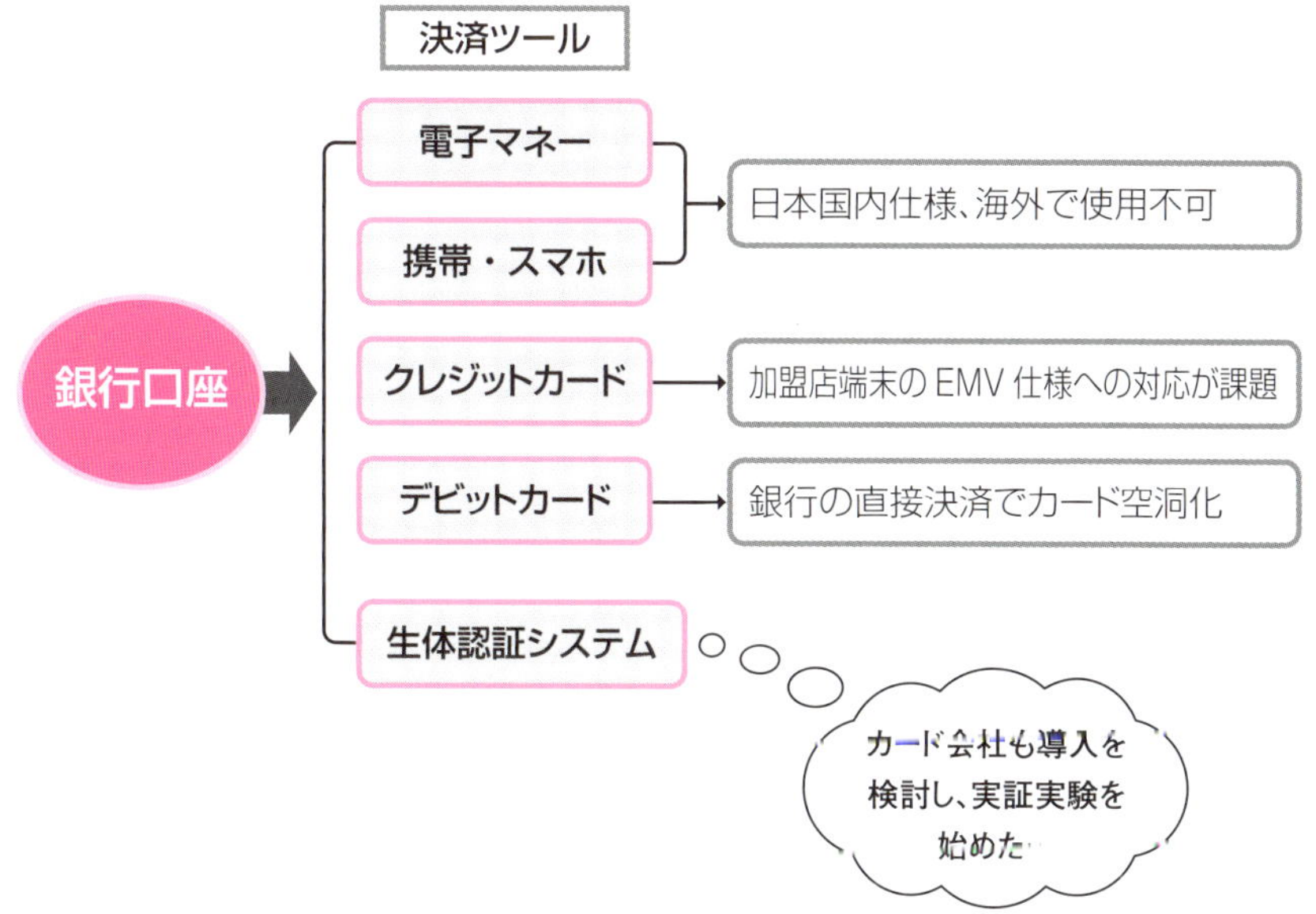
決済ツール
銀行口座
電子マネー
携帯・スマホ
日本国内仕様、海外で使用不可
クレジットカード
加盟店端末のEMV仕様への対応が課題
デビットカード
銀行の直接決済でカード空洞化
生体認証システム
カード会社も導入を検討し、実証実験を始めた

3

キャッシュレス機能の進展

クレジットカード、電子マネーは生活インフラの一つとして根付いてきました。この先、キャッシュレス社会はどのような方向に向かうのでしょうか。

日本銀行が二〇一七年二月に発表した「決済動向」によれば、一六年の電子マネーの決済金額が初めて五兆円を突破しました。決済件数が五一億件、発行枚数は三億二八六二万枚で、このうち一割が携帯電話となっています。残高は二五四一億円で、決済金額は少額ながら日常的にチャージを繰り返しながら長期間使用されている実態が明らかになっています。

同時期におけるクレジットカードの信用供与額が五三兆円で普及の度合いはまだ開きがありますが、小口決済が主流の電子マネーは通勤・通学など社会生活に欠かせない決済ルーツになっています。

携帯電話(端末)が進化し、プリペイド(先払い型)だけでなく、クレジットカードによる後払い式のポストペイ型が登場したことも、電子マネーが急速に普及する一因になりました。

カードと電子マネーが競合の時代に

電子マネーは本来、小銭代わりとして誕生したことから、チャージ金額も最大で二万円から五万円程度。クレジットカードは家電製品などの購入に使われています。電子マネーは小口、クレジットカードは一回払いが多く、代金はより高額になります。クレジットカードと電子マネーは決済金額の多寡で棲み分けているのです。

電子マネーは交通インフラなど、年齢を問わず広範な人々を利用対象にしているため、未成年などに配慮してチャージ金額を低く設定しています。しかし年齢や収入などの個人信用情報を登録すれば、交通系電子マネーでも、クレジットカードと同じ価格帯のチャージ金額を設定することは可能でしょう。

ただ、利用者の要望に応えて電子マネーの決済金額を増やすと、クレジットカードのポストペイ方式電子マネーはカード会社にとって与信リスクが高まります。小口だから審査を通りやすい電子マネーも、通常のクレジットカードのように高額にすれば審査を厳しくせざるを得ません。

クレジットカードはいま電子マネー機能を取り込む形で共存していますが、稼働率が電子マネー機能を付加したことで改善されているとすれば、クレジットカードにとって、由々しき事態といわなければいけません。決済手段としての魅力が薄れている証拠でもあるからです。

一部の銀行が最近発行し始めたデビットカードと電子マネーが直接手を握れば、自分の銀行口座から直にチャージできるようになり、ポストペイにおけるクレジットカードの優位性は低下します。電子マネーからデビットカードに乗り換える人が増えれば、クレジットカードは電子マネーとの競合に晒されるかもしれません。

棲み分けの図式は将来崩れる？

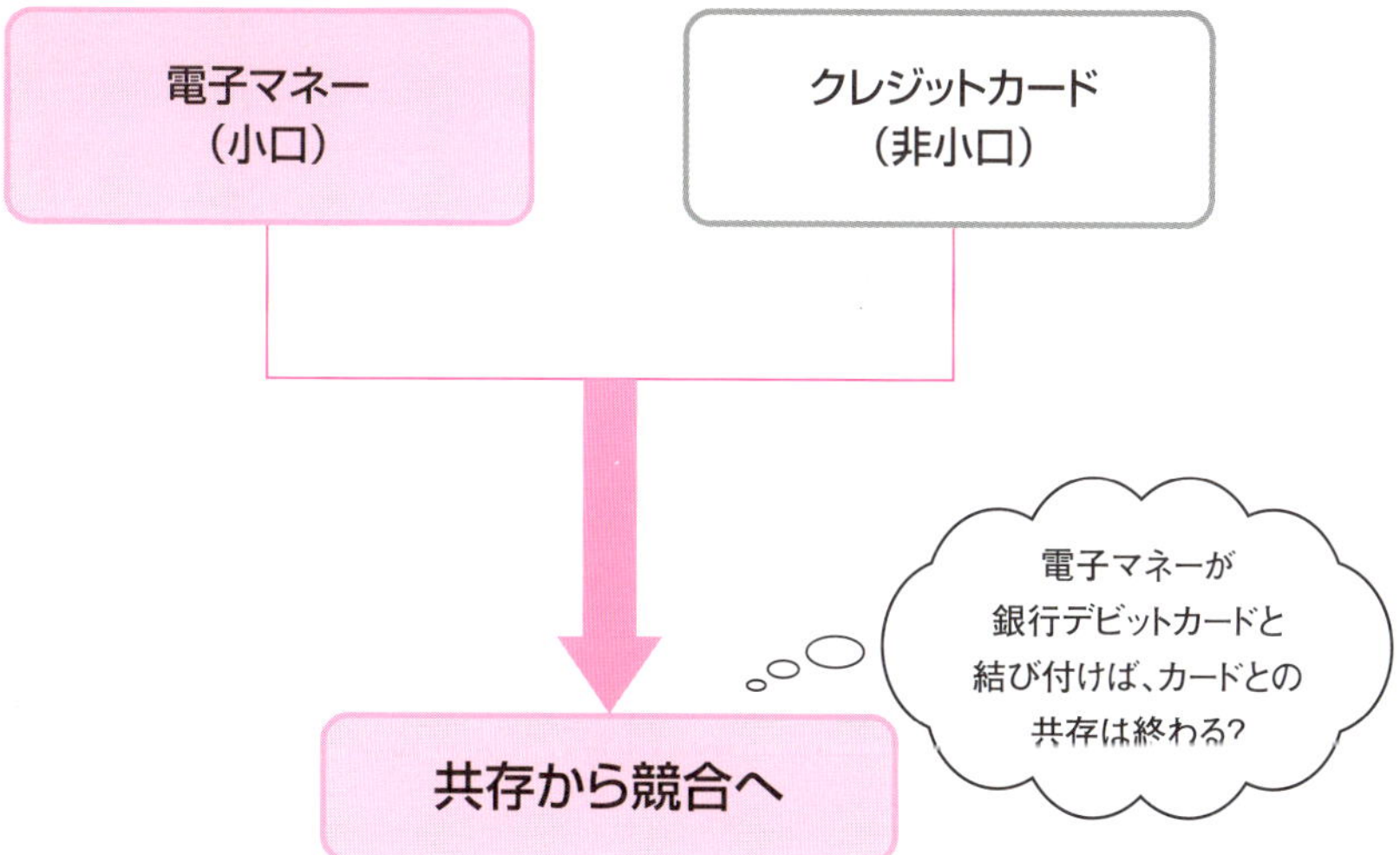
電子マネー
（小口）
クレジットカード
（非小口）
共存から競合へ
電子マネーが
銀行デビットカードと
結び付けば、カードとの
共存は終わる?

4 稼働率高い流通系カードに試練

競合激しいノンバンクの中で「最後に生き残るのは流通系カード」との指摘があります。消費者が日々集まる「売り場」を持つ強みがあるから、というのです。

ノンバンクの有力業態は、クレジットカード、信販、消費者金融の三つです。二〇〇六年から一〇年にかけて、三業態では貸金業法、割賦販売法改正、特定商取引法改正という業者法が大きく変わり、収益構造の大変革を余儀なくされました。

三業態に共通するのは、貸金業法における上限金利の引き下げと総量規制でしょう。専業である消費者金融はいうに及ばず、カード・信販を含めたリテール系のノンバンクは、これまでキャッシングで大きな利益を上げてきました。キャッシング事業は稼ぎ頭でしたが、今後ますます利幅の薄いビジネスに位置付けられていきます。

ノンバンク三業態が等しく注力しているのが、銀行の個人ローンの保証業務です。ローンが焦げ付いたときに弁済するビジネスですが、金融機関が個人ローンの営業に必ずしも熱心ではないため、ノンバンクが金融機関との保証提携数を誇っても、銀行から取れる手数料（保証料）は積み上がりません。

信販の専売特許である個品割賦（分割払い）はどうでしょう？　クルマや貴金属など高額商品の長期分割は底堅い事業部門として存在していくでしょうが、マンスリークリア（翌月一括払い）が主流のクレジットカードでは、リボルビング払いは低調なのが現状です。

クレジットカードは、稼働率が生命線です。年会費目当てのゴールドカード路線は、付帯サービスに魅力がないので、低成長ジャンルといっても過言ではありません。

オムニチャネルへの対応が鍵

では、生命線の稼働率をどうするか。信販・カード各社のカード利用向上作戦は、各社とも似たり寄ったりです。競合上、同じ特典、同じ提携先、同じポイント率で優位に立つのは容易ではありません。

そうなると、カードと利用される店との結び付きが一番強いところが勝ち残ることになるでしょう。魅力ある加盟店を多く持っているところが他を凌ぐことになります。

そこで**「流通系カード優位論」**が出てくるのです。毎日全国で膨大な人々が買い物に訪れるスーパーや百貨店を母体にする流通系カードは、居ながらにしてカード稼働率を上げていきます。レジには、購買情報という宝の山がびっしり詰まったＰＯＳシステムがクレジットカードと連動しています。

しかし、強みである「売り場」がアマゾンなどのインターネット通販大手の脅威にさらされています。流通大手各社は**「オムニチャネル」**と称し、売り場とネットサイトを融合した販売作戦を展開しています。この戦略にどう向き合うのか、流通系カードは試練を迎えています。

「売り場」という巨大加盟店を持つ流通系カード

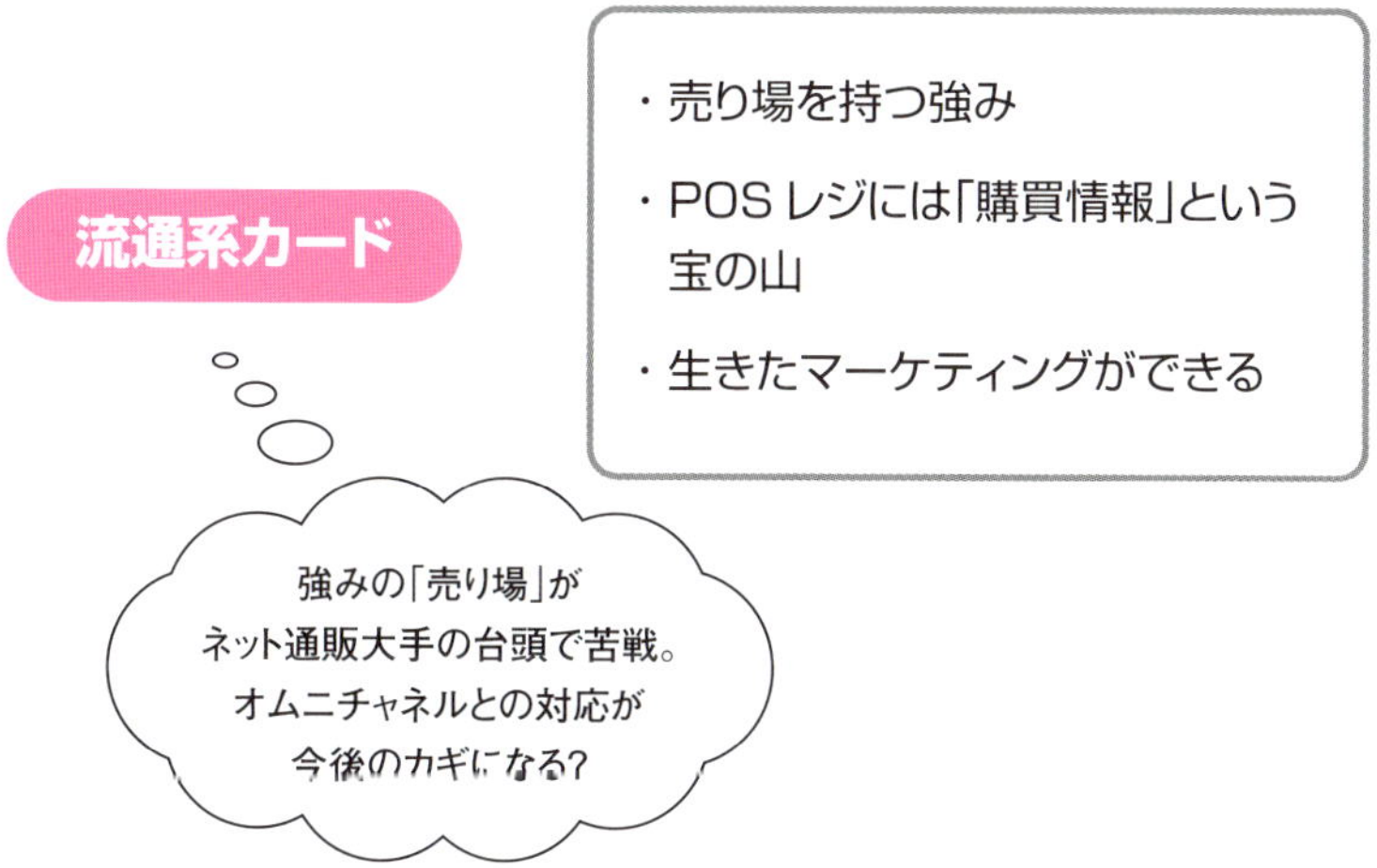
流通系カード
・売り場を持つ強み
・POSレジには「購買情報」という宝の山
・生きたマーケティングができる
強みの「売り場」が
ネット通販大手の台頭で苦戦。
オムニチャネルとの対応が
今後のカギになる？

5 業態結合で生き残りを模索

ノンバンクのサービスは、業態の名は違いますが機能は同質化しています。同じサービスを提供する業態が新しい「業界」を形成すれば、利用者の利便は増すはずです。

ノンバンクは、民間消費手段の五分の一を担っている身近な金融の専門企業です。しかし、果たして利用者数に見合った適正な業者数かといえば、首をひねらざるを得ません。

一〇〇〇社に満たない金融業界ではいまだにオーバーバンキング論が続いており、最近は金融庁が主導して地方銀行・第二地方銀行の合併再編を強く促しています。

ノンバンクの本業は「融資」にあります。その点では、銀行と何ら変わるところはありません。しかし、クレジットカード・信販・消費者金融の三業態は、いずれも営業を展開する際の法律が異なり、ある業態で認められていることが、ほかの業態では認められていないといったことがあります。

消費者は、簡便な金融手段としてノンバンクを利用しています。ノンバンク各社は、ショッピングやキャッシングを通じて国民の消費を支援して経済の成長を促しています。

しかし、同じサービスを提供しているのにも関わらず、各業態が互いの利益を優先するあまり、共通の課題を共に解決する姿勢が見られません。消費者ローン金利は消費者金融だけが高いと非難されてきましたが、実際の金利はクレジットカードや信販でも大差はありません。ノンバンクに収益低下をもたらす貸金業法の制定でも、三業態が足並みを揃えたことはありませんでした。

ある信販業界の関係者はこう話します。

「商品を先に入手してあとで支払いする信用販売と、お金を借りて返済する消費者金融は異なる」

【高金利の印象】　クレジットカードと信販では、ショッピング金利は低いのですが、消費者ローン金利はリボルビング方式の場合、消費者金融とほとんど差がないのが実態です。

　しかし、その違いは実際の利用者にとって意味のないことです。

　ショッピングにしろキャッシングにしろ、決済を一時的に代行してもらうことでは利用者にとって変わりがないのです。こうした認識が今後も続くようでは、消費者の金融手段として支持されなくなるでしょう。

業態大合同の必要性

　ノンバンクは、どの業態も金利収入で大儲けしていた昔と異なり、業界の構造そのものが低収益に陥っています。

　今後、持続的な成長を遂げていくには、各業態が共通の経営資源のもとで経費を負担し合って利益を確保するしかありません。

　そのためには、業務システムの共同利用や個人信用情報機関の一元化などを実現することが求められます。入出金（借り入れおよび返済）のネットワークも銀行ATMに頼らないで、三業態のネットワークをつなぐことも検討するべきでしょう。


消費者信用業界の誕生？

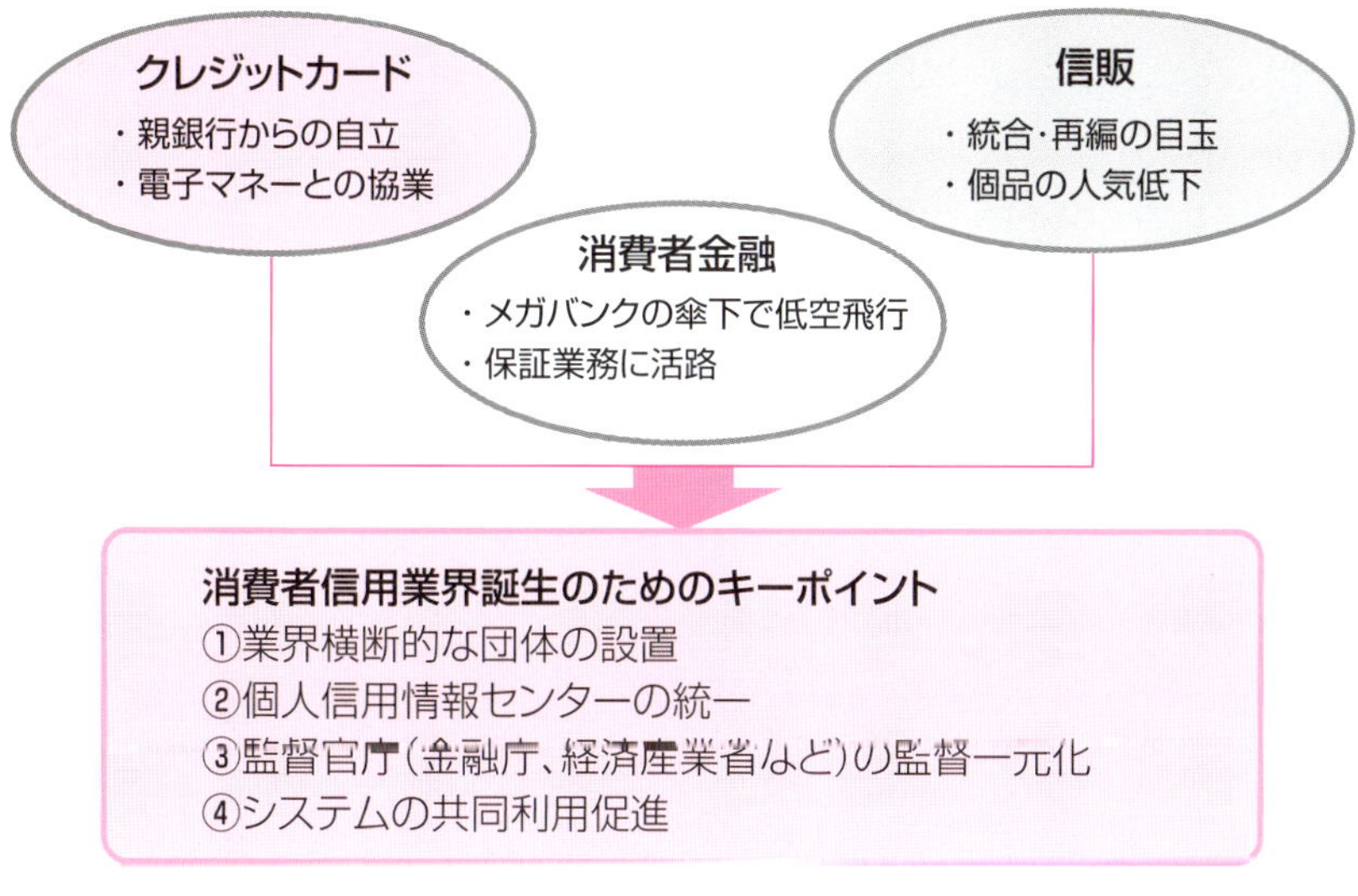
クレジットカード
・親銀行からの自立
・電子マネーとの協業
信販
・統合・再編の目玉
・個品の人気低下
消費者金融
・メガバンクの傘下で低空飛行
・保証業務に活路
消費者信用業界誕生のためのキーポイント
①業界横断的な団体の設置
②個人信用情報センターの統一
③監督官庁（金融庁、経済産業省など）の監督一元化
④システムの共同利用促進

6 クレジット業界が見据えるべき戦略視点

カード自体の進化と利用者ニーズの変化で、クレジット各社の戦略は様変わりを見せています。半世紀以上が経過したいま、経営戦略の再構築が求められています。

クレジットカードが世に出て五〇年あまり。これまでは会員と加盟店の獲得競争に明け暮れ、その数字を競ってきました。しかし、国民一人が三枚のクレジットカードを持つ現在、使われていないカードの数は膨大です。カードの稼働率(一年に一回以上使用)は五〇%あれば採算が取れるとされていますが、クリアできている会社は多くありません。

使われていないカードを含めて、会員の情報管理は怠ることができないので、システム経費の負担は増え収益は低下します。加盟店に対しても同じで、売り上げのない加盟店を維持するために持ち出しも増えます。

こうした従来型の量を競う戦略は今後、経営を圧迫するのは避けられません。

二〇一〇年に貸金業法が完全施行し、割賦販売法改正および特定商取引法改正がありました。クレジット業界はキャッシングにおける金利収益が激減し、消費者保護のため加盟店の管理を厳格することを求められています。一部のノンバンクは過払い金請求の重荷に耐えかねてメガバンクの傘下になったり、経営破たんしたところも出ました。

短絡的、大衆迎合の戦略にメスを

一方、ITの進展に伴って電子マネー時代が本格的に到来し、スマートフォンなどの携帯多機能端末が爆発的に普及して、クレジットカードは電子マネーと共存せざるを得ないところまで来ています。

いま、信販・カード各社が等しく取り組んでいるのは、集客力向上と年会費獲得。ポイント還元や若年層に人気が高いエンターテイメントと組み、提携カードを再び発行し始め、アマゾンや楽天市場などと連携してポイント還元競争に明け暮れています。また低価格のゴールドカードを発行し、年会費無料の悪弊をなくそうとしています。

しかし、こうした営業戦略は新規会員が増えて目先の業績は改善しますが一時的なもの。若者に宣伝のターゲットを絞るのはクレジットカードが若い世代に最も支持されているからですが、一過性の戦略です。

本格化する少子高齢化は、会員の過半数が若年層から中高年のノンバンクにとって、今後の戦略を見据える上で最重要のキーワードです。短絡的、大衆迎合のサービスにメスを入れるときではないでしょうか。

海外に旅行する人が増えれば、ゴールドカードに特典に空港ラウンジ利用の無料サービスを付けるなど、会員(利用者)に対するサービス提供の発想が、あまりに貧困といわざるを得ません。

来たるべき高齢化社会に向けての戦略、雇用情勢の変化などにもっと敏感に感応しなければ、いつまでたっても低空飛行から抜けられないでしょう。

新しいビジネスモデルを創造する時期

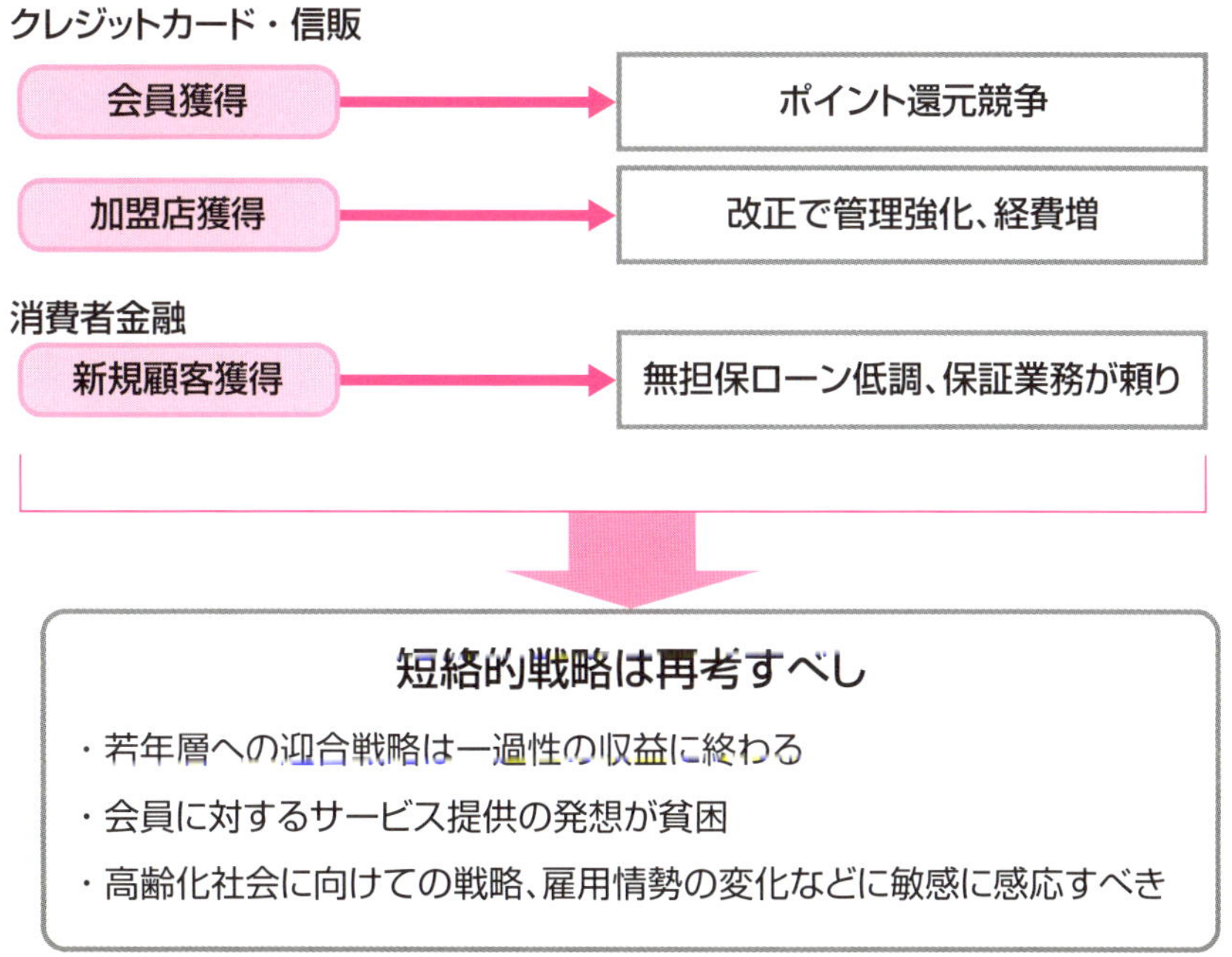
クレジットカード・信販
会員獲得
ポイント還元競争
加盟店獲得
改正で管理強化、経費増
消費者金融
新規顧客獲得
無担保ローン低調、保証業務が頼り
短絡的戦略は再考すべし
・若年層への迎合戦略は一過性の収益に終わる
・会員に対するサービス提供の発想が貧困
・高齢化社会に向けての戦略、雇用情勢の変化などに敏感に感応すべき

column

リテール事業をノンバンクに任せるメガバンク

わが国のクレジットカードは、銀行の子会社としてスタートを切りました。その当時、法律で銀行本体によるクレジットカード業務ができなかったことが背景にあります。しかし、子会社とはいえ、銀行の系列に位置するクレジットカードの信用力は計り知れないものがあり、現在も業界の中では大きな影響力を保持しています。

信販は、他業態にはない割賦機能を存分に発揮して、存在感を示してきました。消費者金融はこの20年、高金利の温床と批判され続けてきましたが、貸金業法の施行で上限金利は下がり、個人ローン分野で銀行と同じ土俵に立っています。

これら3業態が展開している業務は、ショッピングとキャッシングに大別されますが、モノを買うか、金を借りるかの違いだけで、結局は「モノの先取り、返済の後回し」という構図は変わりません。利用者にとっては、クレジットカード、信販、消費者金融という色分けは、あまり意味を持っていないのではないでしょうか。

あまり差がないということは、業態ごとの差別化が図られていないことを意味し、独自色を発揮できていないということです。このため、「新しいビジネスモデルの構築」が叫ばれているのです。ノンバンクは、金融機関や市場から資金を調達して、利用者に資金を仲介しています。金融機関とのパイプを断つことは不可能に近く、何らかの関係を維持していかなくては経営が成り立ちません。豊富な資金を有するメガバンクとの資本業務提携は、自然な流れともいえます。

その巨大なグループの中で、いかに独自性を発揮し、リテール分野での収益向上に貢献するかが、今後いっそう問われていくでしょう。

メガバンクは、個人分野での事業は不得意です。大企業取引がメイン業務。しかし、企業の設備投資意欲は旺盛とはいえません。個人業務で薄利多売でも利益を求めざるを得ません。ときに非情な決断もするメガバンクですが、この5年で大手ノンバンクを傘下に収めてから、リテールビジネスの尖兵として、むしろ期待感は従来に比べて膨らんでいるようです。

【主なクレジット／ローン業界関連団体】

日本貸金業協会
〒108-0074　港区高輪3-19-15
二葉高輪ビル2F･3F
TEL：03-5739-3011
URL：http://www.j-fsa.or-jp/

国民生活センター
〒108-8602　港区高輪3-13-22
TEL：03-3443-6211
URL：http://www.kokusen.go.jp/

日本消費者連盟
〒169-0051　新宿区西早稲田1-9-19-207
TEL：03-5155-4765
URL：http://nishoren.net/

金融情報システムセンター
〒104-0042　中央区入船2-1-1　住友入船ビル4F
TEL：03-5542-6060
URL：http://www.fisc.or.jp/

株式会社日本信用情報機構
〒101-0042　千代田区神田東松下町41-1
TEL：03-5294-7000
URL：http://www.jicc.co.jp/

株式会社シー・アイ・シー(CIC)
〒160-8375　新宿区西新宿1－23-7
新宿ファーストウエスト15F
TEL：03-3348-0601
URL：http://www.cic.co.jp/

金融庁
〒100-8967　千代田区霞が関3-2-1
中央合同庁舎7号館
TEL：03-3506-6000
URL：http://www.fsa.go.jp/

財務省
〒100-8940　千代田区霞が関3-1-1
TEL：03-3581-4111
URL：http://www.mof.go.jp/

経済産業省
〒100-8901　千代田区霞が関1-3-1
TEL：03-3501-1511
URL：http://www.meti.go.jp/

消費者庁
〒100-8958　千代田区霞が関3-1-1
中央合同庁舎第4号館
TEL：03-3507-8800
URL：http://www.caa.go.jp/

中小企業庁
〒100-8902　千代田区霞が関1-3-1
TEL：03-3501-1511
URL：http://www.chusho.meti.go.jp/

全国銀行協会
〒100-0004　千代田区大手町2-6-1
朝日生命ビル
TEL：03-6262-6700
URL：http://www.zenginkyo.or.jp/

日本クレジット協会
〒103-0016　中央区日本橋小網町14-1
住生日本橋小網町ビル6F
TEL：03-5643-0011
URL：http://www.j-credit.or.jp/

日本クレジットカード協会
〒105-0004　港区新橋2-12-17
新橋I-Nビル1F
TEL：03-6738-6621
URL：http://www.jcca-office.gr.jp/

【主なクレジット／ローン関連企業一覧】

三井住友カード株式会社
〒105-8011　港区海岸1-2-20
TEL:03-3459-4800
設立:1967年12月
資本金:340億円
従業員数:2,460名
URL:http://www.smbc-card.com/

三菱UFJニコス株式会社
〒101-8960　千代田区外神田4-14-1
秋葉原UDX
TEL:03-3811-3111
設立:2007年4月
資本金:1,093億円
従業員数:3,680名
URL:http://www.cr.mufg.jp/

ユーシーカード株式会社
〒135-8601　港区台場2-3-2
台場フロンティアビル
TEL:03-5531-6000
設立:2005年10月
資本金:5億円
従業員数:286名
URL:http://www2.uccard.co.jp/

株式会社アプラスフィナンシャル
〒162-0814　新宿区新小川町4-1
TEL:03-5229-3735
設立:1956年10月
資本金:150億円
従業員数:1,444名
URL:http://www.aplus.co.jp/

株式会社オリエントコーポレーション
〒102-8503　千代田区麹町5-2-1
TEL:03-5877-1111
設立:1951年3月
資本金:1,500億円
従業員数:3,658名
URL:http://www.orico.co.jp/

イオンフィナンシャルサービス株式会社
〒101-0054　千代田区神田錦町3-22
テラススクエア
設立:1981年6月
資本金:456億円
従業員数:17,340名
URL:http://www.aeonfinancial.co.jp/

株式会社セディナ
〒108-8117　港区港南2-16-4
TEL:03-6714-7800
設立:2009年4月
資本金:828億円
従業員数:3,339名
URL:http://www.cedyna.co.jp/

株式会社クレディセゾン
〒170-6073　豊島区東池袋3-1-1
サンシャイン60 25F
TEL:03-3988-2111
設立:1951年5月
資本金:759億円
従業員数:2,289名
URL:http://www.saisoncard.co.jp/

株式会社ジェーシービー
〒107-8686　港区南青山5-1-22
青山ライズスクエア
TEL:03-3294-8111
設立:1961年1月
資本金:106億円
従業員数:4,728名
URL:http://www.jcb.co.jp/

ポケットカード株式会社
〒105-0014　港区芝1-5-9
住友不動産芝ビル2号館
TEL:03-5441-3450
設立:1982年5月
資本金:143億円
従業員数:365名
URL:http://www.pocketcard.co.jp/

SMBCコンシューマーファイナンス株式会社
〒104-0061　中央区銀座4-12-15
TEL:03-3287-1515
設立:1962年3月
資本金:1,407億円
従業員数:2,267名
URL:http://www.smbc-cf.com/

株式会社SMBCモビット
〒163-0810　新宿区西新宿2-4-1
新宿NSビル10F
TEL:03-5908-0241
設立:2000年5月
資本金:200億円
従業員数:230名
URL:http://www.mobit.ne.jp

株式会社ジャックス
〒150-8932　渋谷区恵比寿4-1-18
恵比寿ネオナート
TEL:03-5448-1311
設立:1954年6月
資本金:161億円
従業員数:4,015名
URL:http://www.jaccscard.co.jp/

ライフカード株式会社
〒105-0014　港区芝2-31-19バンザイビル
TEL:03-4503-5000
設立:1952年10月
資本金:1億円
従業員数:359名
URL:http://www.lifecard.co.jp/

アイフル株式会社
〒600-8420　京都市下京区烏丸通五条上る高砂町
381－1
TEL:075-201-2000
設立:1978年2月
資本金:1,434億円
従業員数:1,019名
URL:http://www.aiful.co.jp/

アコム株式会社
〒100-8307　千代田区丸の内2-1-1
明治安田生命ビル
TEL:03-5533-0811
設立:1978年10月
資本金:638億円
従業員数:1,970名
URL:http://www.acom.co.jp/

シンキ株式会社
〒170-6042　豊島区東池袋3-1-1
サンシャイン60　42F
TEL:03-6890-7000
設立:1954年12月
資本金:241億円
従業員数:ー
URL:http://www.shinki.co.jp/

図解入門 How-nual

索引

INDEX

あ行

か行

資料編 索引

た行

さ行

資料編 索引

ま行

な行

は行

ら行

ら行

アルファベット

●著者紹介

平木　恭一（ひらき・きょういち）

1955年千葉県生まれ。明治大学文学部卒。経済ジャーナリスト。金融業界の取材歴30年。週刊誌や経済専門誌に執筆多数。近年はノンバンクやIT分野などを手掛けている。主な著書（共著）に『デビットカード革命』（宝島新書）、『図解入門業界研究　銀行業界の動向とカラクリがよ～くわかる本』（秀和システム）、『図解入門業界研究　金融業界の動向とカラクリがよ～くわかる本』（秀和システム）など。

図解《ずかい》入門《にゅうもん》業界《ぎょうかい》研究《けんきゅう》
最新《さいしん》クレジット／ローン業界《ぎょうかい》の
動向《どうこう》とカラクリがよ～くわかる本《ほん》［第《だい》５版《はん》］

発行日　2018年　7月20日　第1版第1刷

著　者　平木《ひらき》　恭一《きょういち》

発行者　斉藤　和邦
発行所　株式会社　秀和システム
〒104-0045
東京都中央区築地2丁目1－17　陽光築地ビル4階
Tel 03-6264-3105（販売）Fax 03-6264-3094
印刷所　三松堂印刷株式会社　Printed in Japan

ISBN978-4-7980-5416-2 C0033